기독교문서선교회(Christian Literature Center: 약칭 CLC)는 1941년 영국 콜체스터에서 켄 아담스에 의해 시작되었으며 국제 본부는 미국 필라델피아에 있습니다.
국제 CLC는 약 650여 명의 선교사들이 59개 나라에서 180개의 서점을 운영하며 이동 도서 차량 40대를 이용하여 문서 보급에 힘쓰고 있으며 이메일 주문을 통해 130여 국으로 책을 공급하고 있는 국제적 문서선교 기관입니다.

추천사 1

임 동 현 박사
아델포이교회 담임목사

김미선 집사님의 묵상집 출간을 진심으로 축하드립니다.

김미선 집사님은 아델포이교회의 귀한 지체로서, 하나님 말씀을 사랑하고 그 말씀을 삶 속에 녹여내는 데 깊은 열정을 가진 분입니다. 방송작가로서의 섬세한 시선과 영적 여정을 통해, 매주일 담임목사의 설교를 자신의 실생활에 구체적으로 적용하며 묵상의 글로 빚어내셨습니다. 그 글들은 <말씀 굽는 타자기>라는 블로그에 담겨 많은 이에게 은혜를 나누었고, 이제 그 귀한 글들이 한 권의 묵상집으로 결실을 맺게 되었습니다.

본서는 한 번 읽고 지나가는 책이 아닙니다. 마치 한 알의 밀알처럼, 독자의 마음밭에 심겨 삶 속에서 꽃 피우고 열매 맺는 말씀의 씨앗입니다. 오늘날 우리는 말씀의 홍수 시대를 살아가고 있지만, 정작 그 말씀을 붙들고 깊이 묵상하며 자신의 삶에 새기려는 노력은 점점 희미해지고 있습니다. 주일설교를 듣고도 그저 흘려보내는 세태 속에서, 김미선 집사님의 묵상집은 우리에게 다시금 질문을 던집니다.

"하나님께서 오늘 나에게 말씀하시는 것은 무엇인가?"

본서는 그 질문에 대한 답을 찾는 여정으로 우리를 초대합니다.

특히, 이 묵상집은 단순히 개인의 묵상을 넘어, 가족의 신앙 여정을 함께 담아낸 특별한 책입니다. 남편과 따님의 묵상 팁까지 더해져, 본서는 가정 안에서 말씀을 중심으로 하는 대화를 시작하게 하고, 가족 모두가 말씀 안에서 하나 되는 기쁨을 누릴 수 있도록 돕습니다.

본서에는 단순한 글 이상의 것이 있습니다. 그것은 바로 하나님을 향한 사랑과 그분의 음성을 붙들려는 진솔한 몸부림 그리고 성도의 삶 속에서 말씀이 살아 역사하기를 바라는 간절한 소망입니다.

김미선 집사님의 글에는 시처럼 아름다운 감수성과 깊은 영적 통찰이 담겨 있습니다. 본서는 독자들에게 단순히 읽는 즐거움뿐 아니라, 말씀을 곱씹고 묵상하며 삶으로 살아내는 기쁨을 선물할 것입니다. 또한, 이 묵상집이 한국 교회의 많은 성도에게 주일설교를 단순히 듣고 지나가는 것이 아니라, 자신의 삶에 뿌리내리게 하는 묵상의 중요성을 일깨워 주는 계기가 되기를 소망합니다. 본서가 독자들의 마음속에 하나님의 사랑과 은혜를 새롭게 각성하며, 각자의 삶 속에서 말씀의 열매를 맺게 하는 귀한 도구가 되기를 기도합니다.

김미선 집사님의 귀한 사역에 깊이 감사드리며, 본서가 많은 이에게 복음의 빛과 생명의 양식이 되기를 축복합니다.

추천사 2

『Rebirth: 만물을 새롭게』,
'거듭남' 말씀을 듣고 아내와 함께 묵상하며…

남편 / 윤 종 원 안수집사

교회를 다닌 지 40여 년이 되었습니다. 긴 세월 신앙생활을 해온 나에게 '거듭남'은 무엇이었는지, 나는 과연 하나님께서 말씀하시는 '거듭남의 삶'을 살아왔는지 반추해 보는 시간이 필요했습니다.

아델포이교회에서 21주간 선포된 '거듭남'의 말씀 속에서 매주 깨지고 부서지며 문제를 발견하고 회개했습니다. 그럼에도 매주 같은 문제를 반복하는 저의 실존 앞에서 떨리고 두려운 마음으로 서 있을 수밖에 없었습니다. 그렇게나 긴 시간 여전히 변한 것 하나 없는 저는 거듭난 자가 아니라 그냥 종교인이었음을 주 앞에 고백할 수밖에 없었습니다.

'진정으로 거듭난 자'는 알고 깨달은 데에서만 머무를 수 없습니다. 거듭난 자에게 합당한 변화된 삶이 반드시 뒤따라야 함을 매주 말씀을 통해 마음 깊이 새길 수 있었습니다.

진정으로 거듭난 삶이란 비록 하루에 반 뼘만큼이라도 우리 주님께 가까이 다가가는 삶, 그렇게 그분을 닮아가려고 노력하는 삶이 아닐까요?

조금씩이나마 변화되고 성장하는 삶을 통해 예수님의 향기가 체화되어, 의도하지 않아도 그 향기를 주변에 전할 수 있는 삶, 그런 거듭난 삶을 살고 싶습니다.

'거듭난 삶!' 하면 떠오르는 몇 분이 계십니다.

첫 번째는 본이 되신 예수님을 생각해 봅니다. 예수님은 매일 기도하시고 말씀을 전하셨습니다. 어딜 가서 누구를 만나시든지 하나님의 뜻을 알기에 힘쓰시고 그분의 뜻대로만 행하셨습니다. 그 예수님을 본받고 싶습니다.

두 번째로는 매일 같이 귀한 하나님의 말씀을 선포해 주시는 임동현 담임목사님을 떠올려 봅니다. 교회와 성도를 위해 불철주야 기도하시고, 금식기도와 회개를 통해 거룩한 모습의 본을 보여주시며, 성도에게 허락하신 하나님의 말씀을 뜨겁게 부르짖는 목사님은 참으로 하나님 앞에 서 있는 분 같았습니다.

세 번째는 본서의 저자인 아내입니다. '기도하는 아내, 기도하는 어머니'는 배우자를 위한 저의 오랜 기도 제목이었습니다. 아내가 말씀 안에서 예수님을 온전히 만나고 그분을 믿으며 예수님을 닮아가려고 노력하는 모습은 거듭남의 증거가 되었습니다.

저는 때때로 제 모습이 성경 속의 '탕자의 형'과 같지 않을까, 또 때로는 바리새인의 모습이 제 모습은 아닐까 생각해 봅니다.

저는 예수님을 믿는 크리스천입니다. 그런데… 그게 다입니다. '교회 다니고 예수님을 믿으니 당연히 천국 가겠지'라고 생각만 했을 뿐, 진정으로 거듭나지 못했습니다. 삶에서 예수님을 본받고 싶어 했을 뿐, 늘 그 자리에서 생각만 풀어놓고 삶의 변화를 실천하지 못했습니다.

21주 동안 거듭남의 말씀을 들으며 나의 죄 된 모습을 회개할 수 있었습니다. 말씀을 깊이 묵상하며 언제나 우리와 함께하고 싶어 하시는 하나님을 만날 수 있었습니다. 거듭남의 은혜를 허락하셨기에 거듭난 자에 합당한 삶을 사는 것은 참으로 큰 축복입니다.

아주 작은 삶의 실천이라도 거듭난 자다운 삶을 살기 위해, 예수님께서 그리하셨듯이 하나님께 여쭈어보고 하나님의 뜻대로 살아가는 거듭남의 삶을 살아가려 노력해야겠습니다. 비록 쉽지는 않겠지만, 승리하신 예수님을 믿고 의지하며 거듭난 삶을 살아가는 예수님 제자의 길을 가고 싶습니다.

추천사 3

말씀 묵상의 즐거움을 가르쳐 주신
엄마의 묵상집 출간을 축하하며…

딸 / 윤 주 하

　본서가 세상에 나오기까지, 제 삶 속에서 가장 큰 스승이 되어주신 부모님께 감사의 마음을 전하고 싶습니다. 무엇보다 예수님을 닮아가고자 매 순간 노력하시는 부모님의 모습은 제게 신앙의 참된 길을 보여주셨습니다. 부모님께서는 삶으로 믿음을 증거하시며, 거듭난 자에 합당하게 매 순간 저를 향한 끊임없는 사랑과 믿음을 아낌없이 보여주셨습니다.
　특히, '완벽하지 않기에 더욱 의지해야 할 분'이 누구인지 깨닫게 해주신 부모님의 가르침은 제게 깊은 울림을 주었습니다. 완벽함을 추구하며 스스로에게 짐을 지우던 제게, 하나님 앞에서 우리의 불완전함을 겸손히 인정하고 그분의 은혜를 구하는 법을 깨닫게 하셨습니다.
　매일 가족 톡방에 보내주신 부모님의 묵상과 담임목사님의 말씀 요약은 단순한 공유를 넘어, 묵상의 깊이를 더하고 믿음을 성장시키는 밑거름이 되었습니다. 무엇보다 제가 자책에 빠져 있을 때에도 부모님은 언제나 눈을 들어 하나님께 초점을 맞출 수 있도록 도와주셨습니다. '우리의 약함 속에서 강함을 이루시는 하나님'이라는 진리를 삶으로 보여주시고, 제게도 그 믿음을 전수해 주셨습니다.

부모님의 신앙을 따라 저는 매일 아침 QT 후에 <감사일기>를 작성합니다. 하루를 시작하기 전 꼭 빚진 자로서의 감사를 회복합니다. 그리고 말씀 묵상을 통해 살아계신 예수님과 친밀하게 동행하고 있음을 느낍니다. 제게 믿음을 주시고 지금까지 이끌어주신 은혜, 끊이지 않고 부어주시는 주님의 사랑을 묵상하면 그 감격에 예수님을 찾지 않고는 못 배기게 됩니다.

비록 저는 그 사랑의 빚을 조금도 갚을 수조차 없지만, 그 빚을 갚는 마음으로 '씨를 뿌리며' 살아가고 싶습니다. 또 다른 이가 하나님 안에서 견고해지도록 도움을 줄 수 있는 사람, 그들에게 하나님의 꿈을 꾸는 갈망을 심어줄 수 있는 사람으로 저를 사용하여 달라고 기도드리고, 또한 저희 가족을 사용해 주시길 기도합니다.

본서는 어머니의 오랜 묵상이 담긴 열매입니다. 주님을 사랑하는 어머니의 마음과 고백을 담은 이 묵상집이 또 다른 누군가에게 하나님의 크신 사랑이 전해지는 울림으로 남길 바랍니다. 또한, 본서가 세상 속에서 믿음을 살아내는 이들에게 따뜻한 위로와 명확한 방향이 되기를 기도합니다.

어머니의 삶 속에 녹아든 신앙의 깊은 흔적들이 담긴 본서를 통해 많은 이가 예수님을 더욱 닮아가는 길을 발견하게 되길 간절히 소망합니다.

말씀 굽는 타자기:
말씀으로 거듭나다

Typing the Word: A Journey of Rebirth
Written by Kim mi sun
All rights reserved.
Korean Edition Copyright ⓒ 2025 by Christian Literature Center, Seoul, Korea.

말씀 굽는 타자기
말씀으로 거듭나다

2025년 5월 10일 초판 발행

지 은 이 | 김미선

편   집 | 이신영
디 자 인 | 서민정
펴 낸 곳 | (사)기독교문서선교회
등   록 | 제16-25호(1980. 1. 18.)
주   소 | 서울특별시 동대문구 천호대로71길 39
전   화 | 02-586-8761~3(본사) 031-942-8761(영업부)
팩   스 | 02-523-0131(본사) 031-942-8763(영업부)
이 메 일 | clckor@gmail.com
홈페이지 | www.clcbook.com
송금계좌 | 기업은행 073-000308-04-020 (사)기독교문서선교회
일련번호 | 2025-41

ISBN 978-89-341-2814-4 (03230)

이 책의 출판권은 (사)기독교문서선교회가 소유합니다.
신저작권법에 의하여 한국 내에서 보호를 받는 저작물이므로 무단 전재와 무단 복제를 금합니다.

말씀 굽는 타자기

말씀으로 거듭나다

김미선 지음

CLC

목차

추천사 1 **임동현 박사** | 아델포이교회 담임목사   1

추천사 2 **윤종원 안수집사** | 남편   3

추천사 3 **윤주하** | 딸   5

프롤로그   12

01. 새로운 창조   14
02. 사망에서 생명으로   30
03. 새로운 마음의 창조   50
04. 신성한 성품   67
05. 하나님의 백성   85
06. 죄로 죽었던 우리   102
07. 성령   117
08. 하나님   135
09. 여호와를 앙망   151

10. 새 생명	170
11. 마음의 할례	183
12. 하나님의 씨	194
13. 중생	207
14. 영원한 생명	220
15. 영적으로 성장하라	235
16. 의를 행하라	248
17. 성도를 사랑하라	263
18. 주님의 형상을 닮아가라	275
19. 신령한 열매를 맺으라	291
20. 세상을 이기는 승리를 얻으라	308
21. 그리스도 안에서 새로운 삶을 살라	324

에필로그　340

프롤로그

LOVE

　부족한 제가 하나님의 말씀을 통해 책을 써 내려간 과정은 마치 '새로운 나'로 태어나는 여정 같았습니다. 이 길은 수고와 인내를 요구했으며, 영적 싸움을 견디기 위한 튼튼한 영적 마음가짐이 필요했습니다. 그러나 책을 쓰는 과정에서 그 어려움들을 훨씬 상회하는 은혜와 성장을 경험하게 되었는데, 이것은 단언컨대 제 인생에 있어 가장 큰 감사의 고백이 되지 않을까 싶습니다.

　매일 말씀을 기록하고 묵상하는 <말씀 굽는 타자기>의 사명 없이는 지금의 거듭난 저는 없었을 것입니다. 상처를 상급으로, 고난을 소망의 기업으로 변모시켜 주신 주님의 인도하심은 그야말로 약속의 성취입니다.

　『말씀 굽는 타자기: 말씀으로 거듭나다』는 그 약속의 성취를 담고 있습니다.

　본서는 아델포이교회 임동현 담임목사님께서 21주간 강단에서 전하신 『Rebirth: 만물을 새롭게』라는 주일설교에 기반하여, 성도라면 누구나 숙고해야 할 거듭남의 주제를 다룬 묵상집입니다. 일용할 양식을 주시는 주님의 은혜로 설교 말씀을 묵상집으로 빚어낼 수 있도록 이끌어 주신 임동

현 담임목사님께 깊은 감사를 전합니다. 꾸준히 기도로 함께해 주신 아델포이교회의 믿음의 가족들께도 머리 숙여 감사의 인사를 드립니다. 또한, 말씀과 함께 인생을 나누어 주신 사랑하는 남편 윤종원 안수집사님과 고마운 자녀들, 주하와 주영이에게도 진심 어린 감사를 보냅니다. 마지막으로, <말씀으로 거듭나다>라는 본서의 주제가 많은 이들에게 온전히 전달되기를 소망합니다.

본서가 예수 그리스도의 사랑을 알고 회복하는 작은 통로가 되기를 기도하며, 그 여정에 함께해 주시는 모든 분에게 깊은 감사를 드립니다.

새로운 창조

[고린도후서 5장 17절] 그런즉 누구든지 그리스도 안에 있으면 새로운 피조물이라 이전 것은 지나갔으니 보라 새것이 되었도다.

주님 다시 오실 때까지,
만물이 회복되는 그날에 이르기까지,
만물을 새롭게 하실 우리 주님 얼굴 마주 볼 그날까지(계 21:5)!

나를 위해 죽으시고,
나를 새로운 피조물로 새롭게 창조하시고,
만물을 새롭게 하실
우리 주님을 찬양합니다!
우리 주님을 위한 삶을 살게 하소서!

보라, 새것이 되었도다

하나님은 우리에게 매일 새로운 은혜를 주신다. 그러나 우리는 때로 현실의 문제 앞에서 낙심하며 이전이 더 좋았노라며 옛날을 그리워할 때가 많다.

왜 그런 것일까?

그것은 바로, 인간이 지닌 과거로의 회귀 본능 때문이다. 인간의 죄악된 본성은 새로운 은혜에 대한 기대보다 과거에 누렸던 익숙한 것에 더 편안함을 느낀다.

그러나 우리가 꼭 기억해야 할 것이 있다. 우리가 믿는 하나님은 창조주 하나님이시기에, 이 세상에 하나님께서 만들지 않은 것은 단 하나도 없다는 것이다. 그런 하나님께서 오늘 지금 이 순간에도 우리에게 역사하고 계심을 명심해야 한다.

우리의 죄와 사망을 대속하신 주님께서 우리가 더 이상 과거에 메이지 않도록 새 생명과 새 소망을 주셨다. 내가 지금 당장 괴롭고 힘들더라도, 변치 않는 것은 주님께서 나를 위해 이 순간에도 새로운 일을 행하고 계신다는 것이다.

하나님은 예수 그리스도를 통해 만물을 회복시켜 주셨고, 우리는 그 증거다. 우리는 예수님의 창조 사역으로 인해 거듭나게 되었고, 새로운 피조물이 되었다. 예수를 믿는 믿음으로 말미암아 그분의 생명이 우리에게 임했고, 비로소 우리는 천국 백성의 자격을 얻게 된 것이다.

성령으로 거듭나지 않은 자들은 장차 예비된 천국 삶의 방식을 안타깝게도 '아직까진' 이해하지 못한다. 그러나 예수 그리스도를 믿음으로 거듭나게 된다면 그들 역시 새로운 창조를 경험하게 될 것이다.

거듭난 자, 새로운 창조를 이미 경험한 자들은 그리스도 안에서 새로운 피조물이 되었다. 하나님은 그런 자들이 거듭난 자의 정체성이 무엇인지 깨닫길 원하시고, 앞으로 거듭난 자들이 할 일과 받을 은혜가 무엇인지 알기를 원하신다.

> [고린도후서 5:17] 그런즉 누구든지 그리스도 안에 있으면 새로운 피조물이라 이전 것은 지나갔으니 보라 새것이 되었도다.

위 말씀은 사도 바울이 자신의 사도권을 변호하면서 자신의 회심 전후를 설명하며 전한 말씀이다. 사도 바울은 예수님을 만난 이후 급격히 변한 대표적인 인물이다. 사도 바울 자신의 변화는 물론이고, 그를 둘러싼 환경까지 모두 변하였다.

우리 역시 사도 바울처럼 예수님을 영접한 이후에 우리 자신의 변화뿐만 아니라 우리 주변의 변화까지 기대할 수 있다. 사명이 있는 자에게는 반드시 이런 변화가 따를 수밖에 없다.

사도 바울이 이방인에게 복음 전하는 자로 변화된 것은 단 하나, 강권적인 하나님의 사랑 덕분이었다.

> [고린도후서 5:14] 그리스도의 사랑이 우리를 강권하시는도다 우리가 생각하건대 한 사람이 모든 사람을 대신하여 죽었은즉 모든 사람이 죽은 것이라.

예수님을 만나기 전 바울은 예수님을 그저 이단자, 하나님 나라의 훼방자로 여겼기에 예수님을 따르는 수많은 추종자를 핍박할 수밖에 없었다.

그러나 다메섹 도상에서 바울은 새롭게 태어났다. 새 창조가 일어나 영적인 눈, 믿음의 눈으로 그동안 보지 못했던 것들을 새롭게 바라볼 수 있게 되었다. 자연을 하나님의 광대한 창조 사역으로 바라볼 수 있게 되었고, 세상적인 기준으로 바라보았던 사람들을 하나님이 보내주신 귀한 영혼, 거듭날 존재로 바라볼 수 있게 되었다. 무엇보다 예수님과 십자가 사건에 대한 이해의 지평이 넓어졌다.

> [고린도후서 5:16] 그러므로 우리가 이제부터는 어떤 사람도 육신을 따라 알지 아니하노라 비록 우리가 그리스도도 육신을 따라 알았으나 이제부터는 그같이 알지 아니하노라.

사도 바울은 여전히 세상적인 관점에서 벗어나지 못하는 고린도 교회 성도들에게 괴롭고 안타까운 마음으로 위와 같은 말씀을 전했다. 사도 바울은 고린도 교회 성도들을 사랑했고, 그들을 향한 하나님의 사랑을 알았기에 안타까운 마음으로 계속해서 하나님의 말씀을 선포했다.

그러나 정작 고린도 교회 성도들은 그 사랑을 깨닫지 못하고, 오히려 왜곡된 소문으로 사도 바울을 헐뜯고 모함했다. 거짓 사도들의 이간질 때문이었다. 거짓 사도들은 고린도 교회에 침투해 자신들의 입지를 세우고자 사도 바울을 인격적으로 모독하고 폄하하는 데 혈안이 되어 있었다. 더 안타까운 것은 사도 바울의 사랑을 받아 왔던 성도들마저 거짓 교사들의 현혹에 넘어가 사도 바울을 모함한 것이다.

사도 바울이 하나님의 뜻에 먼저 순종하기 위해 고린도 교회를 재방문하겠다는 약속을 기일 안에 지키지 못한 것을 두고, 거짓 사도들은 사도 된 자가 약속을 지키지 않고, 상황에 따라 말을 시시때때로 바꾼다며 무책임한 자라고 중상모략했다. 그뿐만 아니라, 사도 바울이 예루살렘 교회를 돕기 위한 구제 헌금을 모금한 것에 대해서도 바울 개인이 착복하려는 것이며 고린도 교회 성도들의 재물 역시 그렇게 착복할 것이라며 공격했다.

이러한 모함에 고린도 성도들은 쉽사리 흔들렸다. 그들은 야속하리만큼 사도 바울에 대한 왜곡된 소문을 믿어버리고 변절했다. 그간의 사랑과 신뢰의 증거가 있었음에도 고린도 성도들이 거짓 교사들에게 현혹된 이유는 바로 '이전 것에 대한 익숙함' 때문이었다. 그들은 세속적인 문화에 길들여진 삶과 사고방식에 너무나 익숙해져 있었기에, 복음보다 인본주의적이고 세속적인 소리에 더 귀를 기울이게 되었다. 복음보다 세속적인 것들이 당장의 자신들의 삶에 더 큰 유익이 된다고 생각했기 때문이다.

그 결과, 그들은 '영적인 안목'으로 사도 바울을 바라볼 수가 없게 되었다.

이에 사도 바울은 안타까운 마음으로 고린도 교회 성도들에게 권면했다. 더 이상 거짓 사도들에게 현혹되지 말고, 예수 그리스도의 은혜로 거듭난 자답게 행할 것을 재차 강조했다. 바울은 자신이 겪은 거듭남의 역사를 함께 겪어온 고린도 교회 성도들에게, 더 이상 예수 그리스도에 대해서 그리고 그들에게 허락된 영혼들을 세상적인 관점으로 알아가면 안 된다고 권면했다.

사람을 무엇으로 판단하고 있는가?

　진정으로 거듭난 자는 그들에게 허락된 영혼과 그들의 공동체를 세상적인 방식, 즉 외부적 조건으로 판단해서는 안 된다.

　하나님은 외모와 환경이 아닌 사람의 중심을 보신다. 거듭난 자 역시 하나님의 관점으로 영혼을 바라볼 수 있기에, 사람을 평가할 때 영혼의 존재 가치와 그 영혼에 주어진 사명의 무게 그리고 그 영혼이 맺은 삶의 열매로 판단해야 한다.

　또한, 거듭난 자는 예수 그리스도의 십자가 보혈에 빚진 자다. 보혈의 공로가 없었다면 우리는 이 땅 가운데 살아갈 수 없는 자들이다. 예수 그리스도를 믿는 믿음으로 이전 것은 다 사라진 존재가 바로 거듭난 자들이다. 거듭난 자는 '믿음의 눈'을 소유했기에, 믿음의 눈으로 세상적 관점을 분별하고 오직 하나님의 뜻을 온전히 바라볼 수 있어야 한다.

　무엇으로 주어진 환경과 공동체를 판단하는가?
　겉으로 보이는 모습, 외모, 세상적 능력으로 판단하지는 않는가?
　나의 경험과 생각, 판단에 기인해 평가하지는 않는가?
　그 영혼의 필요가 세상적인 필요로 보이는가, 영적인 필요로 보이는가?

　거듭난 자는 영혼을 바라볼 때, 그 영혼의 가치와 삶의 열매로 평가해야 한다. 하나님의 섭리 가운데 영혼을 바라볼 수 있어야 한다. 또한, 거듭난 자다운 영적 안목을 가졌다면 세상적인 관점에서 벗어나 그 사람의 중심을 바라보아야 한다.

거듭난 자는 예수 그리스도를 육체대로 평가하지 않는다. 자신의 판단과 필요로 예수님을 생각하지 않고, 하나님께서 보내신 메시아로, 생명을 주신 구원주로 온전히 믿게 된다. 또한, 거듭난 자는 성령의 조명하심에 따라 그리스도의 십자가 대속하심과 부활의 복음 진리를 옳게 깨닫고 받아들일 수 있게 된다.

이런 믿음이 전부가 될 때, 자기중심적인 삶이 아닌 그리스도 중심의 삶을 살겠다는 생각의 변혁이 일어난다. 이전에는 감히 생각하지 못했던 새로운 삶의 방식, 즉 내가 죽고 예수 그리스도와 사는 삶의 방식이 창조된다.

인생의 목적은 무엇인가?

바로 구원이다. 그리스도인들은 예수님을 믿고 죄 사함을 받게 되었다.

그러나 여타 다른 종교에서는 믿는다고 하여 죄가 해결되지는 않는다. 예를 들면, 유교에서 추구하는 가치는 평생에 걸친 도덕적 발전과 자기 수양, 자기 극복이다. 즉, '나'를 위한 것이 인생의 목적이다. 불교 역시 자기 정진을 통해 스스로가 깨달음의 경지에 이르는 것을 목적으로 삼는데, 그 역시 '나' 중심의 행복 추구를 위함이다.

하지만, 기독교는 예수 그리스도의 십자가 대속으로 인해 죄 사함과 구원, 영생이 가능한 종교다. 또한, 예수 그리스도의 대속하심이 가져다주는 은혜는 '나 중심적 사고'가 '예수 중심적 사고'로 바뀔 수 있는 생각의 변혁을 일으키고 그런 삶을 살 수 있도록 바꿔준다.

▎ 나를 위한 삶 vs. 예수를 위해 사는 삶

> [고린도후서 5:15] 그가 모든 사람을 대신하여 죽으심은 살아 있는 자들로 하여금 다시는 그들 자신을 위하여 살지 않고 오직 그들을 대신하여 죽었다가 다시 살아나신 이를 위하여 살게 하려 함이라.

'나를 위한 삶'과 '예수를 위해 사는 삶', 어떤 삶이 옳은가?

나는 어떤 삶을 살아가고 있는가?

많은 그리스도인이 예수를 위해 사는 삶을 추구한다. 그러나 정작 우리의 현실은 '나를 위한 삶'에 더 집중하고 세상적인 것에 더 큰 의미를 부여한다. 도덕적으로 더불어 사는 삶을 배워 왔지만, 치열한 경쟁에 노출되면 무언의 압박에 눌리고 은연중에 나를 지켜내기 위한 '나 중심의 삶'을 선택한다. 믿음, 봉사, 희생의 가치가 중요한 것은 알지만, '나'를 위한 어느 정도의 보장을 기저에 깔고, '나 중심의 삶'을 우선으로 여기게 된다.

심지어 그리스도인들도 '예수 중심으로 사는 삶'에 대해 아래와 같이 조소 섞인 반응을 보이곤 한다.

"너만 예수 믿느냐?"

"유난 떤다. 적당히 선 지키며 신앙생활하자."

"순교자까지 되려느냐?"

이렇듯 우리는 '예수를 위한 삶'을 머리로만 알고 입술로만 고백할 뿐, 실제로 살아내지 못하고 있다. 그러나 우리가 꼭 기억해야 할 것이 있다.

모든 피조물은 창조주를 위해 살도록 만들어졌다는 것이다. 나를 위해 살도록 만들어진 것이 아니라, 하나님을 위해 살도록 만들어졌다.

믿음을 보이며 하나님께 맞추어 살 때 하나님은 우리의 필요를 넉넉히 채우신다. 그런데 우리는 하나님 뜻에 합당하게 살겠다고 하면서도, 현실의 문제 앞에서는 내 삶과 내 생계를 먼저 걱정해 버린다. 너무나 쉽게 우선순위가 바뀐다.

그러니 현실은 쳇바퀴 돌 듯 늘 그 자리에서 맴돌고, 어느 순간 문제는 더 큰 문제를 낳는 악순환을 겪게 된다. 내가 해결할 수 없는 문제를 스스로 해결하려고 하다가 그 과정에서 허다한 죄를 짓게 되기도 한다. 원망, 불안, 염려, 시기, 낙심, 무기력, 자포자기 등의 부정적 감정에 나를 묶어 버린다.

그러나 해결할 수 없는 문제는 하나님을 만날 수 있는 기회임을 깨닫고 주께 맡기며 확신하고 기대할 때, 하나님은 가장 좋은 때에 가장 선한 방법으로 해결 이상의 놀라운 축복을 허락하신다. 하나님께서 하시면 '상처'는 '상급'이 된다.

아담은 에덴동산에서 하나님께 맞춰 사는 순종의 삶을 당연한 것으로 여기며 살았다. 그랬던 아담에게 죄가 들어오면서 더 이상 창조주를 위해 살지 않게 되었다. 죄는 "하나님을 위해 살지 말고, 너를 위해 살라"고 유혹하며 이기적인 욕심을 채우게 한다. 결국, 창조주가 아닌 자기 욕심을 따라 살게 된 자들은 '죽음'에 이르게 된다.

[창세기 2:7] 여호와 하나님이 땅의 흙으로 사람을 지으시고 생기를 그 코에 불어넣으시니 사람이 생령이 되니라.

[로마서 6:23] 죄의 삯은 사망이요 하나님의 은사는 그리스도 예수 우리 주 안에 있는 영생이니라.

▌그리스도 중심의 삶

우리는 범죄자 아담의 후손으로서 우리의 유익과 이익만을 위해 살아온 '부끄러운 과거'를 지니고 있다. 만들어진 목적을 잊어버리고, 그 목적에서 이탈한 삶은 부끄러운 과거가 될 수밖에 없다.

모든 물건은 각각의 목적을 지니고 만들어진다. 그 목적에 부합하도록 잘 사용되면 그 물건은 제 기능을 잘 하는 것이지만, 그렇지 못하면 당장 쓸모없는 것이 되어 폐기되고 만다.

우리도 마찬가지다. 창조주를 위해 살도록 만들어진 인간이 하나님의 뜻대로 살지 못한다면 죽을 수밖에 없는 존재가 된다. 하나님은 우리의 허락이나 동의 없이 얼마든지 피조물을 살릴 수도, 죽일 수도 있는 분이시다.

그러나 긍휼이 많으신 하나님은 우리 인간이 죄로 죽을 수밖에 없는 상황에서 벗어날 수 있도록 구원의 방도를 마련해 주셨다. 하나님의 목적에서 벗어나 이기적 욕심에 사로잡힌 우리를 위해 예수 그리스도를 보내주신 것이다. 예수 그리스도께서 우리를 위해 대신 죽으심으로 인해 우리는 그 죽음에 동참할 수 있게 되었고, 비로소 죽음에서 생명으로의 전환이 가능하게 되었다. 영생의 삶으로 새롭게 창조된 것이다.

예수님이 우리를 위해 대신 죽어 주심으로 인해, 우리는 새로운 목적을 가지고 새롭게 살 수 있는 거듭난 존재가 되었다. 더 이상 과거의 자기중심적 삶에 메인 자가 아닌, 새롭게 거듭난 자의 삶을 누리는 자가 된 것이다.

자기중심적 삶은 창조 목적에 위배되는 부자연스러운 삶이다. 예수 그리스도로 인해 성령의 인치심을 받아 거듭난 자들에게는 처음 지어진 목적대로 그리스도 중심으로 사는 삶이 더 자연스러운 것이 된다.

우리는 우리를 위해 대신 죽으신 예수 그리스도의 공로로 인해 죄의 결과인 죽음에서 벗어난 자가 되었고, 예수님의 생명 안에서 새 창조를 이루게 된 새로운 피조물이 되었다. 하나님의 은혜로 예수 그리스도의 대속하심을 입어 성령 안에서 거듭난 우리는 예수 그리스도께서 나를 위해 죽으신 것을 아는 자들이다.

예수님의 생명을 얻어 새로운 피조물이 된 자들은 한 번의 새로움에 그치지 않고 나날이 새로운 상태에 거할 수 있어야 한다. 이 세상에 있는 새 것은 시간이 지남에 따라 헌것이 되지만, 새로운 피조물은 새롭게 된 상태가 유지된다. 그리스도 안에서 새로운 피조물이 되는 일은 시간이 지나면서 퇴색되거나 변하는 것이 아니라, '나날이 새롭게 되는 영원한 새로움'의 상태가 계속 이어지는 것이다.

오늘이 가면 내일이 오고, 올해가 가면 다음 해가 온다. 앞으로 우리에게 허락된 시간은 영원한 새로움 속에서 새로운 피조물로서의 삶을 꽃 피우게 될 것이다. 우리를 그리스도 안에서 새로운 피조물로 살아가게 하신 하나님께 영광 돌리며, 만물을 새롭게 하실 우리 주님을 뵐 그날까지 나를 위해 죽으신 예수님만을 위한 삶을 살아야 한다.

그런 삶을 살기 위해서 우리는 나날이 새로워져야 한다. 주님은 우리에게 날마다 '나날이 새롭게 되는 영원한 새로움'을 허락하시는데 실상 우리는 그것을 체감하며 살지 못하는 것이 현실이다.

그런 우리의 삶에도 불구하고, 주님께서 허락하신 '새로움'은 변함이 없다는 사실은 참으로 큰 은혜다. 그것을 깨닫고 감사하며, 그 허락하신 '새로움'을 받아 누리는 자가 되어야 한다.

여전히 꺾지 못하고, 깨지 못하는 자신의 죄 된 과거의 모든 습성을 꺾어내고 깨어버리는 '자기 부인'만이 주님께서 허락하신 그 새로움으로 향하는 시작점이 된다. 그것을 깨기 위해 때때로 주님은 우리에게 고난과 아픔을 허락하시지만, 그 고난을 통해 우리의 실존을 직시하게 하시고, 회개케 하시고, 비우게 하시고, 그 빈 곳에 온전히 주님만을 채우길 원하신다. 그 고난에는 주님의 뜻과 사랑이 있기에 허락하신 고난은 감사할 은혜이지, 더 이상 고통과 아픔이 아니다.

주님께서 함께하시는 이 성화의 과정을 통해 그리스도인은 진정으로 거듭나 영화의 단계에 이르게 될 것이다. 그 길은 절대 혼자 외롭고 힘들게 걸어가는 길이 아니다. 우리의 '그 어떤 것과도 상관없이' 주님께서 계획하신 영원한 새로움이 끊임없이 허락되는 길이다.

"이전 것은 지나갔으니, 보라 새것이 되었도다!"

마땅히 버려야 할 이전 것들은 과감히 버리고, 주님께서 허락하신 새로운 삶을 받아 누리며, 그 삶에 함께 동행하실 우리 주님을 기대하며 살아야 한다.

■ 아빠의 묵상

[고린도후서 5:17] 그런즉 누구든지 그리스도 안에 있으면 새로운 피조물이라 이전 것은 지나갔으니 보라 새것이 되었도다.

그리스도로 인한 새로운 창조, 거듭남.

우리 인생의 목적은 반드시 '구원'이 되어야 한다.

예수님을 믿고, 그분을 내 안에 모시고 사는 삶, 나 중심적 삶에서 예수님 중심적 삶으로의 변화, 예수님을 위해 사는 삶, 그리스도 중심의 삶을 사는 것이 내 인생의 목표다.

오랜 시간, 신앙생활과 종교 생활을 반복하며 살아온 나는 이론적 구분이 비교적 명확하다. 기타 종교와 기독교의 큰 차이점 중 하나는 내가 신을 찾아가야 하는 '나' 중심의 삶을 사느냐, 신이 나를 찾아온 '신' 중심의 삶을 사느냐의 차이다. 기독교는 신본주의다.

그러나 신앙생활과 종교 생활을 반복하며 살아온 나는 이론적으로는 '신'이신 우리 예수님과 동행하며 그분 중심의 신본주의적 삶을 살아야 함을 알지만, 여전히 새로운 피조물이 되지 못하고 이전 것을 함께 짊어지고 낑낑대며 살아가고 있다. 그분의 죽음과 부활로 새로워져야 하는데 여전히 묵은 옛 모습에 메어 있고, 날마다 주시는 새로움의 은혜에도 이 짐을 내려놓고 버릴 생각을 하지 않는다.

계속 어깨에 짊어지고 "주님, 가시지요. 제가 따르겠습니다"라고 말하며 힘들게 한 걸음을 내딛고 있다. 어깨에 짊어진 것들을 하나하나 꺼내어 보면 아주 쓸모없거나 부끄러운 것들, 더러운 것들, 악하고 미련한 것들로만 가득 차 있을 것이다.

그런데도 이런 것들을 버리지 못하고 있다. 주일에 말씀을 듣고 깨달은 후에는 '찔끔' 버리는 척하고, 월요일이면 다시금 나도 모르게 버린 것을 또다시 주워 담고는 한다. 그렇게 반복하며, 지금까지 살아온 내 인생보다 커진 죄의 보따리를 어깨에 메고 있는 나를 보게 된다. 예수님으로 거듭난 새로운 창조물임에도 불구하고, 지나온 인생 동안 내 보따리만 키우고 있었던 것 같다.

그러나 이 깨달음 또한 우리 주님의 은혜인 것을 깨닫는다. 죄의 보따리를 보았다면 지금부터는 예수님을 위한 삶, 예수 중심의 삶을 살면 된다. 분명 그 큰 보따리를 우리 주님의 보혈로 다 태워주셨을 테니, 내 속에서 다시 일어나는 죄의 꾸러미를 짊어지지 말고 말씀으로 분별하고 우리 예수님의 이름으로 죄의 짐을 비우고 태우는 노력을 하자.

비록 그 과정에서 내 살점이 타고 그을린다 해도 그것이 언젠가는 예수님을 닮아가는 흔적이 됨을 믿고, 한 걸음씩 또는 반 걸음씩이라도 우리 주님 따라 사는 예수 중심의 삶을 살아내 보자.

■ 재녀의 묵상

> [고린도후서 5:17] 그런즉 누구든지 그리스도 안에 있으면 새로운 피조물이라 이전 것은 지나갔으니 보라 새것이 되었도다.

크리스천은 '현재', '지금' 주시는 새로운 만나를 먹으며 살아가야 한다.

그러나 나는 관성처럼, 거듭나기 이전으로 돌아가려고 하고 있지는 않은가…

혹은 이전에 체험한 기적을 그리워하며 또 한 번의 기적만 바라고 있지는 않은가…

하나님께서는 우리에게 어떤 결과나 은혜를 주실 때, 내가 바라고 소망하는 것을 바로 떡하니 주시지 않는다. 먼저 그것을 받을 수 있는 그릇으로 빚어 가신다.

물론, 은혜를 먼저 주실 때도 있고, 기적 같은 결과를 선뜻 주실 때도 있다. 그런데 그건 거기까지다. 그 은혜와 기적을 주신 하나님께 감사하기보다 '기적'이라는 상황에 감사하게 된다.

그러나 날 깨뜨리시고 빚어 가시는 과정은 아프고 인내가 필요하지만, 하나님만을 온전하게 바라보게 하신다.

그리고 은혜도 주신다. 이때는 상황을 뛰어넘어, 그 과정을 이끄신 하나님을 바라보는 나를 발견하게 된다. 그리고 하나님께 감사하게 된다. 그 과정을 통해, 나를 위한 삶이 아닌 예수를 위한 삶으로 변화되는 것 같다.

눈 돌릴 곳이 너무나 많은 세상이다. 자칫 잘못하면 나의 성공을 좇으며 분주한 삶을 살게 되고, 나를 돌보느라 이웃에게는 관심 줄 틈도 없고, 매 순간 예수님을 위해 산다는 것이 '유난처럼' 느껴져서, 누군가에게 유난 떠는 것 같이 보이기 싫어서, 적당히 타협하다가 무뎌진다.

그런데 나는 하나님을 위해 살도록 만들어졌다. 나를 위해 살도록 만들어진 것이 아니라, 하나님을 위해 살도록 만들어졌다.

매일 주님 안에서 첫사랑을 회복해야 한다. 예수님의 생명을 얻어 새로운 피조물이 된 자들은 한 번의 새로움에 그치지 않고 나날이 새로운 상태에 거할 수 있어야 한다.

의식적인 노력 없이는 '새로움'을 받아 누리는 것이 쉽지 않다. 아직까지도 불쑥불쑥 나타나는 나의 죄 된 습관들, 이전 것들을 과감히 버리고, 주님께서 허락하신 새로운 삶을 좇아가는 제자의 삶을 살길…

그런 삶으로 윤주하를 이끄실 주님을 믿는다.

사망에서 생명으로

[요한일서 3:14] 우리는 형제를 사랑함으로 사망에서 옮겨 생명으로
들어간 줄을 알거니와 사랑하지 아니하는 자는 사망에 머물러 있느니라.

이미 사망에서 생명으로 옮겨진 거듭난 자는
예수님만을 닮고,
그분의 사랑을 닮고,
그 사랑을 전해야 한다.

그러나 여전히 형제를 사랑하지 못하고,
사랑을 표현하기에 앞서 환경과 조건만 따진다면
회개해야 한다.
주님께서 내게 먼저 베푸신 사랑을
회복해야 한다.

예수님의 사랑이 나의 삶의 증거가 될 수 있도록
예수님의 사랑을 전해야 한다.

사랑, 생명의 근거

거듭남!

거듭남이란 이전의 방식이나 태도를 버리고 새롭게 시작하는 것을 의미한다. 특별히 믿는 자들에게 있어 거듭남이란 원죄 때문에 죽었던 영이 예수 그리스도를 믿음으로 영적으로 다시 새롭게 되는 것을 의미한다.

옛 본성을 버리고 하나님의 형상을 회복한 자로 새롭게 살아가는 거듭난 피조물이 되는 것!

예수 그리스도 안에서 새로운 피조물이 되는 것!

이것이 진정한 거듭남이다.

이렇게 거듭난 자들에게 성화의 과정은 필수다. 성화란 성도의 신앙적 삶이 거룩하게 되어가는 과정이나 행위를 말하는데, 이 성화의 사역을 통해 죄인은 죄로부터 깨끗함을 입게 되고, 죄인이었던 옛 본성이 예수님의 성품으로 새롭게 변화받는다. 또한 성령님의 인도하심에 따라 선행을 지속할 수 있게 된다.

성화는 거듭난 자에게 허락하신 성령님의 계속적이고 은혜로우신 사역이라고 할 수 있다.

그렇기에 거듭났다고 구원받았다고 끝나는 것이 절대 아니다. '거룩하라'는 주님의 명령에 따라 매일 거듭나는 새 창조의 역사가 성도의 마음 안에서, 성도의 삶에서 항시 일어나야 한다. 거듭난 자들은 이렇게 매 순간 거룩을 추구하는 삶을 통해 점점 더 그리스도를 닮아가게 되는 것이다.

그리스도와 무관한 삶을 살았던 자들이 예수님처럼 변할 수 있는 것은 그들에게 예수님의 생명이 허락되었기 때문이다. 예수님의 생명으로 살아

숨 쉬고 있음을 믿는 자들은 그들 안에 저주와 절망, 죽음이 아닌 축복과 은혜, 생명이 가득함을 믿어야 한다.

그렇다면 무엇으로 거듭난 자들에게 예수님의 생명이 있다는 것을 증명할 수 있을까?

그것은 사랑이다. 거듭난 자들에게 사랑이 가득하다는 것은 그들이 구원받았다는 증거가 된다고 성경은 말하고 있다. 사도 요한은 요한일서 3장 14절의 말씀을 통해 생명이 있는 자들은 서로 사랑해야 하고, 그들이 그 사랑으로 인해 사망에서 생명으로 옮겨진 것을 알 수 있다고 말씀하신다.

> [요한일서 3:14] 우리는 형제를 사랑함으로 사망에서 옮겨 생명으로 들어간 줄을 알거니와 사랑하지 아니하는 자는 사망에 머물러 있느니라.

위 말씀은 『우리말 성경』에서 아래와 같이 해석된다.

> 우리가 알다시피 우리는 죽음에서 생명으로 옮겨졌습니다. 이것을 아는 것은 우리가 형제를 사랑하기 때문입니다. 사랑하지 않는 사람은 죽음에 머물러 있는 사람입니다.

사도 요한은 요한복음에서도 예수님의 말씀을 듣고 하나님을 믿는 자는 사망에서 생명으로 옮겨진다고 말씀하신다.

> [요한복음 5:24] 내가 진실로 진실로 너희에게 이르노니 내 말을 듣고 또 나 보내신 이를 믿는 자는 영생을 얻었고 심판에 이르지 아니하나니 사망에서 생명으로 옮겼느니라.

즉, 요한일서 3장 14절의 "우리는 형제를 사랑함으로 사망에서 옮겨 생명으로 들어간 줄"이라는 구절과 요한복음 5장 24절의 "내 말을 듣고 또 나 보내신 이를 믿는 자는 사망에서 생명으로 옮겼느니라"는 구절은 같은 메시지를 담은 것이다.

모든 그리스도인이 사망에서 생명으로 옮겨지는 유일한 길은 예수님의 말씀을 듣고 예수님을 보내주신 하나님을 믿는 것이다. 구원은 오직 이 믿음으로 가능하다.

> [로마서 10:9] 네가 만일 네 입으로 예수를 주로 시인하며 또 하나님께서 그를 죽은 자 가운데서 살리신 것을 네 마음에 믿으면 구원을 받으리라.

> [로마서 10:17] 그러므로 믿음은 들음에서 나며 들음은 그리스도의 말씀으로 말미암았느니라.

사도 요한이 형제 사랑을 구원과 연관 지어 말한 이유는 형제 사랑이 '구원의 조건'이 아니라 '구원의 증거'라는 사실을 강조하기 위함이다. 형제를 사랑해야 구원받는 것이 아니라, 구원받은 자라면 누구든지 형제 사랑을 표현할 수밖에 없다. 그렇기에 거듭난 자들은 형제를 사랑하고 영혼을 사랑하는 행동을 통해 구원받았다는 증거를 보일 수 있어야 한다.

거듭난 자는 구원받은 하나님의 백성이다. 그리스도의 보혈로 깨끗하게 되어 의롭다 칭함을 받은 하나님 나라의 권속이다. 성령으로 거듭난 자는 세상과 세속에 물들어 자신밖에 몰랐던 옛 성품을 벗어 버리고, 자기중심적인 세계관에서 눈을 돌려 사랑이 필요한 자들에게 따뜻한 손을 내밀 수 있는 넉넉한 사랑을 품게 된다. 믿는 자는 먼저 예수님에 대한 신뢰와 믿음을 갖고, 그 믿음에 기초한 헌신으로 형제를 사랑하게 된다. 믿음이 없이는 하나님을 기쁘시게 할 수 없으며, 하나님께서 기뻐하시는 형제 사랑도 결코 실천할 수가 없다.

진실로 하나님은 사랑이시다. 하나님은 세상을 사랑하사 독생자 예수 그리스도를 이 땅에 보내주셨다. 죄인이었던 우리는 예수 그리스도를 믿고 예수님의 생명을 소유하게 됨으로써 그분의 사랑 또한 우리 안에 머물게 되었다. 예수님을 믿는 자에게는 예수님의 사랑이 그 안에 거하게 되고, 그 사랑은 형제를 사랑함으로 증명된다.

그렇기에 예수님을 믿는 믿음 없이는 올바른 사랑이 불가능하다. 사랑이신 하나님의 자녀들만이 믿음 안에서 진실 되고 바른 사랑을 할 수 있다. 사탄은 사랑을 흉내 낼 수는 있을지는 몰라도 결코 진실 되고 바른 사랑을 할 수는 없다.

▌ 바른 믿음에서 시작되는 온전한 사랑

그 사랑을 품은 자들에게도 여전히 영혼에 대한 미움과 시기와 질투, 원망의 감정이 존재한다. 사랑보다 미움이 가득하고, 무관심으로 일관하며 형제를 외면하기도 한다. 그러나 이렇게 사랑이 없는 상태를 당연하게 받아들여서는 안 된다. 속히 되돌려야 한다.

"사망에서 옮겨 생명으로 들어간 줄을 알거니와."

이 구절은 이미 사망의 영역에서 생명의 영역으로 옮겨졌다는 뜻으로, 영역의 이동이 확실하게 완료된 상태를 의미한다. 말씀에서 명확히 선포됐음에도 사탄은 계속해서 우리를 속이려 든다.

"너는 아직 내 수하에 있어. 여전히 너는 사망의 상태에 놓여 있어."
"네가 생명의 영역으로 옮겨 갔는지 어떻게 알 수 있어?"
"생명의 영역으로 옮겨졌다고 하지만, 네 모습은 여전히 이렇게 죄악 된 모습으로 가득한데… 너 자신을 보고도 그것이 믿어져?"

사탄은 그럴싸한 논리로 우리를 끊임없이 불신하도록 만들 것이다.
하지만, 우리는 이미 사망에서 생명의 영역으로 완벽하게, 확실하게 옮겨졌음을 믿고 선포하며 나아갈 수 있어야 한다.
거듭나지 못했을 때는 하나님의 뜻을 따르지 않고 심지어 하나님을 대적하며 죄악 된 삶을 살았을지 몰라도, 그것은 과거의 모습일 뿐, 예수님을 믿어 거듭난 지금은 그렇지 않음을 명심해야 한다. 성령으로 거듭나 새로운 피조물이 된 자들은 새 생명을 얻고 성령님께 모든 의지의 결정권을 내어 드림으로써 하나님의 뜻을 따르게 되었고, 하나님의 자녀로서 마땅히 실천해야 할 형제 사랑을 실천할 수 있게 되었다.
올바른 사랑은 바른 믿음에서 시작된다. 거듭난 하나님의 자녀인지 아닌지를 결정짓는 중요한 요소는 바로 올바른 믿음에 기초한 올바른 사랑을 실천하느냐 안 하느냐다.
우리가 거듭나지 못했을 때, 세상에서 배운 사랑은 모순이 많았다. 진정한 사랑을 원해 사랑에 목매고 간절히 사랑을 표현하지만, 그 사랑은 때로

집착이 되기도 하고, 주는 만큼 받지 못하는 사랑은 평등하지 못하다며 사랑을 깨기도 한다. 우정과 가족 간의 사랑, 신의와 존경, 이 모든 것은 그 기저에 깔린 사랑의 기준이 모호하기에, 그 어떤 사랑도 완전하거나 온전할 수가 없다. 그래서 세상적인 사랑은 늘 충만한 사랑의 상태에 거하지 못하는 것이 사실이다.

그런 우리에게 하나님은 예수님을 보내주시고, 그분을 믿는 자들에게 영생을 허락하시고, 예수님의 생명 안에서 예수님의 사랑을 알게 하셨다.

> [요한복음 3:16] 하나님이 세상을 이처럼 사랑하사 독생자를 주셨으니 이는 그를 믿는 자마다 멸망하지 않고 영생을 얻게 하려 하심이라.

▌ 예수님의 사랑을 닮고, 전하라

> [요한복음 1:12] 영접하는 자 곧 그 이름을 믿는 자들에게는 하나님의 자녀가 되는 권세를 주셨으니.

이 말씀을 통해 예수님의 사랑을 깊이 깨달을 수 있어야 한다. 선하고 의로운 것과는 상관없이 살던 우리는 예수님의 사랑을 받을 만한 가치가 전혀 없던 자들이었다. 그러나 예수님은 우리를 위해 어떠한 조건도 없이 고난 받으시고 십자가에 달려 죽으시기까지 우리를 사랑해 주셨다. 예수님은 '불의한 인간'을 위해 '의로운 자신'을 희생하시면서까지 위대한 십자가 사랑을 나눠주신 것이다.

예수 그리스도의 십자가 사랑을 느낄 때마다 더 견고한 믿음으로 주를 바라봐야 한다. 그리고 우리에게 먼저 보여주신 그 고결한 사랑을 우리 또한 누군가에 전하고 실천할 수 있어야 한다. 그 사랑을 삶에서 실천함으로써 우리 안에 예수 그리스도가 계심을 스스로 더욱 확신하고 또한 세상에 증명해야 한다.

> [요한복음 15:9-10] 아버지께서 나를 사랑하신 것 같이 나도 너희를 사랑하였으니 나의 사랑 안에 거하라 내가 아버지의 계명을 지켜 그의 사랑 안에 거하는 것 같이 너희도 내 계명을 지키면 내 사랑 안에 거하리라.

우리는 예수님을 믿고 난 후, 예전에는 느끼지 못했던 긍휼과 자비의 마음까지 품을 수 있게 되었다.

그러나 문제는 이 사랑의 마음이 지속되지 못하는 데 있다. 사랑과 긍휼과 자비의 마음을 품는 것도 잠시, 상황과 대상에 따라 마음이 변하기도 하고 퇴색되기도 하고 아예 사라지기까지 하는 것을 누구나 경험했을 것이다.

왜 그러는 것일까?

답을 찾기 위해서는 먼저 초대 교회를 떠올릴 필요가 있다. 초대 교회 성도 모두에게는 사랑이 넘쳤다. 자기의 재산과 소유를 전혀 아까워하지 않고 기꺼이 재물을 팔아 교회공동체와 가난한 자들에게 나눠주었다.

그러나 이 전통은 지속되지 못했다. 초대 교회에 침투한 영지주의자들 때문이었다. 당시 영지주의자들은 초대 교회 안에 '나만 좋으면 그만이야!'라는 쾌락주의를 조장했다. 그들은 재물을 더 이상 이웃에게 나누지 말고 자신을 위해 쓰라며 성도들을 회유했고, 결국 일부 성도는 사랑의 실천을 멈출 수밖에 없었다.

영지주의란 선택받은 자에게만 주어지는 영적인 지식 또는 그 지식 위에 형성된 종교 체계를 주장하는 종교 사상을 일컫는다. 그들은 "육체는 천하고 영은 고귀하다. 예수님이 진짜 하나님의 아들이시라면 천한 육체의 몸을 입고 오셨을 리 없다"라고 주장하며 예수님의 육체적 부활을 부정했다.

영지주의자들의 영향력은 다른 가면과 탈을 쓰고 우리 생활 깊숙이 파고들었다. 대표적인 것이 바로 '디지털 영지주의'다. 팬데믹 같은 특수 상황에서 어쩔 수 없이 선택적으로 받아들여진 온라인 예배는 어느새 차선책으로 자리 잡게 되었다. 문제는 팬데믹이 끝났음에도 불구하고 이 차선책이 '편리한 예배, 선택할 수 있는 예배'로 고착화되었다는 것에 있다.

주님의 몸 되신 교회에 나와 온전한 예배 형식으로 드리는 현장 예배의 가치를 온라인 예배에도 동일하게 적용하는 것 또한 '디지털 영지주의'로 볼 수 있다. 물론, 온라인 예배를 통해서도 성령의 감동을 받고 믿음을 새롭게 결단할 수는 있지만 부득이한 상황이 아님에도 불구하고 나의 편리와 편의를 위해 온라인 예배를 선택하는 것은 문제가 된다.

교회에 나와 온몸과 마음을 다해 성령과 교통함으로 드려지는 충만한 예배와 온라인 예배는 결코 같을 수가 없음을 누구나 경험해서 알 것이다. 온라인 예배는 현장 예배를 보조하는 수단으로, 또는 부득이한 사정으로 현장 예배를 드릴 수 없을 때 차선의 차선으로 선택하는 예배 형식으로 받아들여야 하는 것이다.

믿음이 있다고 하면서도 여전히 믿음이 식어가고 그로 인해 형제를 사랑하는 마음도 퇴색된다면 이것은 영지주의의 영향 때문이다. 어려운 이웃과 형제를 돕는 것이 좋은 일인 것은 누구나 잘 안다. 그러나 영지주의의 마음이 틈타면 이내 '내 코가 석 자'라고 합리화하며 자신의 상황을 먼저 챙기게 된다.

또한 예전에 베풀었던 선행에 자신의 의가 드러나기 시작하며, 선행을 베풀어준 사람을 향해 고마워할 줄도 모른다는 핀잔을 쏟아붓고 배은망덕하게 여기기까지 한다. 결국, 형제 사랑은 쓸모없고 무의미하다는 결론을 짓게 된다. 이런 마음이 틈타 믿음과 사랑은 식어가고 변질되고 어느 순간 사라지기까지 한다.

그러나 우리에겐 예수님께서 보여주시고 베풀어 주신 사랑과 긍휼이 있다. 긍휼이란 비참한 환경에 처한 자를 보고 불쌍히 여겨 돌봐 주고 싶은 애끓는 마음이다. 이 긍휼의 마음은 하나님 아버지께서 죄인이었던 우리를 바라보며 품으신 마음이다. 절대 자기 만족을 위함도 아니고 대가를 바라지도 않는, 온전하고 완전한 사랑의 마음이다. 하나님께서 죄인들에게 베푸신 긍휼에는 아무런 대가가 없다.

그러나 과거 죄인 된 우리는 예수 그리스도를 팔고, 십자가에 못 박아 놓고도 아무 상관없는 자처럼 은혜를 원수로 갚는 무정하고 무자비한 자의 모습을 보였다.

[마태복음 26:15-16] 내가 예수를 너희에게 넘겨 주리니 얼마나 주려느냐 하니 그들이 은 삼십을 달아 주거늘 그가 그 때부터 예수를 넘겨 줄 기회를 찾더라.

우리는 거듭났음에도 불구하고 여전히 예수를 넘겨줄 기회를 찾는 자들이다. 무조건적인 사랑으로 대가 없는 긍휼을 받은 자들임에도 불구하고 상황에 따라 예수님을 부인하기도 하고, 또 다른 누군가에게 그 사랑을 나누는 데 너무나 인색하다. 구원받아야 할 수많은 영혼에게 예수님의 사랑을 나눠주라고 나에게 먼저 그 사랑을 보여주셨는데도, 모르는 척 그 사랑을 독식하려고 한다. 굳이 나눠줘야 할 필요성조차 못 느끼는 경우도 많다. 이러한 태도는 철저한 선민의식의 폐해에 빠지는 것이다.

궁핍한 형제를 만났을 때 그 형제를 향한 긍휼의 마음을 성령님께서 허락하셨음에도, 잠잠히 기다리는 척하며 이내 마음에 빗장을 걸어 잠그기도 한다. 성령의 감동으로 '도우라! 사랑하라!'는 하나님의 음성을 느꼈지만, 모르는 척 자신의 이기적이고 죄악 된 의지를 먼저 관철시킨다. 이것은 하나님께서 허락하신 긍휼의 마음을 철저히 무시하는 악한 의지다.

하지만, 성령으로 거듭난 자들은 악한 의지를 능히 꺾고 성령의 감동에 따라 사랑과 긍휼을 실천할 수 있는 자들임을 명심해야 한다. 거듭난 자는 형제를 사랑하도록 부름 받은 자들이고, 그 사랑을 실천함으로써 사망에서 생명으로 옮겨진 자임을 증명할 수 있어야 한다.

예수님의 생명이 있는 자들에게 사랑의 마음이 있는 것은 당연하다. 그 사랑을 감히 알 수도, 품을 수도 없던 자들에게 어떠한 대가도 없이 무조건적으로 희생적인 사랑을 보여주신 예수님의 사랑을 전할 수 있어야 한다. 마음에만 품고 실천하지 않는 사랑은 예수님께서 가르쳐 주신 사랑이 아니다.

사랑하라는 마음의 의지를 스스로 꺾지 말고 행함과 진실함으로 사랑할 수 있어야 한다.

> [요한일서 3:18-19] 자녀들아 우리가 말과 혀로만 사랑하지 말고 행함과 진실함으로 하자 이로써 우리가 진리에 속한 줄을 알고 또 우리 마음을 주 앞에서 굳세게 하리니.

성령으로 거듭나 새 생명을 소유한 모든 그리스도인은 주 앞에서 진실한 사랑을 행해야 한다. 그리스도의 생명이 가져온 사랑은 영혼을 살릴 수 있음을 명심해야 한다. 세상의 그 어떤 사랑도 예수님의 사랑과 비할 수가 없다. 십자가에서 죽기까지 한 예수님의 자기희생적 사랑은 죄인들을 사망에서 생명으로 건지기 위함이요, 사랑 없는 자들에게 신적 사랑을 부여하기 위함이다. 그 사랑을 이미 받은 자들답게 진정한 그리스도의 사랑을 실천함으로써 예수님의 생명으로 거듭난 자임을 증명해야 한다.

일전에 주님을 모르는 한 지체에게 '예수님의 십자가 사랑'을 전한 적이 있다. 참 좋은 성품과 착한 심성을 가진 그분은 비록 아직 예수님을 영접하진 못했지만, 나는 때때로 그분의 언행과 선행을 통해 예수님 사랑의 실재를 느끼곤 한다.

하루는 그분께 '진짜' 복음을 전해야겠다는 마음이 생겨 용기 있게 '예수님의 십자가 사랑'을 전했다.

> 예수님이 우리 죄를 위하여 십자가에서 돌아가셨고,
> 그 보혈의 공로로 죄인이었던 우리는 죄사함을 받았어요.
> 예수님의 죽음과 부활을 믿는 믿음으로 우리는 구원받게 되었어요.

이렇게 복음을 접한 대다수의 믿지 않는 사람은 어디선가 들어 본 역사적 사건으로 예수님과 십자가를 떠올리며 그 정도는 알고 있다고 대수롭지 않게 반응한다. 비단 믿지 않는 자들뿐만 아니라 믿는 자들 역시 '예수님의 십자가 사건'을 '잘 알고만' 있는 듯한 반응을 보일 때가 많다.

많이 들었고, 많이 보았고, 그래서 잘 안다고 생각'만' 한다.

사랑은 머리가 아닌 마음에서 느끼는 것인데, '생각에 갇혀 있는 사랑'을 표현하려다 보니 십자가 대속의 은혜가 어느 순간 이성적으로 너무나 당연해지곤 한다. 이 모습은 철저히 회개할 수밖에 없었던 지난날의 내 모습이기도 하다.

그분의 반응 역시 그러했다. 내 일 같지 않아 믿어질 리 없고, 그래서 그것이 나와 무슨 상관인가 하는 무미건조한 반응에 나는 다급히 다른 표현을 적용해 보았다.

"만약에 선생님이 어떤 큰 잘못을 저질러 사회적으로 매장되기까지 한 상황에 처해 있다고 가정해 볼게요. 모두가 선생님께 등을 돌리고 돌을 던지는 상황에서, 내가 유일하게 선생님을 대변해 주고, 대신 돌 맞아주고, 심지어 선생님이 지은 죄를 내가 뒤집어쓰고 대신 형을 살고, 피 흘려 죽기까지 한다고 생각해 봐요. 그런 나에게 어떤 생각이… 드나요?"

"그럼 안 되지! 쌤이 왜 나 때문에 그래?"

"쌤을 너무 사랑하니까… 내가 그럴 수 있어요… 그럼… 그런 나에게 어떤 마음이 드나요?"

"너무 눈물 난다…"

나는 감히 그렇게 할 수도, 하지도 못할 존재인 걸 안다. 그럼에도 그 순간, 너무나 먼 이야기 같던 '예수님의 희생과 사랑'을 실체가 있는 소중한 사람의 희생으로 빗대어 설명하니 그분의 반응은 사뭇 달라졌다.

그날의 대화를 떠올릴 때면 아직도 울컥하는 마음이 인다.
전하는 나와 전해 받은 그분, 먼저 믿은 나와 아직 믿지 못한 그분, 우리 모두에게 예수님의 그 뜨거운 희생적 사랑이 실재화(實在化)되어 눈물로 고였기 때문이다.
죄로 죽을 수밖에 없었던 죄인.
그 죄인을 살리신 우리 주님의 보혈의 공로.
주님의 그 크신 사랑.
'빚진 자'로서의 정체성을 잊을 때마다 나는 처절하리만큼 주님을 깊이 묵상한다.

네가 나를 사랑하느냐…?

거듭난 자에겐 예수님께서 '이미' 보여주시고, '이미' 전해주신 사랑이 가득하다.
그 사랑을 증거해야 함을 앎에도 여전히 나 중심의 자기애(愛)에 빠져 그 사랑을 실천하지 못한다면 "네가 나를 사랑하느냐?"라는 주님의 질문에 난 무어라 대답할 수 있을까?
주님의 사랑을 머리가 아닌 마음 깊이 고백하며, 나는 오늘도 '사랑 받는 자, 사랑하는 자'가 되고 싶다.

■ 아빠의 묵상

[요한일서 3장 14절] 우리는 형제를 사랑함으로 사망에서 옮겨 생명으로 들어간 줄을 알 거니와 사랑하지 아니하는 자는 사망에 머물러 있느니라.

거듭남은 사망에서 생명으로 들어간 것!

즉, 예수님을 믿음으로 원죄 속에서 새 사람이 되는 것이다. 그리고 그 증거는 형제를 사랑함이다.

청년 시절 전철을 타고 가던 길에, 형뻘로 보이는 사람이 밝게 웃으며 나를 똑바로 응시하고 "예수 믿으세요! 예수님 안에 모든 것이 있습니다! 그분이 당신을 기다리고 있습니다!"라는 얘기를 전하고는 이내 사라져 버린 적이 있다. 당시 나는 웃으면서 속마음으로 '저도 예수님 믿는데요'라고 반응했던 것 같다.

오랜 세월이 지났지만, 지금도 그 사람의 표정은 여전히 그대로 남아 있다. 평범해 보이는 학생이었지만, 그 표정에는 이루 말할 수 없는 평안과 자신감이 가득했고, 잊을 수 없는 충만한 표정은 나의 뇌리에 강하게 각인되었다.

지금 생각해 보면, 그 사람의 내면엔 성령님이 충만했던 것 같다. 성령이 충만한 상태였으니, 그렇게나 행복하고 자신감 넘치는 표정으로 담대히 예수님을 전할 수 있었던 것이 아니었을까 생각해 보게 된다. 그리고 그 당시 나의 모습도 함께 떠올려 본다.

나는 그때 과연 예수님을 진짜로 믿고 있었던 것일까?
지금의 나는 어떤가?
지금의 나는 예수님을 제대로 믿고 있는가?

거듭남의 증거는 형제를 사랑함에 있다고 한다. 지금 내게 그 증거가 있는지 깊이 성찰해 본다.

솔직히 고백하자면, 사무실에 출근만 해도 세상 사람으로 변하는 것 같다. 사회생활을 하다 보면 참 다양한 부류의 사람을 만나게 된다. 나와 팀워크가 잘 맞는 사람도 있고, 이심전심 마음이 잘 통하는 사람이 있는가 하면, 오랜 시간 함께 일해도 여전히 불편하고 답답한 사람들도 존재한다.

그렇다면 이들에게 보이는 내 모습은 어떤가?

불편하고 답답한 마음에서 시작된 표정과 표현은 역력히 부정적으로 나타날 것이다. 그 속에서 '그 옛날 그 청년'의 평안한 표정은 절대 찾아볼 수 없을 것이고, 내 안의 예수님 역시 나만의 예수님이 되어 버리는 것이다. 내가 먼저 그들을 사랑하지 않았기에 나는 어떤 모습으로도 나를 사랑하신 예수님을 증거할 수 없다. 그렇게만 따진다면, 나는 거듭나지도 않았을뿐더러, 예수님을 믿는다는 어떤 고백도 할 수 없는 사람이 된다.

그러나 내 마음속에 찾아오신 주님은 한결같이 내게 잠잠히 말씀하신다.

> 네가 하는 게 아니고 내가 하는 거야. 너는 나만 믿으면 된단다. 내가 너를 거듭나게 한단다.

아마 '형제를 사랑하십시오'라는 권면을 받은 사람이라면 누구라도 아래와 같은 고민을 할 것 같다.

'어떻게 김 부장한테 예수 믿으라고 말하나?'
'어떻게 예수님 이름으로 진정성 있게 김 부장을 사랑할 수 있나?'

'내가 어떻게 해야 하는가'에 집중한 나머지 주님의 일하심을 기대하지 못한다. 물론, 나의 노력과 헌신, 사랑의 섬김이 실천돼야 하는 것은 맞다. 그러나 먼저는 주님께 맡기고, 성령님의 도우심을 받아 진실한 예수님의 사랑을 전해야 한다. 그리고 믿는 자의 모범적인 모습이 가식 없이 진심으로 전해져야 한다.

작은 실천에서부터 주를 믿는 믿음을 온전히 보여야 한다. 주일을 거룩히 지키고 점심 식전 기도를 하며 참 좋으신 예수님을 믿어야 한다고 권면할 수 있어야 한다. 무엇보다 그들을 위해 기도해야 한다.

> 주님, 이들이 예수님을 믿도록 도와주시고, 혹 제 모습을 통하여 이들이 당신을 만나야 한다면, 제 모습을 조금씩이라도 바꾸어 주셔서 이들이 우리 예수님을 꼭 만나게 도와주세요. 그러나 내가 무엇인가 나의 공로를 드러내는 일이 없도록 하시고, 당신께서 먼저 저를 고쳐주시고 변화시켜 주시어 이들의 마음에 당신의 그 사랑의 빛이 들어가게 하소서.

나는 내일도 직장이라는 사명지에서 이들을 만날 것이다. 그러나 내일은 오늘보다 더 변화된 모습으로, 나의 표정에서 '그 옛날 그 청년'의 평온한 표정과 표현이 드러나길 바란다. 예수님의 형상으로 그들을 만나기를 소원한다.

■ 자녀의 묵상

[요한일서 3:14] 우리는 형제를 사랑함으로 사망에서 옮겨 생명으로 들어간 줄을 알거니와 사랑하지 아니하는 자는 사망에 머물러 있느니라.

이웃 사랑은 구원의 조건이 아니라 구원의 증거다.
진정한 사랑은 무엇일까?

> 사랑은 절대로 포기하지 않습니다. 사랑은 자기보다 다른 사람에게 더 마음을 씁니다. 사랑은 자기가 갖지 못한 것을 바라지 않습니다. 사랑은 뽐내지 않으며, 자만하지 않으며, 다른 사람에게 자신을 강요하지 않으며, '내가 먼저야'라고 말하지 않으며, 화내지 않으며, 다른 사람의 죄를 꼬치꼬치 따지지 않으며, 다른 사람이 비굴하게 굴 때 즐거워하지 않으며, 진리가 꽃 피는 것을 보고 기뻐하며, 무슨 일이든지 참으며, 하나님을 늘 신뢰하며, 언제나 최선을 구하며, 뒷걸음질하지 않으며 끝까지 견딥니다.

'사랑 장'이라고 불리는 고린도전서 13장에는 하나님께서 말씀하시는 사랑이 무엇인지 상세히 설명되어 있다. 그러나 많은 사람이 사랑은 그저 감정일 뿐이라고 말하고, 사랑에도 '기브 앤 테이크'(give and take) 공식을 적용한다. 다양한 미디어를 통해서 사랑은 금방이라도 부서질 것 같은, 위태로운 것으로 묘사되고는 한다.

개인의 주관이 중시되기에 "정해진 답이 없다"라고 말하는 시대 속에서, 불변의 진리를 알 수 있음에 얼마나 기쁜지 모르겠다.

예수님께서 선한 것 하나 없는 나를 위해, 어떠한 조건도 걸지 않으시고 십자가에 달려 죽으신 그 사랑. 그 사랑을 묵상하면 묵상할수록, 그 위대한 사랑과 대비되는 초라한 나의 모습이 보인다. 선한 것 하나 열매 맺지 못하는 나의 모습에 수없이 무너지면서도, 여전히 '나 정도면 괜찮은 것 아닌가?'라며 교만을 일삼는 나를 위해 주님께서 돌아가셨다. 나의 밑바닥을 낱낱이 아시면서도 죽기까지 나를 사랑하신 주님의 사랑을 깨닫게 되면 내가 감히 누군가를 판단할 수 없고, 나의 잣대로 영혼을 평가할 수 없게 된다.

그런데 참 안타깝게도, 이 거룩한 상태가 늘상 지속되지 않는다. 다시금 나의 의가 앞서게 되며, 손해 보고 싶지 않은 마음이 싹트고, 사랑 앞에서 인색해진다. 수많은 영혼에게 예수님의 사랑을 나눠주라고 나에게 먼저 그 사랑을 보여주신 것인데, 모르는 척 그 사랑을 독식하려고 한다. 마음에만 품고 실천하지 않는 사랑은 예수님이 보여주신 것이 아니다.

누군가가 이해되지 않을 때, 굳이 먼저 다가가고 싶지 않을 때, 내 시간을 할애해 손 내밀기가 꺼려져 흐린 눈으로 모른 척할 때, 나의 잣대로 남을 판단하고 평가하게 될 때, 비천한 나를 대신해 죽기까지 하신 주님의 사랑을 잠잠히 묵상하자.

> 네가 나를 사랑하느냐?

주님의 질문에 부끄러움 없이 대답할 수 있는 내가 되기를 바란다. 머리로만 아는 것이 아닌, 마음 깊은 곳에 새겨서 사랑을 행함에 치열하고 싶다.

새로운 마음의 창조

[로마서 12:2] 너희는 이 세대를 본받지 말고
오직 마음을 새롭게 함으로 변화를 받아 하나님의 선하시고
기뻐하시고 온전하신 뜻이 무엇인지 분별하도록 하라.

마음이 새롭게 변화받아 주님의 마음으로 채워져야 한다.
하나님의 때와 하나님의 방법을 영적으로 분별해야 한다.

인내하며 영적인 분별을 하는 과정에서
하나님은 말씀을 주시고,
말씀에 순종할 수 있는 은혜를 허락하시며,
결국 성령의 역사를 보게 하신다.

영적으로 분별하여 인내하면,
현실적인 해결이 아닌 '영적인 해결'이 일어난다.
'영적인 해결'은 하나님의 방법이기에 하나님께서 반드시 책임져 주신다.
그렇게 주님의 마음을 품은 자는 허락된 결실을 경험하게 된다.

이 세대를 본받지 말고 오직 마음을 새롭게 하라

인간은 누구나 새로운 도전을 앞두고 새로운 마음을 먹기 마련이다. 무언가를 하고자 하는 마음을 먹지 않는다면 새로운 일을 시작할 수 없다. 아주 작은 일부터 원대한 계획까지 무언가를 시도하고 이루기 위해서는 '새로운 마음'을 먹어야 한다.

예수님을 믿음으로써 거듭난 자들 역시 말씀으로 늘 마음을 새롭게 하는 것이 가장 중요하다. 날마다 새로워지고 또 날마다 새로워진다는 뜻의 '일신우일신'(日新又日新)이라는 말처럼 늘 새로운 마음으로 나날이 변화받고 성장해야 한다.

거듭남으로 몸과 마음이 새롭게 되기 위해서는 새로운 마음으로 변화받는 과정이 필수적이다. 거짓 된 옛 마음으로는 하나님의 거룩한 뜻과 크신 계획을 분별할 수 없기 때문이다.

마음이 새롭게 변화받으려면 어떻게 해야 할까?

로마서 12장 2절은 거듭난 자들에게 있어 새로운 마음의 창조가 무엇인지 말씀해 주신다.

> [로마서 12:2] 너희는 이 세대를 본받지 말고 오직 마음을 새롭게 함으로 변화를 받아 하나님의 선하시고 기뻐하시고 온전하신 뜻이 무엇인지 분별하도록 하라.

이 말씀은 기독교 윤리의 기초인 '하나님에 대한 성도의 자세'를 설명하고 있다. 모든 성도는 하나님께서 기뻐하시는 거룩한 산 제사로 자신을 내어 드릴 수 있어야 한다. 그러기 위해서는 이 세상을 본받지 말고 오직 마음을 새롭게 하여 변화받아야 한다. 그러면 하나님의 선하시고 기뻐하시고 온전하신 뜻이 무엇인지 분별할 수 있게 된다.

비록 우리가 살아가는 곳은 사탄의 세력이 가득한 세상이지만, 더 이상 정욕과 세상에 이끌리는 삶을 살지 말고, 하나님이 원하시는 삶을 살아가도록 노력해야 한다. 그런 삶을 통해 우리 삶의 모든 순간이 하나님께 영광이 되도록 해야 한다.

그러기 위해서는 먼저 우리의 마음이 새로워져야 한다. 악한 세상이 원하는 삶의 방식과 철학, 가치관에 매몰되었던 마음을 모두 갈아엎고, 새로운 마음 밭으로 기경해야 한다.

그리스도로 새 사람을 입으라

우리가 살아온 시대는 각 시대마다 잘 먹고, 잘 사는 방법이 무수히 많았지만, 성령으로 거듭난 자들에게 있어 잘 사는 방법은 오직 말씀을 기준 삼아 마음을 새롭게 하고 의로운 삶을 선택하는 것이다.

> [베드로전서 2:2] 갓난아기들 같이 순전하고 신령한 젖을 사모하라 이는 그로 말미암아 너희로 구원에 이르도록 자라게 하려 함이라.

'순전하고 신령한 젖'은 하나님의 말씀인 '진리'다. 말씀은 우리에게 '구원에 이르는 영원한 법칙'을 알려줌으로써 유한한 인생을 무한한 가능성의 세계로 인도해 준다. 물론 세상의 방법과 논리로도 잘 먹고, 잘 사는 것이 가능할 수는 있다. 돈 잘 벌고, 성공하고, 권력을 갖기 위해 자기 계발 강의를 듣고, 책을 읽으며 성공한 자들을 좇다 보면 어느 정도 성공의 반열에 올라갈 수는 있다.

그러나 그 성공은 표면적인 자기만족을 가져다줄지는 몰라도 영혼 깊이 참된 만족을 주지는 못한다. 게다가 세상의 성공은 영생과는 더더욱 연관이 없다. 즉, 세상에서 인정받는 '잘 사는 법'이 올바른 삶의 지표가 될 수 없는 것이다.

믿는 자들 역시 거듭나기 전에는 '잘 사는 것'과 '올바르게 사는 것'을 명확히 나누질 못했고 제대로 구분할 수도 없었다. 그러나 거듭난 이후 더 이상 육의 몸으로 살아가는 자들이 아님을 깨닫고 신령한 몸으로 다시 살아난 자답게 올바른 삶을 추구할 수 있게 되었다.

> [고린도전서 15:44] 육의 몸으로 심고 신령한 몸으로 다시 살아나나니 육의 몸이 있은즉 또 영의 몸도 있느니라.

거듭난 자는 주의 재림의 때에 '부활체'라는 신령한 몸을 입을 것이다.

그러나 이 부활은 앞으로 성취될 미래적 가능성만 의미하는 것은 아니다. 우리가 예수님을 믿고 거듭난 순간, 예수님께서 십자가에서 죽으시고 살아나신 일 역시 '우리의 것'이 된다. 우리 역시 예수님과 함께 십자가에서 죽고 다시 살아나는 것이다. 이 사실을 믿어야 한다.

세례는 이 사실을 믿는다는 것을 공중에게 확증하는 일이고 세례를 통해 이 믿음을 공표하는 것이다. 지금 이 믿음을 갖고 있기에 우리가 부활체를 입는 것, 신령한 몸을 입는 것은 먼 미래의 일이 아니다.

우리는 이미 신령한 몸으로 살고 있으며 그리스도의 새 옷을 입은 자다. 그렇기에 오늘 바로 지금의 삶 속에서도 옛 자아를 계속해서 죽이며 그리스도의 새 옷을 입은 자답게 거룩히 살아야 한다.

> [갈라디아서 3:27] 누구든지 그리스도와 합하기 위하여 세례를 받은 자는 그리스도로 옷 입었느니라.

'그리스도와 합한다'라는 것은 '그리스도와 완전히 연합한 예수님의 사람', 육체와 함께 마음속에 일어나는 모든 악한 욕구를 십자가에 못 박은 '성령의 사람'을 뜻한다.

'성령의 사람'은 자신의 옛 모습을 십자가에 못 박았기에 그리스도와 더불어 새로운 인격을 형성하게 되는데 이것을 '그리스도로 옷 입는다'라고 표현한다. 즉, 세례를 통해 믿음을 증명하는 자는 '신령한 몸을 입은 자', '그리스도로 옷을 입은 자', '성령의 사람인 동시에 새 사람을 입은 자'인 것이다.

> [에베소서 4:22-24] 너희는 유혹의 욕심을 따라 썩어져 가는 구습을 따르는 옛 사람을 벗어 버리고 오직 너희의 심령이 새롭게 되어 하나님을 따라 의와 진리의 거룩함으로 지으심을 받은 새 사람을 입으라.

이 말씀에는 믿는 자의 정체성이 명시되어 있다.

욕심의 유혹과 구습을 따르던 옛 사람을 벗어 버리고, 심령이 새롭게 되어 의와 진리의 거룩함으로 새 사람을 입은 자!

이런 사람이 그리스도인이다. '새로운 마음의 창조'가 일어나지 않는다면 계속 욕심과 정욕에 이끌려 썩어질 구습만 따를 것이다. 그러나 믿는 자는 그리스도의 옷을 새롭게 입음으로써 거듭났기에 구습을 따랐던 '옛 사람의 옷'을 과감히 벗어 버릴 수 있어야 한다.

그렇다면, "원수를 사랑하라!"는 예수님의 가르침을 받은 자는 어떻게 처신해야 하는가?

먼저 예수님을 알기 전 우리의 옛 모습을 떠올려야 한다. 우리는 결코 원수를 사랑할 수 없는 자였다. 원수를 사랑할 수 없다고 생각했고, 원수를 사랑할 필요가 없다고 여겼다. 원수는 반드시 갚아야 했고 원수와 관련된 자들까지 증오했다. 이토록 원수를 사랑하지 못하는 이유는 바로 나 자신만을 사랑하려는 이기심 때문이다.

우리의 옛 사람은 나 자신만을 위한 관심사에만 초점을 맞추며 살아왔다. '나는' 뭐는 좋고 뭐는 싫다. '나는' 이것은 수용하지만, 저것은 용납하지 않겠다. '나는' 이것은 맞고 저것은 틀리다고 생각한다.

나는, 나는, 나는…

모든 판단의 기준이 '나'가 되기에 '나'에게만 집중하면서 점점 이기적으로 변하게 되고, 당연히 주위를 살필 겨를도 없어지고, 이웃을 돌보는 건 더 어려워진다. 이런 상태에서는 나보다 더 큰 존재와 영역에 관심을 갖는 일은 거의 불가능하다고 볼 수 있다.

또 예수님을 알기 전, 우리의 시야는 매우 좁았다. 자신만 향했던 시야의 한계로 인해 남을 위한 헌신과 희생, 봉사는 형식에 그치고, 그 목적은 오로지 자신의 유익과 관심일 수밖에 없었다.

하지만, 예수님을 알고 성령으로 거듭난 자에게는 '새로운 마음의 창조'가 일어났기에 더 이상 관심의 초점을 자신이 아니라, 예수 그리스도께 맞추며 살 수 있게 되었다.

'옛 사람'으로 살 때는 오직 '내'가 주인이고, '내 욕심과 이기심'이 전부였다면, '새 사람'으로 살 때는 '예수님'이 주인이 되시고, '주님의 뜻, 주님의 마음'이 전부가 된다.

거듭난 자들의 삶의 주인이 예수님이 되는 것이다. 좋은 주인이 정한 규율과 법칙, 방법을 따라 살아야 한다. 물론, 예수님은 우리를 종처럼 여기는 분은 아니시지만, 우리는 기꺼이 그런 마음으로 삶의 주인 되신 예수님을 위해, 주님께서 말씀하신 '하늘의 방식과 방법'에 따라 살아가야 한다. '주께 합당한 삶'을 살아가야 한다. 긍휼과 자비, 겸손과 오래 참음과 같은 그리스도의 성품을 닮아가는 '거룩한 삶'을 살아가야 한다.

예수 그리스도께서 이 땅에 오심으로 비로소 실현된 하나님 나라는 오직 그분의 말씀이 기준이 된 '의와 평강과 희락의 나라'다.

> [로마서 14:17] 하나님의 나라는 먹는 것과 마시는 것이 아니요 오직 성령 안에 있는 의와 평강과 희락이라.

하나님 나라에 있는 의와 평강, 희락은 성령 안에 있다. 우리 마음이 새롭게 되는 것도 성령의 역사하심으로 가능하다. 성령님은 새로운 마음을 창조하시고 속사람을 날로 새롭게 하시며 강건하게 만드신다. 비록 죄 된 본성이 도사리는 겉사람은 부패하였으나 성령으로 거듭난 자의 속사람은 임재하신 성령님으로 인해 전인격의 변화가 일어나고 더욱 강건하게 되는 것이다.

그렇기에 거듭난 자는 다른 누군가를 위해 기도할 때 육신의 건강뿐만 아니라 그 속사람이 강건해져서 그리스도의 사랑을 온전히 알고 그 안에서 평안을 경험할 수 있도록 도와달라고 기도해야 한다.

그리스도를 마음의 중심에 모시지 않으면 세상의 염려와 걱정, 불만과 다툼이 틈탈 수밖에 없다. 사탄은 수시로 우는 사자처럼 그 자리를 공격하며 그리스도인들이 영적으로 무능한 상태로 전락하도록 총공세를 퍼붓기 때문이다.

에덴동산에서 선악과를 먹은 아담의 불순종으로 인해 인류는 날 때부터 영적으로 무능하고 타락한 자로 태어날 수밖에 없었다. 그러나 하나님은 영적으로 타락하고 불경건한 자들을 위해 위대한 일을 하기로 결심하셨다. 하나님의 독생자 되신 예수님을 이 세상의 죄인들을 위해 대신 죽게 만드시는 일, 바로 '대속'이었다.

하나님은 왜 독생자 예수 그리스도를 타락한 죄인들을 위해 죽게 하셨는가?

그 이유는 우리를 사랑하시기 때문이고, 그 사랑을 나타내시기 위함이다. 그렇다. 죄악 된 인류는 하나님의 크신 사랑과 예수 그리스도의 대속의 은혜로 영적으로 다시 살아난 자가 되었다.

다시 살아난 자는 그 사랑과 그 은혜를 깨닫고 그 안에 거해야 한다.

[로마서 5:5-6] 소망이 우리를 부끄럽게 하지 아니함은 우리에게 주신 성령으로 말미암아 하나님의 사랑이 우리 마음에 부은 바 됨이니 우리가 아직 연약할 때에 기약대로 그

> 리스도께서 경건하지 않은 자를 위하여 죽으셨도다.

   그리스도의 대속의 공로로 인해 우리는 하나님의 크신 사랑을 비로소 깨닫게 되었다. 그렇기에 예수님의 이름을 믿고 성령으로 거듭나지 않는다면, 하나님의 사랑을 알 수도 없고 깨달을 수도 없으며 그 사랑을 실천하기란 더욱 힘들다. 우리 마음에 부어진 하나님의 사랑을 계속적으로 체감하며 누리고 전하기 위해서는 성령으로 거듭난 자답게 지속적으로 예수 그리스도를 마음의 중심에 두어야 한다. 길이요 진리요 생명 되신 예수님께 시선을 고정하고 그분만을 추구하는 삶을 살아야 한다.

   그런데 이러한 삶이 가장 이상적이고 온전한 삶인 걸 알면서도 그렇게 살아내기란 그리 쉽지 않다.

   이유가 무엇일까?

   그렇게 살기로 마음먹었고, 그 마음대로 그 의지대로 실천하면 되는데 왜 실천이 어려운 것일까?

   바로 '충돌' 때문이다. 이전에 있었던 죄악 된 마음이 새로운 마음과 계속 충돌하며 갈등하기 때문이다. 죄인이었던 우리는 온전한 구원의 성취를 이루기까지, 영화의 단계에 이르기까지 '마음의 전쟁터'를 경험하며 성화의 과정을 겪어야 한다. 옛 자아와 거듭난 자아의 갈등과 충돌은 거듭난 자가 반드시 겪을 수밖에 없는 성화의 과정이다.

   이 전쟁터 같은 마음의 충돌에서 승리하기 위해서는 주님이 원하시는 마음을 갖는 것이 필요하다. 이미 주님은 우리에게 굳은 마음을 제거하고 부드러운 마음을 줄 것이라고 말씀하셨다. 주님께서 이미 주신 부드러운 마음으로 변화받아야 한다.

[에스겔 36:26] 또 새 영을 너희 속에 두고 새 마음을 너희에게 주되 너희 육신에서 굳은 마음을 제거하고 부드러운 마음을 줄 것이며.

옛 자아와 거듭난 자아 사이의 갈등은 피할 수 없는, 반드시 겪어내고 이겨내야 하는 성화의 필수 과정이다.

우리 삶에서 하나님의 자리를 차지한 것들, 하나님으로부터 멀어지게 하는 것들, 하나님보다 더 사랑하며 섬기는 것들, 이 모든 것이 옛 자아가 섬겼던 우상들이다.

사탄은 우리가 거듭난 이후에도 여전히, 당연하고 평범한 일상의 가면을 쓰고 우리를 교묘히 유혹하려 한다. 그래서 때로는 혼란스럽고, 막연하며, 전쟁터 같은 마음이 끊이지 않는다.

이 전쟁터 같은 마음의 충돌에서 승리하기 위해서는 주님이 원하시는 마음을 갖는 것이 필요하다. 영적인 분별을 통해 내 자아가 지금 '무엇을 추구하고 있는지' 점검하고, 주님께서 이미 허락하신 새로운 마음으로 정결해져야 한다.

하나님과 우리 사이를 가로막았던 굳은 마음을 제거하고, 그리스도 예수의 마음을 품어야 한다.

▌그리스도 예수의 마음을 품으라

옛 자아와 새 자아의 갈등으로 마음이 어려울지라도, 성령으로 거듭난 자는 이미 새로운 마음의 창조를 받았다는 사실을 꼭 명심해야 한다. 돌같이 굳은 완악했던 마음은 능히 제거될 것이고, 예수님의 온유하고 부드러운 마음이 우리 마음의 중심을 차지하게 될 것을 믿어야 한다.

> [마태복음 5:8] 마음이 청결한 자는 복이 있나니 그들이 하나님을 볼 것임이요.

거듭난 자는 마음이 청결하여 복이 있는 자이기에 하나님을 매일 매 순간 만나고 은혜 받는 자가 될 것이다.

그러나 그럼에도 불구하고 여전히 마음에 분노가 가득하고, 하루하루 지옥 같은 마음 상태가 유지된다면, 마음 상태를 속히 되돌려야 한다. 먼저는 그 사람 자신에게 전혀 유익이 되지 않을뿐더러, 그런 마음 상태는 영적으로 무능력하고 불경건한 자라고 스스로 고백하는 꼴이 되기 때문이다.

> [욥기 36:13] 마음이 경건하지 아니한 자들은 분노를 쌓으며 하나님이 속박할지라도 도움을 구하지 아니하나니.

진리를 잃어버린 채 마음이 불경건하거나 경건한 척 보일 뿐 경건의 능력이 없는 자들은 그 마음에 쉴 새 없는 다툼이 일어난다.

> [디모데전서 6:5] 마음이 부패하여지고 진리를 잃어 버려 경건을 이익의 방도로 생각하는 자들의 다툼이 일어나느니라.

악한 마음을 품고 다투는 사람들은 이미 진리를 잃어버린 자이며, 하나님을 섬기는 일을 돈 버는 수단으로 생각하기까지 한다. 이런 자들에게는 공의가 들어설 공간이 전혀 없다. 바르고 선하고 의로운 것에 의문을 갖고, 진리가 실생활에 무슨 이익이 있느냐고 반문만 하는 자들에게는 하나님의 기업이 허락될 리 없다. 그들은 스스로 영적인 기업을 포기하며, 영적인 실업자를 자처하는 꼴이 되는 것이다.

그렇기에 미움과 원망, 불안과 불만 같은 완악한 마음이 틈탄다면 최대한 빨리 회개해야 한다. 돌같이 굳은 마음으로 다시 돌아가지 않기 위해서라도 하나님의 도우심을 간절히 구하는 기도를 드려야 한다.

[마태복음 11:29-30] 나는 마음이 온유하고 겸손하니 나의 멍에를 메고 내게 배우라 그리하면 너희 마음이 쉼을 얻으리니 이는 내 멍에는 쉽고 내 짐은 가벼움이라 하시니라.

우리는 마음이 온유하고 겸손한 예수님께 배워야 한다.

그런데 예수님을 배우기에 앞서 한 가지 조건이 있다. 그것은 주님께서 지워주신 멍에를 내가 반드시 메야한다는 것이다.

그동안 나 혼자 직접 메고 있던 멍에는 쉽게 벗어날 수 없는 구속과 억압의 멍에였다. 죄의 멍에였고 삶의 무게에 짓눌린 멍에였다. 수고한 대로 보상받지 못한 허탈한 멍에였고, 가지려 해도, 쌓으려 해도 무용지물만 되는 상실감의 멍에였다. 혼자 짊어진 멍에임에도 무거워서 감당할 수 없는 멍에였다.

그러나 주님께서 지워주신 멍에는 주님과 내가 함께 지는 멍에다. 나와 동행하시는 주님께서 나의 죄 된 짐을 함께 지신다. 함께하시는 주님은 이 멍에로 절대 낙심하거나 포기하지 말라고 늘 말씀으로 격려하고 깨우쳐 주신다. 세상의 무거운 멍에와 끝없을 것만 같은 고통과 고난을 축복과 은혜로 승화시켜 주신다.

그렇기에 주님께서 메어주시는 멍에는 가벼운 것이 된다. 조롱 받고 무시 당한 자들, 낙심하고 방황하며 슬퍼하는 자들, 병들고 괴로운 자들, 이 모든 자를 위로하시고 회복하시며 고치시는 주님은 이들에게 새로운 마음을 허락하시고 강건하게 일으키신다.

그 주님 안에서 참된 평안과 안식을 얻어야 한다. 성령께서 우리에게 이미 주신 새로운 마음으로 다시금 강건해져서 하나님의 선하시고 기뻐하시고 온전하신 뜻이 무엇인지 분별해야 한다. 그리하여 이 세대의 악한 것을 따르지 말며, 예수 그리스도의 마음을 품고 주님께서 기뻐하시는 삶을 살아가야 한다.

[빌립보서 2:5] 너희 안에 이 마음을 품으라 곧 그리스도 예수의 마음이니.

주여!
제 마음이 다시금 돌과 같이 굳어집니다.
미움이 커져 원망이 생기고,
불만이 커져 걷잡을 수 없는 불안에 빠집니다.
사랑이 없어 메마른 마음이 차갑게 갈라지고,
소망이 없어 마음이 공허합니다.
이런 마음이 왜 생기는 겁니까?
여전히 내 속에 내가 너무 가득하기 때문입니다.

주님께서 허락하신 부드러운 마음, 온유하고 평안한 마음을 기억하고 떠올립니다.
주님이 아니고서는 이 전쟁터 같은 마음을 누가 잔잔케 하시겠습니까?

주여!
이 돌같은 마음을 다시금 주님께 내려놓으니 다시금 주님께서 굳은 마음을 제거하여 주시고 부드러운 마음을 허락하소서.
주님의 마음은 온유하고 겸손하시니 그 주님을 배우고, 주님의 멍에를 기꺼이 감사하게 지는 자가 되게 하소서.
당신의 품 안에서 이 마음이 쉼을 얻길 원합니다.

■ 아빠의 묵상

[로마서 12: 2] 너희는 이 세대를 본받지 말고 오직 마음을 새롭게 함으로 변화를 받아 하나님의 선하시고 기뻐하시고 온전하신 뜻이 무엇인지 분별하도록 하라.

거듭남은 예수 그리스도로 인해 새로운 마음이 창조되는 것이다.
아멘!
50여 년의 인생을 살아오면서, 인생에서 가장 중요하게 지켜야 할 것을 고르라고 한다면, 나는 단언컨대 마음을 지키는 것이라고 말하고 싶다.

로마서 12장 2절 말씀에서도 오직 마음을 새롭게 하라고 말씀하시는데, 솔직히 지금 내 마음을 들여다보면 변화받지 못하고 여전히 딱딱하게 굳어있는 마음 상태를 보게 된다. 지금 내 마음 한편에는 해결되지 않은 현실적 문제와 물질적인 것, 관계적인 것 등으로 인한 걱정, 근심, 두려움, 염려가 잔뜩 자리 잡고 있고, 또 다른 한편에는 "하나님, 제게 이런저런 문제들이 있습니다. 해결해 주세요"라는 간절함도 있고, 또 다른 한편에는 다른 누군가와 비교하며 악착같이 나의 우위를 선점하려는 교만한 마음도 있다.

한마디로, 주를 의지하는 작은 영역 한편 외에는 이 세대를 따르고 본받으려 하는 마음들이 가득 차 있는 것이다. 어찌나 마음이 굳어져 있는지, 어찌나 이렇게 세상적인 것들만 따르려 하는지 회개하지 않을 수 없다.

예수님의 의를 따르는 것, 심령이 새롭게 되는 것, 중심을 지키는 것, 내 생각이나 고집을 내려 놓는 것이 필요하다.

그러나 이렇게 거룩한 모습으로 거듭나고자 하는 새로운 자아는 언제나 정욕에 물든 세상적 자아와 날마다 충돌한다. 늘 내 마음은 전쟁터다. 나를 보는 것과 예수님을 보는 것, 두 모습의 갈등은 언제나 나를 힘들게 한다.

[빌립보서 2:5] 너희 안에 이 마음을 품으라 곧 그리스도 예수의 마음이니.

더럽고 추악한 마음일지라도 그 마음에 예수의 마음을 품으라 하신다. '나'를 보는 마음으로 살지 말고, '예수님의 시선'으로 세상을 보는 마음으로 살라 하신다.

이번 한 주는 특별히 더욱 마음의 중심을 잡아 보려 한다. 세상을 따랐던 굳어진 마음을 더 이상 고집하지 않고, 우리 주님을 바라보는 시선을 따라 나의 마음을 새롭게 가져 보려 한다.

예수님께서 이 땅에 오셨을 그때나, 지금이나 세상은 여전히 혼란스럽다. 그러나 변함없는 것은 우리 주님은 하나님의 시선으로 우리를 보시고 세상을 보셨다는 것이다.

이번 한 주, 하루에 5분씩이라도 예수님의 마음을 품는, 예수님의 시선으로 바라보는 시간을 갖고 굳은 마음을 조금씩 풀어볼 수 있기를 기도하며 기대하고 실천하겠다.

■ 재녀의 묵상

[마태복음 5:8] 마음이 청결한 자는 복이 있나니 그들이 하나님을 볼 것임이요.

새로운 마음으로 창조된 자는 마음이 새롭게 변화받아 주님의 마음으로 채워져야 한다. 마음이 정결해져서 하나님의 때와 하나님의 방법을 영적으로 분별할 수 있어야 하고, 하나님과 우리 사이를 가로막았던 굳은 마음을 제거하고, 그리스도 예수의 마음을 품어야 한다. 나는 정말로 마음이 청결한 자가 되어 하나님을 보고 싶다.

내가 다니는 중국 북경대학교에는 미명호(未名湖)라는 호수가 있다. 한자 뜻 그대로 너무 아름다워서 이름을 붙이지 못했다고 한다. 말 그대로 이름 없는 호수다.

학교에서 어려운 학업을 마치고 돌아오는 길에 미명호를 자주 들르곤 한다. 호수가 참 잔잔해서 호수 주변의 푸른 녹음과 저 멀리 위치한 보야탑과 심지어 푸른 하늘도 그대로 호수는 투영한다.

미명호가 품고 비추어 내는 푸른 하늘, 호수가 꼭 깊어야만 그 하늘을 품을 수 있을까?

나는 호수가 맑아서 가능하다고 생각한다.

하나님과 예수님을 아는 넓고 깊은 지식도 중요하지만 그분의 인격을 닮아가려는 내 영혼의 맑음이 있기를 소망한다.

나의 영혼을 맑게 하소서!

그리하여 당신의 모습이 나를 통해 비추어질 수 있으면 참 좋겠습니다.

신성한 성품

[베드로후서 1:4] 이로써 그 보배롭고 지극히 큰 약속을 우리에게 주사
이 약속으로 말미암아 너희가 정욕 때문에 세상에서 썩어질 것을 피하여
신성한 성품에 참여하는 자가 되게 하려 하셨느니라.

주님!
저는 지금 어디에 서 있습니까?
주님 알기를 힘쓰며, 주님의 성품을 본받는 자리에 서 있습니까?

나의 옛 모습을 버리고, 세상 정욕을 피하며,
다시금 당신의 신성한 성품에 동참하며
그리스도를 닮는 삶을 살길 원합니다.

그리스도를 아는 데 힘쓰라

거듭난 성도는 예수님을 믿음으로 몸과 마음이 새롭게 변화받은 자들이다. 그 변화로 인해 삶에서 예수 그리스도의 마음을 품게 되고, 그리스도의 마음을 품었기에 그에 합당한 거룩한 주의 성품을 닮아가게 된다.

인생을 살다 보면 참 좋은 성품을 지닌 사람들을 만나게 된다. 그들의 언행과 품격은 자연스럽게 모범이 되고, 사람들은 그들을 닮고 싶어서 그들과 더욱 가깝게 지내길 원한다. 좋은 사람과 어울리다 보면 좋은 영향을 받게 되고 언행과 생활 방식까지 동화되어 서서히 그들과 비슷해져 간다.

세상 속에서도 좋은 성품을 지니기 위해 이렇게나 노력하는 것처럼, 거듭난 자들은 그들에게 가장 좋은 본이 되시고, 가장 크고 선한 영향을 미치시는 예수님을 닮아가는 데 더욱 열심을 내야 한다.

그렇다면 예수 그리스도의 거룩한 성품을 닮아가기 위해서는 어떻게 해야 할까?

먼저는 그리스도를 아는 지식을 확장시켜 나아가야 한다. 주님을 아는 지식을 넓혀감으로써 주님의 신성한 성품에 참여해야 한다.

> [베드로후서 1:4] 이로써 그 보배롭고 지극히 큰 약속을 우리에게 주사 이 약속으로 말미암아 너희가 정욕 때문에 세상에서 썩어질 것을 피하여 신성한 성품에 참여하는 자가 되게 하려 하셨느니라.

거듭난 자는 지극히 큰 약속을 받은 자이기에 정욕으로 가득 찼던 죄악된 옛 성품을 능히 벗어 버리고, 새롭게 받은 거룩한 신의 성품을 닮아갈 수밖에 없다.

그러나 예수님을 믿었다고 하여, 당연한 결과로써 거룩하신 예수님의 성품을 닮게 되는 것은 아니다. 거룩한 성품이 쉽게 얻어질 것이라는 안일함을 경계해야 한다. 예수님의 성품을 닮고자 한다면 먼저 썩어질 구습을 좇는 옛 성품을 답습하지 않도록 죄를 단호히 끊고, 적극적으로 정욕을 피해야 한다.

가장 좋은 방법은 그리스도를 아는 데 힘쓰는 것이다. 그리스도를 아는 지식과 신성한 성품에 참여하는 일은 동시에 추구되어야 하고, 이것은 거듭난 자들에게 필수적인 과제이기도 하다.

그러나 우리가 그리스도를 알기 힘쓰고 거룩을 추구할 때, 세상 사람들은 손가락질하며 의아해할 수 있다. '굳이 그렇게 힘들게 살아야 하는지? 당장 보이는 큰 유익이 없어 보이는데 왜 그렇게 실속 없이 열심을 다 하는지?'를 반문한다.

이러한 질문을 받았다면, 담대하게 그들에게 되물어야 한다.

> 왜 당신은 예수 그리스도 알기를 거부합니까?
> 거룩을 추구하지 않을 이유가 도대체 무엇입니까?

이 세상 만물은 하나님에게서 났고, 또한 만물이 그의 아들 예수 그리스도로부터 말미암았다.

그리고 우리는 그 예수 그리스도로 말미암아 있는 것이라고 성경은 말씀하신다.

[고린도전서 8:6] 그러나 우리에게는 한 하나님 곧 아버지가 계시니 만물이 그에게서 났고 우리도 그를 위하여 있고 또한 한 주 예수 그리스도께서 계시니 만물이 그로 말미암고 우리도 그로 말미암아 있느니라.

사람은 모두 각자의 인생 목표가 있고 그 목표를 향해 분주하게, 때로는 자신을 돌볼 겨를조차 없이 열심히 살아간다. 결국, 그 열심으로 자신들이 세운 목표에 도달한다. 그 목표가 무엇이든 "후회 없이 잘 살아왔다"라는 고백을 하기 위해서는 인생의 방향과 목표를 분명하고 확실하게 정하고 그 목표를 향해 최선을 다해야 한다.

그렇다면 후회 없는 삶은 어떤 삶일까?

어떻게 살아야 인생을 후회하지 않을 수 있을까?

사람들이 세상을 살아가는 방식은 다양하다. 누군가는 열심히 공부해서 한 분야의 전문가가 되기 위해 애쓰고, 또 누군가는 재물을 모아 남부럽지 않은 자산가가 되길 원한다. 어떤 자들은 세상에서 훌륭한 자로 인정받기 위해 명예를 좇고, 또 어떤 자는 시류에 편승해 얄팍한 처세술로 세상을 손쉽게 호령하길 원한다. 돈과 지식, 명예와 권력, 이 모든 것을 가졌음에도 더 많은 부를 원하고 더 큰 권력을 찾는 자들도 있다.

그러나 이런 사람들의 공통점은 예수 그리스도를 제대로 알지 못한다는 것이다. 만물이 주로부터 말미암았다면 우리의 출발은 당연히 예수 그리스도가 되어야 한다. 돈과 지식, 명예와 권력, 인간적 성공이 목표가 되어서는 안 된다. 자신이 어디에서 어떻게 왜 태어났는지, 그 근원을 모른다면 인생 출발점의 방향이 완전히 틀어질 수 있다.

[욥기 10:9] 기억하옵소서 주께서 내 몸 지으시기를 흙을 뭉치듯 하셨거늘 다시 나를 티끌로 돌려보내려 하시나이까.

[야고보서 4:14] 내일 일을 너희가 알지 못하는도다 너희 생명이 무엇이냐 너희는 잠깐 보이다가 없어지는 안개니라.

성경은 우리의 근본이 '티끌, 먼지, 안개'였다고 한다. 인생이 유구할 것 같지만 인생은 끝이 있다. 누구나 한 번 태어나면 육체적인 죽음을 맞이한다. 모든 인간은 잠깐 있다 사라지는 안개이며, 흙으로 지음받은 티끌이자 먼지였기에 흙으로 돌아가게 된다.

그러나 근본 자체가 티끌, 안개였던 우리의 시작이 예수 그리스도라는 사실을 깨닫고 그를 위해 살 때 우리의 존재는 비로소 유의미해진다.

예수 그리스도 없이 거듭난 자는 존재할 수 없다. 만물이 그리스도로부터 생겼고 인간 역시 그분으로 말미암아 존재하게 되었기 때문에 모든 인간은 예수님을 위해 살아야 한다.

[고린도전서 8:6] 만물이 그에게서 났고 우리도 그를 위하여 있고.

'만물'에 속하지 않는 자는 없다. 만물은 온 우주와 온 땅, 그곳에 거하는 생물체와 인간, 사물이 모두 포함된다. 우리가 인지하든 인지하지 못하든 세상 모든 것은 그리스도로부터 나왔으며 온 세상 만물이 예수님을 위해 존재하는 것이다. 온 세상 만물의 존재 이유가 예수 그리스도인 것이다.

하나님은 이 땅에서 우리가 그리스도인으로 살아가면서 '알아야 하는 것'을 꼭 알기 원하신다.

그리고 그것을 통해 하나님은 영광 받길 원하시고, 그것을 통해 우리에게 영생을 주길 원하신다.

그것은 바로 하나님과 예수 그리스도를 아는 것이고, 그를 아는 지식에서 자라나, 그리스도의 장성한 분량이 충만한 데까지 이르는 것이다.

예수 그리스도에 대해 더 많이 알아갈수록, 그동안 예수님에 대해 알았던 것이 얼마나 부족했는지 겸손하게 깨닫게 된다. 그렇기에 우리는 그리스도를 이미 알고 있었던 것보다 더 잘 알도록 힘써야 한다.

그 과정에서 우리는 예수 그리스도를 더욱 사랑하게 되고, 더욱 본받게 되고, 비로소 그리스도의 제자가 될 수 있기 때문이다.

[베드로후서 3:18] 오직 우리 주 곧 구주 예수 그리스도의 은혜와 그를 아는 지식에서 자라가라 영광이 이제와 영원한 날까지 그에게 있을지어다.

[요한복음 17:3] 영생은 곧 유일하신 하나님과 그가 보내신 자 예수 그리스도를 아는 것이니이다.

[에베소서 4:13] 우리가 다 하나님의 아들을 믿는 것과 아는 일에 하나가 되어 온전한 사람을 이루어 그리스도의 장성한 분량이 충만한 데까지 이르리니.

예수 그리스도의 영원한 나라

이 땅에서의 짧은 인생 중 결코 후회가 남지 않는 인생은 오직 주를 위해 사는 인생뿐이다.

그렇다면 주를 위한 인생의 최종 목표이자 그 인생의 결과는 무엇인가? 바로 하나님 나라 입성이다.

"그 보배롭고 지극히 큰 약속을 우리에게 주사."

이 말씀에서 말하는 '큰 약속'이란 우리가 하나님 나라에 입성하는 것을 의미한다.

예수 그리스도의 영원한 나라에 들어가는 것은 믿는 자에게 베풀어 주시는 보배롭고 지극히 큰 약속이다.

예수님의 이름을 믿는 자들만 믿음으로 당도할 수 있는 나라, 거듭난 자를 위해 예비하신 천국, 새 하늘과 새 땅, 하나님의 나라, 예수 그리스도와 함께하는 영원한 나라가 우리에게 약속되었다는 것을 반드시 믿고 그 소망으로 후회 없는 인생을 살아야 한다.

베드로는 베드로후서 1장 10-11절 말씀을 통해 우리가 하나님께 선택받은 자임을 스스로 알고, 또한 우리가 하나님의 선택된 자임을 남들이 알 수 있도록 힘쓴다면, 우리의 구원자 되신 예수 그리스도의 영원한 나라에 넉넉히 들어갈 수 있다고 말씀한다.

> [베드로후서 1:10-11] 그러므로 형제들아 더욱 힘써 너희 부르심과 택하심을 굳게 하라 너희가 이것을 행한즉 언제든지 실족하지 아니하리라 이같이 하면 우리 주 곧 구주 예수 그리스도의 영원한 나라에 들어감을 넉넉히 너희에게 주시리라.

우리가 그리스도를 알기에 힘쓰고 거룩을 추구하여 신앙의 성숙을 이룬 다음 최종적으로 입성할 곳은 바로 예수 그리스도의 영원한 나라다.

만약 믿는 자에게 예수 그리스도의 영원한 나라에 들어갈 수 있다는 약속이 없다면 무엇 때문에 그리스도를 알기 힘쓰고 거룩에 힘쓰겠는가?

한 번 사는 인생, 적당히 내 인생을 즐기고, 온 세상의 중심이 내가 된 듯 쾌락을 추구하며 살아도 무슨 문제가 있겠는가?

인생의 중심에 예수는 온데간데없고, 온전히 내 중심으로 내 만족을 위해 나를 사랑하며 사는 것도 전혀 문제 되지 않을 것이다.

그러나 '큰 약속'을 받은 거듭난 자들에겐 그런 인생은 큰 문제가 된다. 그래서 말씀은 "정욕 때문에 세상에서 썩어질 것을 피하라"고 강하게 권면한다.

> [베드로후서 1:4] 이로써 그 보배롭고 지극히 큰 약속을 우리에게 주사 이 약속으로 말미암아 너희가 정욕 때문에 세상에서 썩어질 것을 피하여.

> [갈라디아서 6:8] 자기의 육체를 위하여 심는 자는 육체로부터 썩어질 것을 거두고 성령을 위하여 심는 자는 성령으로부터 영생을 거두리라.

주님이 주신 보배롭고 고귀한 약속을 받은 자들은 인간의 옛 본성의 정욕에서 나오는 썩어질 것을 피해야 한다. 옛 본성에 남은 정욕은 무언가를 탐내고 집착하는 욕망이나 탐심, 욕심을 말한다. 이 욕망은 항상 인간을 지배해 온 죄로서 강한 힘을 지니고 있다. 그릇된 욕망의 열정은 인간의 욕심을 부추기고 그 탐욕을 결국 이루게 만든다. 욕망을 지속적으로 추구하다 보면, 결국 남의 것을 탐내는 것에 당위성을 주고, 수단을 가리지 않고 뺏고야 만다.

무엇보다 욕망은 가장 큰 죄를 범하게 만드는데 그것은 바로 하나님보다 높아지고자 하는 교만한 마음이다. 자기 자신을 욕망의 충동에 내어 맡긴 사람은 이미 죄의 지배하에 놓인 것이고 이런 교만한 자는 궁극적으로 멸망할 수밖에 없다.

신성한 성품에 참여하라

인간이 추구하는 헛된 정욕은 절대로 인간을 만족시킬 수 없다. 그것은 세상에 썩어질 것에 불과하다. 그래서 성경은 썩어 사라질 정욕을 피하고 "신성한 성품에 참여하는 자가 돼라"고 말씀하신다.

'신성한 성품'이란 하나님께서 본래 가지고 있던 성품으로 '썩어질 것'과 극명히 상반되는 것이다.

썩지 않을 신성한 성품에 참여하려면 어떻게 해야 하는 것일까?

그리스도와 참된 연합을 통해 가능하다. 하나님의 형상을 회복하며 그분의 성품을 닮아가기 위해서는 늘 예수님 안에 거하며 그분의 말씀을 따라 순종하는 삶을 살아야 한다.

예수님을 통하지 않는 자, 예수님과 연합을 이루지 않는 자는 그 누구도 하나님의 신성한 성품에 참여할 수 없다. 예수님을 통하지 않고는 하나님을 만나고 아는 일은 불가능하며, 예수와 상관없이 하나님의 약속을 받는 일도 불가능하다.

거듭난 자는 예수님을 통해 하나님의 자녀가 되었고, 예수와 깊은 관계를 통해 하나님과의 관계가 온전히 형성되었다. 예수님을 믿는 믿음으로 거듭나 옛 사람은 죽고 새 사람으로 태어난 것이다.

[요한복음 1:13] 이는 혈통으로나 육정으로나 사람의 뜻으로 나지 아니하고 오직 하나님께로부터 난 자들이니라.

거듭난 자는 하나님께로부터 난 자다. 우리는 하나님의 맏아들 되시는 독생자 예수 그리스도의 형제가 된 것이다. 말씀이 육신이 되어 이 땅에 오신 예수님은 본질적으로 신성한 성품을 지니고 계신다. 우리가 이 땅에서 그런 그리스도의 성품을 본받으며 그리스도의 성품에 참여하게 되었다는 사실에 영광스러워하고 감사해야 한다.

[히브리서 3:14] 우리가 시작할 때에 확신한 것을 끝까지 견고히 잡고 있으면 그리스도와 함께 참여한 자가 되리라.

그런데 '왜 내 삶에서는 그리스도의 성품이 실재화되지 않는 것처럼 느껴질까? 그리스도의 성품에 참여하게 되었다는데, 왜 여전히 세상의 욕심과 욕망으로 가득한 죄 된 본성만을 표출하는 것일까? 왜 내 삶에서는 성령의 아홉 가지 열매는커녕 죄의 열매만 가득 맺히는 것처럼 느껴질까?' 하는 의문이 생긴다.

삶에서 성령의 열매가 아닌 죄의 열매만 가득 열리는 것처럼 느껴질 수는 있다. 그러나 실상은 그렇지 않음을 깨달아야 한다. 거듭난 자는 누구나 하나님의 본질적 성품을 닮아가는 과정을 겪게 되며, 그리스도를 닮아 거룩한 자로 나아가는 길을 걸어가고 있음을 명심해야 한다.

하나님은 우리를 그리스도를 닮아가는 자로 살아가라고 부르셨다. 비록 성화의 과정에서 옛 자아와의 갈등과 사탄의 방해로 인해 수시로 무너지고 나약해질 수는 있으나, 그럼에도 불구하고 하나님은 당신이 불러주신 거듭난 그리스도인들을 의롭다고 인정해 주시고 또한 영화롭게 하신다고 말씀하신다.

그 말씀을 믿고 굳건히 성화의 과정을 한 걸음씩 걸어가면 된다.

[로마서 8:30] 또 미리 정하신 그들을 또한 부르시고 부르신 그들을 또한 의롭다 하시고 의롭다 하신 그들을 또한 영화롭게 하셨느니라.

모든 성도는 부르시고 택하신 하나님의 은혜 안에서 영화롭게 되기까지 거룩을 이뤄나갈 것이다. 우리는 말씀으로 채움 받고 기도로 나아가며 순종하는 신앙인으로 성장하고 성숙해져야 한다. 신앙 성장의 최종 결과는 하나님 나라에 들어가는 것이다.

신성한 성품에 참여하여 믿음과 덕과 지식과 절제, 인내와 경건, 형제 우애와 사랑의 덕목을 갖춘 자들은 예수 그리스도의 영원한 나라에 넉넉히 들어가게 된다.

[베드로후서 1:5-7] 그러므로 너희가 더욱 힘써 너희 믿음에 덕을, 덕에 지식을, 지식에 절제를, 절제에 인내를, 인내에 경건을, 경건에 형제 우애를, 형제 우애에 사랑을 더하라.

> [베드로후서 1:11] 이같이 하면 우리 주 곧 구주 예수 그리스도의 영원한 나라에 들어감을 넉넉히 너희에게 주시리라.

하나님이 택하신 자들은 예수 그리스도를 신앙의 모범으로 삼고 반드시 그리스도를 닮아가려고 애써야 한다.

아무리 신앙의 연륜이 깊다 해도 그리스도의 향기를 품지 못하고 육신의 성품과 정욕만으로 행한다면 그 신앙의 진위를 한 번쯤 의심해 볼 필요가 있다.

그렇기에 거듭난 자들은 그리스도의 신성한 성품에 참여하는 자답게 예수 그리스도의 영원한 나라에 넉넉히 들어갈 때까지 오직 주를 닮아가기 위해 애쓰는 자가 되어야 한다.

주님, 저는 지금 어디에 서 있습니까?
주님 알기를 힘쓰며, 주님의 성품을 본받는 자리에 서 있습니까?
믿음에 덕을 갖추고, 아는 만큼 절제하고 있습니까?
인내를 통해 경건을 품고 있습니까?
혹여 나의 인내를 주장하느라 당신께서 허락하신 경건을 놓치고 있지는 않습니까?
형제에게 우애롭게 대하고 형제 사랑을 실천해야 하는데, 오히려 시기 질투하며 원망하고 증오까지 하고 있지는 않습니까?

주님의 성품을 온전히 닮고, 그 성품대로 삶을 실천하면 당신의 영원한 나라에 넉넉히 들어갈 수 있을 텐데, 저는 여전히 아는 데서만 그치고, 또 다시 미루고, 바라보기만 하는 자에 멈춰 있지는 않습니까?
나의 인내가, 내가 받는 멸시가, 그로 인한 나의 고통이 헛되다고만 여기고 있지 않습니까?

주님의 성품을 온전히 닮아가고, 그 성품대로 주어진 삶을 살아간다면 우리는 반드시 주님의 영원한 나라에 넉넉히 들어갈 수 있을 것이다. 그러나 여전히 '아는 것'에만 그치고, 또다시 실천적 행함을 미루고, '자기중심적인 종교 생활'에만 멈춰 있다면 주님의 성품은 나의 것이 될 수 없고, 주님의 영원한 나라에 넉넉히 들어가는 것 또한 묘연해질 것이다.

주님의 성품을 본받지 않는다면 우리는 누구나 자신의 의를 드러내는 교만에서 자유로울 수 없다.

주님의 성품을 거부하는 교만은 그동안의 인내 또한 축복이 아닌 고통이었고, 연단 또한 헛되다고만 여기게 만들 것이다. 주를 위한 수고와 헌신과 인내가 어느 순간 나의 수고, 나의 헌신, 나의 인내가 되어 주를 원망하기까지 할 것이다.

여전히 썩어 없어질 세상 것에 메어 있는 인간의 본성은 결코 거룩한 성품을 만들 수 없다.

거룩하고 신성한 성품은 오직 주님께로부터만 허락된다. 이미 거듭난 자에게 허락하신 주님의 성품을 온전히 받아 누리며 나의 것으로 만들어야 하고, 그 거룩한 성품에 동참하는 실천적인 삶을 살아가야 한다.

주님!

어제와 다를 바 없는 이런 나에게도 '보배롭고 지극히 큰 약속'을 여전히 유효하게 하시고,

거룩하고 신성한 성품으로 주님의 길을 다시금 걸어가게 하시니 감사합니다.

나는 멈췄으나, 주님은 멈추지 않으시고,

나는 방향을 잃었으나, 주님은 변함없이 그곳에 계셔서

여전히 당신의 길로 이끌어 주시니 감사합니다.

주님을 이미 알게 하신 지난 날보다 주님을 더 잘, 더 깊이 알기 원합니다.

당신의 그 거룩한 성품에 온전히 동참하고, 그에 합당한 삶을 실천하길 원합니다.

그리하여 당신을 더 사랑할 수 있도록, 형제를 더 사랑할 수 있도록,

그런 보배로운 자가 되길 주님의 이름으로 기도드립니다.

■ **아빠의 묵상**

[베드로후서 1:4] 이로써 그 보배롭고 지극히 큰 약속을 우리에게 주사 이 약속으로 말미암아 너희가 정욕 때문에 세상에서 썩어질 것을 피하여 신성한 성품에 참여하는 자가 되

게 하려 하셨느니라.

신성한 성품에 참여하는 자!

성품이란 그 사람의 성질이나 됨됨이를 말한다. 신성한 성품은 우리 예수님의 성품을 말한다. 우리는 마땅히 예수님의 성품에 참여하는 자가 되어야 한다.

그러나 단지 예수님을 믿었다고 하여 예수님의 성품에 참여할 수 있는 것이 아니다. 그리스도를 아는 데 힘써야 하고, 그 삶을 본받고 따라 살려고 노력해야 하고, 우리 주님을 위해 살 때만 그 성품에 참여할 수 있게 된다.

어린 시절 함께 교회를 다니던 친구가 내게 이런 말을 한 적이 있다.

"난 목사는 절대 안 할 거야. 목사가 되면 길을 가다가도 쓰레기가 있으면 다 주워야 되고, 더러운 것들이 있으면 다 치워야 하고, 어떻게 매일매일 그걸 할 수가 있어? 난 목사는 안 할 거야."

지금 생각하면 참 우스운 이야기인데, 그때만 해도 목사님은 다 그래야 된다고, 그런 성품을 가지고 있어야 목사님이 된다고 생각했기에 어린 나이에도 그런 대화를 나름 진지하게 나눴던 것 같다.

성품은 드러나기 마련이다. 어떤 모습이 드러나느냐에 따라 본받아야 할 성품인지, 절대로 흉내조차 내지 말아야 할 모습인지 분별하게 된다.

내게는 어떤 성품이 크게 자리 잡고 있고, 어떤 모습이 드러날까?

내 모습에는 예수님의 성품이 아주 조금이라도 드러나는가?

예수님은 우리 모든 거듭난 자가 그분의 신성한 성품에 참여하는 자가 되어야 한다고 말씀하신다. 그 성품에 참여하며 성화되어 가는 과정에서 매일 조금씩이라도 그 성품을 닮아가는 삶을 살라고 하신다.

 때로는 길의 쓰레기를 다 치워야 할 수도 있고, 내 물질의 전부를 드려야 할 수도 있고, 나의 아픔이 그분의 도구가 될 수도 있다. 그러나 그것이 예수님의 성품을 닮아가는 삶임을 깨달아야 한다. 어려울 순 있으나 불가능한 것은 아니다. 예수님의 이름으로 하면 할 수 있고, 그렇게 된다. 그럴 때 나에게서도 예수님의 성품이 드러나게 될 것이다.

 여전히 나에게 세상의 냄새가 날 수 있다. 당장은 다 치울 수 없을 것이고, 다 드리지 못할 수도 있고, 나의 아픔을 쓰시는 주님을 원망만 할 수도 있다. 그래도 순종하고 예수님을 따라 조금씩 하다 보면 어느새 나도 예수님의 성품에 동참하는 자가 되어 있을 것이고, 서서히 내게서도 예수의 향기가 드러날 수 있을 것이다.

 어쩌면 지금도 우리 주님은 우리 안에서 그분의 성품을 동화시키고 그분의 향기를 드러내고 계실 것이다. 다시금 내가 할 수 있는 것들이 아무것도 없음을 고백한다. 내 마음조차 어찌할 수 없으니 당연히 우리 예수님이 꼭 필요함을 절실히 느낀다.

 이번 한 주는 우리 주님의 신성한 성품을 하나라도 따라 해 봐야겠다.

 이제 쓰레기는 그만 줍고….

■ 자녀의 묵상

우리는 거듭남으로 인해 지극히 큰 약속을 받게 되었고, 신성한 성품에 참여한 자가 되었다. 하나님의 '은혜의 언약'을 받은 자가 된 것이다. 언약을 받았다는 것은 내가 언약의 대상이고, 수혜자임을 말씀하시는 것이다.

우리 주님의 보혈의 공로로 말미암아 우리는 구원을 얻었고, 죄 사함을 받아 '거룩하고 존귀한 자', '신성한 성품을 지닌 자'가 되어 하나님과 친밀히 교제할 수 있는 자가 되었다.

이 모든 것은 자격 없는 우리에게 부어주신 하나님의 크신 은혜와 예수님의 보혈의 공로 덕분이다. 그렇기에 이 언약의 당사자가 된 우리에게는 마땅히 말씀에 순종하고 이행할 의무가 있다.

말씀을 이행한다는 것은 진정으로 예배드리는 자가 되는 것이고, 말씀 안에 거하고 말씀을 증거하는 자가 되는 것이며, 하나님 앞에서 거룩하고 의로운 삶을 살며, 진정한 샬롬에 거하는 자가 되는 것이다.

그러나 우리는 너무나 연약해서, '상황과 문제'를 '하나님의 언약'보다 더욱 크게 여기는 우를 범하곤 한다. 누군가를 탓하고, 해결되지 않은 문제 가운데 '진정한 샬롬'을 누리지 못할 때가 많다. 우리가 근심하며 전전긍긍하는 세상의 수많은 문제는 구원의 문제보다 크지 않다.

그 '구원'을 우리 주님께서 해결해 주셨는데, 어떤 것들이 우리를 낙심하게 하는 것인가?

구원!
그 구원이 얼마나 큰 선물이고 가장 큰 해결인지… 그 사실을 잊고 사는 건 아닌지?

아니… 심지어 깨닫지도 못하고 사는 것은 아닌지 돌아보고 회개할 수 있어야 한다.

주님, 구원은 진실로 가장 큰 은혜입니다!
구원받았다면 그것만으로도 우리의 삶은 완성입니다.
주님, 구원받은 사실을 기억하며,
내가 그로 인해 거듭난 자가 되었다는 사실을 기억하며,
구원받은 자답게,
주 안에서 샬롬을 마음껏 누리는 삶을 살기를 간절히 기도합니다.

하나님의 백성

[요한복음 3:3-5] 예수께서 대답하여 이르시되 진실로 진실로 네게
이르노니 사람이 거듭나지 아니하면 하나님의 나라를 볼 수 없느니라
니고데모가 이르되 사람이 늙으면 어떻게 날 수 있사옵나이까
두 번째 모태에 들어갔다가 날 수 있사옵나이까 예수께서 대답하시되
진실로 진실로 네게 이르노니 사람이 물과 성령으로 나지 아니하면
하나님의 나라에 들어갈 수 없느니라.

'거듭남'에 대한 니고데모의 질문과 예수님의 대답!

예수님은 니고데모의 영적인 어리석음을 꾸짖으시며,
하나님 나라는 오직 거듭남으로 인해 들어갈 수 있다고 강조하신다.

'오직 예수님!'
'오직 말씀!'으로 거듭난 자만이
하나님 나라에 들어갈 수 있고,
하나님 나라의 백성이 될 수 있다.

영적으로 새롭게 거듭난 자!

우리는 영적으로 새롭게 거듭난 자들이다!

즉, 하나님 나라의 백성이다. 하나님 나라의 백성은 하나님께서 책임져 주신다. 구원을 통해 영생을 허락받는 특권은 세상의 그 어떤 권세자도 줄 수 없는 특권이다. 또한 구원을 주관하시고 세상 만물을 다스리시는 하나님께서 함께하시기에 거듭난 자들에게는 이 땅에서도 천국을 미리 경험할 수 있는 특권이 있다. 거듭난 자들은 이 특권을 가진 자답게 자긍심을 갖고 살아야 한다.

그러나 많은 그리스도인은 현실의 삶에 매여 '자긍심'을 잃고 위축된 삶을 살기 일쑤고, 그로 인해 당연히 누려야 할 기쁨과 영광스러움을 놓치고 살 때가 많다.

그럴 때일수록 그리스도인들은 하나님 나라의 백성이라는 정체성을 회복해야 하고, 하나님께서 변함없이 함께하신다는 믿음을 회복해야 한다.

그렇다면 '하나님 나라의 백성이 된다는 것', 하나님 나라 백성의 정체성은 무엇인가?

요한복음 3장 3-6절 말씀은 이에 대한 대답을 명확히 해 준다. 하나님 나라에 대해 가장 잘 설명할 수 있는 분은 하나님과 동등된 예수님밖에 없다. 또 우리가 하나님 나라에 들어갈 수 있도록 믿음을 잘 견지시켜 주고, 잘 안내해 주실 수 있는 분도 예수님 외에는 없다.

그 예수님께서 니고데모에게 요한복음 3장 3-6절 말씀을 통해 거듭나야 하나님 나라를 볼 수 있다고 거듭 강조하신다.

니고데모의 잘못

바리새인 중에서도 존경받는 랍비였던 니고데모는 유대인의 최고 의결 기관인 산헤드린 공의회 회원으로서 율법에 이미 정통한 자였고, 랍비로서 유대 사회에 대단한 영향력을 행사하는 자였다. 하나님에 대한 지식에 있어서 남부럽지 않을 정도의 수준을 지닌 니고데모와 달리, 예수님은 율법의 정규 교육 과정을 전혀 거치지 않은 서른 살 정도밖에 되지 않은 청년으로 도저히 니고데모를 가르칠 만한 자격을 갖춘 자로 여겨지지 않았을 것이다.

그러나 니고데모는 예수님께서 행하신 그동안의 표적을 보고 그가 분명히 하나님과 밀접하게 연관된 자일 것이라 여겼고, 또한 대단한 능력과 지식을 소유한 자라는 기대를 가졌을 것이다.

어느 날, 니고데모에게 자신이 그동안 가르쳐 왔던 하나님과 장차 오실 메시아에 대한 의문이 생겼고, 그는 인적이 드문 밤에 예수님을 찾아 나섰다. 그러나 안타깝게도 그의 방문은 예수님을 따르고자 함이 아니었고, 단지 자신의 의문을 해결하기 위한 목적만 있었다.

그랬기에 예수님을 그저 선생으로만 여기며, '거듭남'에 대해 어리석은 질문을 하게 된 것이다.

> [요한복음 3:2] 그가 밤에 예수께 와서 이르되 랍비여 우리가 당신은 하나님께로부터 오신 선생인 줄 아나이다 하나님이 함께하시지 아니하시면 당신이 행하시는 이 표적을 아무도 할 수 없음이니이다.

이 질문을 할 때 니고데모는 자신에게 믿음이 있었다고 착각했다. 니고데모는 자기 앞에 계신 예수님을 하나님의 아들이라고 믿지 않았을뿐더러 자신의 믿음 없음을 회개하지도 않았다. 그저 자신의 궁금증을 해결하기 위해 사람들의 눈에 띄지 않는 밤에 몰래 예수님을 찾아온 것이다.

물론, 당시 예수님을 배척했던 수많은 바리새인에 비하면 니고데모가 상당히 고무적인 행동을 했다고 평가할 수는 있지만, 결코 칭찬할 만한 행동을 한 것은 아니었다. 왜냐하면, 니고데모는 하나님 나라를 간절히 소망하지도 않았고, 그 나라의 가치를 전혀 깨닫지 못한 자였기 때문이다.

'남들보다 낫다는 것'은 '잘하고 있다'와 동일한 개념이 될 수 없다. 우리의 기준은 오직 하나님이 되어야 하고, 하나님을 기준 삼아 행동하는 것이 '잘하는 것'임을 명심해야 한다.

하나님 나라를 가르치는 랍비로서 하나님 나라를 제대로 알지 못한 것이 그의 첫 번째 잘못이었고, 진리 되신 예수님 앞에서조차 자신의 입지와 기득권을 잃을까 봐 진리를 인정하지 않은 것이 그의 두 번째 잘못이었다.

하나님께서 니고데모에게 무엇을 원하셨겠는가?

다른 사람들의 눈치를 보며 남몰래 예수님을 찾는 모습을 원하신 것은 분명히 아닐 것이다. 하나님은 그에게서 예수님을 향한 진실한 믿음을 보고 싶으셨을 것이다.

우리 역시 하나님 나라에 대해 질문만 하는 것이 아니라, 하나님 나라의 백성이 되고자 관심을 갖고 간절히 그것을 원하는 믿음을 보여야 한다.

니고데모처럼 '무엇을', '누군가를' 하나님보다 먼저 의식하지는 않는지 되돌아볼 필요가 있다.

우리가 깨달을 수 있도록 예수님은 수시로 기회를 주고 있는데도, 사람과 환경을 의식한 나머지 진리를 모르는 척하거나 세상과 타협하지는 않았는가?

그럴 때일수록 하나님께서 왜 이런 상황을 허락하셨는지 분별할 수 있어야 한다. 사람과 상황을 의식하지 말고 성령의 음성에 집중하면서 말씀이 지금 나에게 무엇을 원하는지 들어야 한다. 하나님의 뜻하심은 분명히 있다. 그것을 찾아야 한다.

우리에게 원치 않는 문제와 상황을 허락하시고, 그 문제를 두고 기도하게 하시며 하나님을 더욱 간절히 만나게 하시는 것은 하나님께서 우리를 유기치 않으시고, 함께하시고 있다는 증거가 되기도 한다. 그렇기에 다시금 기회를 주시는 선하신 하나님의 뜻을 신뢰해야 한다.

그렇다면 하나님은 왜 니고데모에게 그런 상황을 '주시고', '듣게' 하셨을까?

니고데모가 쌓아온 그동안의 지식이 헛되다 하시고, 그의 자존심을 꺾으신 이유는 무엇일까?

우리는 이 질문 앞에서 깊이 생각해 보아야 한다. 이것은 하나님께서 우리에게 던지시는 질문이기도 하기 때문이다.

하나님은 니고데모에게 '믿음'을 원하셨다. 예수님에 대한 진실한 믿음이 생기길 원하셨다. 그가 진정한 거듭남으로 인해 예전의 프레임에서 벗어나 하나님 나라의 백성이 되길 원하셨다.

지금도 니고데모처럼 예수님에 대해 궁금해하는 자들이 많다. 그래서 주님을 알아가는 데 관심을 갖기도 한다. 그러나 그들은 거기까지일 뿐, 자신들이 알아가는 것이 실제화되는 것을 원하지 않는다. 그들이 알아낸 주님으로 삶이 변화되는 것을 원하지 않는다. 때로는 예수님을 믿는다고 말하고, 사랑한다고 고백도 하지만 연약한 믿음을 핑계로 주님을 떠나기도 한다.

왜 그런 것일까?

신앙은 지식에만 머무는 것이 아니기 때문이다.

우리는 예수님을 아는 것에 그치지 말고, 그 이상으로 나아가야 한다. 지식에만 머물지 말고 참된 신앙인으로 성장해야 한다. 진짜 하나님의 백성이 되어야 하고, 하나님의 백성답게 살아야 한다. 그러려면 진실로 거듭나야 한다. 이것이 하나님 나라의 법칙이다.

하나님 나라의 백성이 되기 위해서는 사람의 그 어떤 공로도 물질도 요구되지 않는다. 오직 은혜의 선물인 '거듭남'이면 충분하다.

나는 하나님 나라를 정말 소망했는가?
이 땅 가운데, 하나님 나라를 증명하는 삶을 살았는가?
삶의 어려움과 무게에 짓눌려 말씀을 외면하고 살지는 않았는가?
오히려 '거듭나지 않은 자'의 모습을 삶 속에서 증명하며 살지는 않았는가?

그랬다면, 우리에겐 진정한 '거듭남'이 필요하다.
거듭남이 필요한 이유는 딱 하나!
하나님 나라의 백성이 되어, 하나님 나라에 들어가기 위해서다.
거듭남을 통해 하나님 나라 백성의 모습을 삶에서 증명하며 살아야 한다. 거듭난 우리로 인해 많은 영혼이 도전받아 변화되도록 거듭난 삶을 살아야 한다.

▌거듭남: 하늘로부터 다시 새롭게 태어나는 것!

> [요한복음 3:4] 니고데모가 이르되 사람이 늙으면 어떻게 날 수 있사옵나이까 두 번째 모태에 들어갔다가 날 수 있사옵나이까.

영적인 무지에 빠진 니고데모에게, 거듭남은 받아들이기에 너무나 어려운 진리였다. 여전히 니고데모는 그동안 자신이 쌓아온 지식과 권리에 가로막혀 영적으로 둔감함을 자초했고, 또다시 예수님께 어리석은 질문을 던졌다. 니고데모는 절대 모르지 않았을 것이다. 그럼에도 그는 '사람이 거듭나지 않고는 하나님 나라를 볼 수 없다'라는 예수님의 말씀을 도저히 받아들일 수도, 인정할 수도 없었기에 모르는 척 어리석은 질문을 던진 것이다.

그 진리의 말씀을 인정하는 순간, 자신이 틀렸음을 인정하는 꼴이 되고, 자신이 쌓아온 공든 탑이 무너지기 때문에 필사적으로 진리를 거부한 것이다.

> [요한복음 3:10] 예수께서 그에게 대답하여 이르시되 너는 이스라엘의 선생으로서 이러한 것들을 알지 못하느냐.

[요한복음 3:12] 내가 땅의 일을 말하여도 너희가 믿지 아니하거든 하물며 하늘의 일을 말하면 어떻게 믿겠느냐.

이에 예수님은 니고데모에게 이스라엘의 선생이 어찌 그것을 모르느냐고 지적하시며, 영적으로 무지하고 완고한 자들은 진리를 전해도 절대 믿을 수 없다고 질책하신다.

진리 앞에서 교만하여 결국 주님을 떠나는 인본주의적 종교 생활자들은 은혜의 말씀 앞에서 니고데모처럼 어리석은 질문만 늘어놓는다.

우리는 하나님의 일을 듣고 온전히 믿을 수 있는가?

우리 또한 이 질문에 대해 자문해 보아야 한다.

[요한복음 3:5] 사람이 물과 성령으로 나지 아니하면 하나님의 나라에 들어갈 수 없느니라.

하나님의 일인 '거듭남'의 진리를 잘 깨달아야 한다. "물과 성령으로 나지 않으면 하나님 나라에 들어갈 수 없느니라"는 말씀은 하늘로부터 다시 새롭게 태어나는 것을 의미한다. 니고데모처럼 '거듭난다'라는 말을 생물학적인 출생의 개념으로만 이해하려 들면, 영적인 진리로 접근할 수 없을 뿐더러 이해 불가능한 영역에 부딪히게 된다. 니고데모는 세상적인 사고방식에 사로잡힌 율법주의자였기 때문에 예수님께서 말씀하신 거듭남의 진리를 도저히 깨달을 수도, 받아들일 수도 없었던 것이다.

거듭난 자들은 말씀 앞에서 어리석은 반문만 내뱉는 자들이 아니고, 세상 권세에 매인 자들도 아니다. 거듭난 자는 예수를 구주 삼고, 구주를 고백하는 입술과 거듭난 삶을 통해 주님께 영광 올려드리는 삶을 살아야 한다.

예수를 구주로 삼은 자, 성령의 내주하심을 입은 자, 세례를 통해 다시 태어난 자가 우리다. 모든 죄인은 하나님을 볼 수도 없고 하나님 나라에 들어갈 수도 없다. 오직 예수님을 믿어 그리스도의 보혈로 정결함을 입은 자들이 아니면 결코 하나님의 백성이 될 수 없다.

> [히브리서 9:14] 하물며 영원하신 성령으로 말미암아 흠 없는 자기를 하나님께 드린 그리스도의 피가 어찌 너희 양심을 죽은 행실에서 깨끗하게 하고 살아 계신 하나님을 섬기게 하지 못하겠느냐.

우리는 예수 그리스도를 믿는 믿음으로 세례를 받고 죄 사함을 얻어 정결하게 된 자이고, 성령을 선물로 받은 하나님의 백성 된 자임을 기억해야 한다. 죄 사함을 받고, 성령을 선물로 받았다면, 진실로 거듭난 자가 된 것이다.

> [사도행전 2:38] 베드로가 이르되 너희가 회개하여 각각 예수 그리스도의 이름으로 세례를 받고 죄 사함을 받으라 그리하면 성령의 선물을 받으리니.

오직 하나님께로 난 자, 하나님의 자녀

> [로마서 8:9] 만일 너희 속에 하나님의 영이 거하시면 너희가 육신에 있지 아니하고 영에 있나니 누구든지 그리스도의 영이 없으면 그리스도의 사람이 아니라.

> [로마서 8:16] 성령이 친히 우리의 영과 더불어 우리가 하나님의 자녀인 것을 증언하시나니.

성령님은 우리를 그리스도의 사람이 되게 하시고, 더불어 우리가 하나님의 자녀인 것을 증언해 주신다. 이 거룩하신 성령님을 단순히 우리의 재물 얻는 수단, 건강 회복을 위한 수단, 우리의 기도 응답의 수단으로만 '이용'해서는 절대 안 된다. 성령님은 우리를 거듭나게 하심으로 우리를 하나님의 백성으로 만드시고, 우리가 하나님의 자녀임을 친히 증언해 주시는 분임을 명심해야 한다. 성경 역시도 우리가 하나님의 백성임을 확실히 선포해 주신다.

우리는 사람의 어떤 뜻 가운데 난 자가 아니다. 오직 하나님의 뜻 가운데 난 하나님의 백성이기에, 하나님께서 우리를 보호하시고 한량없는 은혜를 부어주신다.

> [요한복음 1:12-13] 영접하는 자 곧 그 이름을 믿는 자들에게는 하나님의 자녀가 되는 권세를 주셨으니 이는 혈통으로나 육정으로나 사람의 뜻으로 나지 아니하고 오직 하나님께로부터 난 자들이니라.

하나님의 백성이 되기 위해, 성도는 반드시 거듭나야 한다. 예수님을 믿고 회개를 통해 죄 씻음을 받은 자들은 성령에 의해 신령한 자로 새롭게 변화되어 하나님 나라에 들어갈 수 있게 되었다. 이 사실을 머리로만 아는 데서 그쳐서는 안 된다.

하나님 나라는 언젠가 새로 생기게 될 나라가 아니라, 지금도 실재하는 곳이다. 예수님께서 이 땅에 오셨을 때, "회개하라! 천국이 가까이 왔느니라"고 말씀하셨듯이 천국은 우리에게 가까이 있다. 예수 그리스도로 말미암아 그리스도의 통치를 받는 주의 모든 백성은 이 땅에서도 천국을 경험하게 된다. 세상 그 어떤 나라보다 월등히 좋은 나라, 하나님이 통치하시고 다스리시는 하나님 나라는 분명 우리의 상상을 초월하는 좋은 나라, 의로운 나라가 틀림없다.

그러나 예수님은 힘과 부와 명예를 자랑하는 교만한 율법주의자들에게는 천국에 대해 비밀로 하셨다. 당시 예수님의 천국 비유 말씀을 제대로 알아들은 율법주의자들은 하나도 없었던 반면, 예수님을 믿고 따르는 자들과 그 이름을 믿고 영접하여 거듭난 자들에게는 하나님 나라에 들어가는 천국 비밀을 깨닫게 하셨다.

우리 역시 예수님의 말씀을 겸손히 믿고 하나님 나라를 소망하는 거듭난 자가 되어야 한다. 니고데모처럼 머리로만 지식을 자랑하느라 정작 들어야 할 예수님의 말씀을 하나도 못 알아듣는 자가 되어서는 안 된다.

성경이 왜 거듭남의 진리를 설명하기 위해 예수님과 니고데모의 질문과 답을 기록했는지, 이 말씀을 통해 우리가 무엇을 깨닫고 행해야 하는지 알아야 한다. 성경은 율법의 대가인 줄 착각한 니고데모의 영적인 어리석음과 무지를 고발하면서 당시 유대인의 중심 세력인 바리새인들의 허구를 밝히고자 했다. 이를 통해 하나님 나라는 오직 거듭남을 통해서만 들어갈 수 있다는 기독교의 진리를 명백하게 드러낸 것이다.

우리는 이 진리를 평생 잊지 말아야 한다. 주 앞에서 어떠한 지식도 자랑할 것이 못 되고, 우리가 가진 그 어떤 것으로도 천국에 들어갈 수 없음을 명심해야 한다.

우리가 추구할 가장 좋은 나라, 가장 의로운 나라는 하나님 나라뿐이다. 하나님의 나라만이 가장 완벽하며 유일하게 완전한 나라다. 우리가 가야 할 곳은 천국이며, 이 땅에도 하나님의 나라가 이미 임했음을 선포해야 한다. 거듭남이 우리에게 필요한 이유, 그것은 하나님의 백성이 되어 천국에 가기 위함이라는 것을 널리 널리 전해야 한다.

> 내가 너를 사랑하기에 나는 지금도 너와 함께한다.
> 내가 너를 써서 증명하길 원한다.
> 제발 거듭나거라…
>
> 나는 너를 통해 회복과 부흥을 줄 것이다.
> 너는 세상과 사람에게만 쓰임 받는 자가 아니다.
> 너는 나 하나님이 쓰는 자다.
> 그렇기에 반드시 거듭나 나의 백성이 되어야 한다.
> 너희에게 허락한 천국의 기업은 영원할 것이며,
> 이 땅 가운데에도 그 천국을 마땅히 누리고 전해야 한다.
> 거듭난 자에게 허락한 그 사명을
> 이제 머리가 아닌 마음으로 믿고 지켜 행해야 한다.

우리가 살아가는 삶의 모든 터전은 모두 선교지가 된다. 그리고 거듭난 자는 예배로 은혜받고, 말씀으로 새롭게 되어 각각의 선교지에서 하나님 나라를 증명해야 하는 사명을 가진 자다. 그 사명을 이룰 수 있도록 돕는 분은 예수님이시고 내주하신 성령님이시다. 예수님만이 우리가 하나님 나라의 백성 된 자임을 증거하도록 돕는 유일한 분이시다.

거듭난 자는 회복과 부흥의 통로가 되어 삶의 터전 곳곳에서 예수님의 사랑과 천국 복음을 전해야 한다. 어떤 상황에서도 말씀을 온전히 신뢰하며 담대하게 세상을 이겨내야 한다. 언제 어디서나 하나님의 백성이라는 정체성과 하나님 나라를 증명하는 사명을 잊어서는 안 된다.

하나님!
당신의 뜻을 다 알지 못한다 해도, 온전히 신뢰할 수 있길 원합니다.
가장 완벽한 타이밍에 가장 선한 길로 이끄시는 당신의 손길을 언제나 믿습니다.
강하고 담대하겠습니다.
두려워하지 않고 놀라지 않겠습니다.
내가 어디를 가든지 나의 하나님이 나와 함께하심을 믿겠습니다(수 1:9).
그곳이 하나님 나라, 천국임을 믿습니다.
그리고 '천국'을 전하겠습니다.

■ 아빠의 묵상

> [요한복음 3:5] 예수께서 대답하시되 진실로 진실로 네게 이르노니 사람이 물과 성령으로 나지 아니하면 하나님의 나라에 들어갈 수 없느니라.

하나님의 말씀과 예수님을 믿고 거듭난 자만이 하나님 나라의 백성이고 하나님 나라에 들어갈 수 있다. 오늘 말씀에 등장하는 니고데모의 영적 우매함이 나의 모습은 아닌지 돌아보게 된다.

당시 유대 교육의 관습을 좇았던 수많은 회당은 어쩌면 니고데모와 같은 사람을 양성하는 데 초점을 맞추지 않았을까 싶다. 말 잘 듣고 열심히 율법 공부를 하면 산헤드린 공의회 회원과 같이 사회적으로 명성 있는 자가 될 수 있고, 하나님 주시는 축복을 누리면서 하나님 나라에 들어갈 수 있다고 그릇 되이 가르치지 않았을까…

우리네 세상 또한 그때와 다르지 않은 듯하다. 권력과 지위를 얻어 사회적으로 성공하고, 많은 물질을 모아 남부러울 것 없이 사는 세상적 소망을 하나님의 이름을 빌려 남용하고 있는 건 아닌지 나부터 회개하게 된다.

그래서 예수님께서 니고데모에게 그리고 우리에게 말씀하신 듯하다. 진실로 세상의 그 어떤 것으로도 하나님 나라에 들어갈 수 없다고, 오직 물과 성령으로 거듭나지 아니하면 하나님의 나라에 들어갈 수 없다고 말이다.

어쩌면 성경의 모든 말씀은 여전히 어리석고 영적으로 우매한 우리에게 계속해서 거듭나라 외치고 또 외치는 말씀인 듯하다. 그래야 진짜 하나님 나라의 백성이 될 수 있고, 하나님 나라 천국에 들어갈 수 있으니 말이다.

세상적인 이전 것은 버리고 다시 되돌리라 하신다. 권력에서 'Re', 물질에서 'Re', 이성에서 'Re', 욕심에서 'Re'….

그리고는 'Rebirth', 거듭나라고 하신다. 예수님 안에서, 예수님에 의해, 예수님을 통해 거듭나라고 하신다.

"Rebirth in JESUS, by JESUS, through JESUS!"

내게 거듭남은 나를 버림과 동시에 성령님의 내주하심이다. 난 기억한다. 성령님께서 내게 찾아오셨을 때의 그 기쁨과 감격을… 그 무엇으로도 형용할 수 없는 평안함을 절대 잊을 수 없다.

그 성령님께서 지금 나에게 우리에게 말씀하신다. 너희는 사람의 뜻으로 난 자들이 아니고, 하나님의 뜻 가운데 난 자들이라고…

명심해야 한다. 확신해야 한다.

우리는 불안해하며 스승만을 찾아다니는 니고데모가 아니고 주를 고백하며 주를 찾는 자임을!

태초부터 하나님께로부터 난 자임을!

확신해야 한다.

■ 자녀의 묵상

[요한복음 3:3] 예수께서 대답하여 이르시되 진실로 진실로 네게 이르노니 사람이 거듭 나지 아니하면 하나님의 나라를 볼 수 없느니라.

나는 늘 '거듭남'에 대해, 해소되지 않는 답답함이 있었다. 예수님과 니고데모의 대화를 읽고 또 읽어도 대체 거듭남이란 무엇인지, 어떻게 이해해야 하는 것인지 감이 오지 않았다.

그렇지만 이번 묵상을 통해서, 내가 완전히 잘못 생각하고 있었다는 것을 깨닫게 되었다. 나는 나의 힘으로, 나의 의로 거듭나려 하고 있었다.

어떤 상황이든 어떤 문제든, 답은 단 하나!

'오직 예수'인데, 그 진리를 빼먹고 '내가' 하려고 했던 그동안의 나의 모습에서 영적인 무지에 빠져 있던 니고데모의 모습이 겹쳐 보였다.

내 삶의 터전이 곧 나의 선교지다. 나는 '대학생 사명자', '캠퍼스 선교사'로 이곳 북경대학교에 파송받았다고 믿고 있다. 종교를 먼저 권유하는 것이 불법인 중국의 체제상, 이곳에서 전도를 하기 위해서는 '나의 삶'을 통해 누군가의 마음에 하나님을 향한 갈망이 일어나게 해야 한다. 상대방이 먼저 종교에 대한 질문을 했을 때 대답하는 것은 합법이기 때문이다.

그런데 다른 사람들과 구별된 크리스천의 모습을 보여줘야 한다는 다짐이 어느새 사람의 시선을 의식하며 완벽해 보이려는 마음으로 변질되었다. 지금까지 나의 모든 배움은 하나님의 일꾼으로 살아가기 위한 밑거름이었는데, 어느새 그 배움들이 자기 계발적 신앙으로 서서히 변하고 있음을 깨닫게 되었다. 하나님을 도구 삼아 내가 좀 더 충만해지고, 더 발전하고 싶은 것이 내 신앙의 현주소였다.

그동안 받은 은혜를 까맣게 잊어버리고, 세상적 고민에 갇히고, 하나님께서 인도하시는 미래를 내가 꼭 쥐고 내가 열심히 일구어 가려고만 했다. 그런 나의 모습을 안타깝게 지켜보고 계실 주님의 마음이 헤아려져서, 주님께 부르짖으며 회개하지 않고서는 배길 수 없었다.

이 땅 가운데 하나님 나라를 증명하는 삶을 사는 것은 나의 지식으로, 나의 행위로 불가능하다. 방법은 단 하나다. 성령님께서 친히 우리의 영과 더불어 우리가 하나님의 자녀인 것을 증언하시는 것, 그것뿐이다. '거듭남'은 공식이 아니다.

수학 답지처럼 명쾌한 풀이를 제공하지 않아서 내 생각으로는 의문이 들고, '언제 진짜 거듭나게 될까?'라며 답답하게 느껴질 수도 있지만, 세상 그 어떤 사람의 지식과 지혜로 가능한 것이 아닌 오직 전능하신 하나님께서 하시는 일이기에 믿음으로 온전히 나를 내어 드릴 때만이 명쾌해진다.

그렇기에 나를 거듭나게 하시고, 거듭난 나를 사용하실 하나님을 굳게 믿고 감사로 반응하며 주어진 나의 오늘을 충실히 살아내야겠다.

죄로 죽었던 우리

[에베소서 2:1] 그는 허물과 죄로 죽었던
너희를 살리셨도다.

허물과 죄로 죽을 수밖에 없었던 우리가
다시 살 수 있었던 이유!
세상 가운데 죄의 지배하에서 낙심하던 우리가
승리할 수 있었던 이유!

우리는 무엇으로 다시 살고,
무엇으로 승리할 수 있는가?

그것은 바로
'거듭남의 은혜', '구원의 은혜' 때문이다.

그는 허물과 죄로 죽었던 너희를 살리셨도다.

허물과 죄로 죽었던 우리를 다시 살리신 예수님

하나님은 '허물과 죄로 죽었던 우리'를 예수 그리스도와 함께 다시 살리셨다. 하나님은 우리에게 예수님을 보내주셨고, 예수님의 대속의 은혜로 죄 사함을 입게 하셨고, 영생을 허락하셨다. 이 믿음이 우리 삶의 실재가 되어야 한다.

그러나 거룩한 백성이라는 신분이 처음부터 우리의 것은 아니었다.

'죄로 죽었던 우리', 이것이 이 세상에서 처음 빛을 본 순간, 우리의 상태였다. 죄로 죽은 상태에서 우리는 태어났던 것이다. 태어나자마자 죄로 죽는다는 것이 가당키나 한가 반문할 수도 있지만, 죄로 죽었던 모습이 우리의 본질이었다고 성경은 말해주고 있다.

> [에베소서 2:1] 그는 허물과 죄로 죽었던 너희를 살리셨도다.

그렇다. 하나님은 허물과 죄로 죽었던 우리를 예수 그리스도와 함께 살리셨다. 긍휼이 풍성하신 하나님은 오직 은혜로 말미암아 예수 그리스도를 십자가에 죽게 하심으로 본질상 진노의 자녀요, 불순종의 아들들에게 죄 사함을 허락하시고 영원한 죽음에서 건져 새 생명을 주셨다. 그로 인해 우리는 예수님을 믿음으로 몸과 마음이 새롭게 되어 영적으로 새롭게 거듭난 자, 거룩한 하나님 나라의 백성이 된 것이다.

'죽은 자가 어찌 다시 살아날 수 있는가?'라는 질문은 이 세상의 논리로는 전혀 납득할 수 없기에 세상 사람들에게는 당연한 질문이 될 것이다.

그리스도인들 역시 이 땅에서 살기는 하나, 하늘의 것으로 거듭났기에 땅의 논리로는 '거듭남'을 온전히 이해하기 어려울 것이다.

그러나 거듭난 자가 되면, 앞으로 장차 가게 될, 그러나 아직 가 보지 않은 나라, 즉 저 천성에 대해 궁금해하게 되고, 어떻게 내가 하나님 나라의 백성이 되었는지 궁금해할 수밖에 없다. 그리고 그것은 하나님과 하나님 나라에 대해 배우지 않는다면 알 길이 없다. 예수님은 살아 계실 때 '당신의 나라'에 대해 이렇게 말씀하셨다.

> [마태복음 4:17] 이 때부터 예수께서 비로소 전파하여 이르시되 회개하라 천국이 가까이 왔느니라 하시더라.

예수님께서 첫 제자들을 부르실 때, "회개하라 천국이 가까이 왔느니라"고 말씀하시며 전도를 시작하셨다. 그때 많은 무리가 들었으나 그들은 세속적인 것에만 관심을 가졌기에 그들은 제자가 아닌 '무리'로 성경에 기록되었다.

하지만, 우리는 '무리'가 아니다. 우리는 이 땅에서 예수님을 믿음으로 새롭게 거듭나, '내 안에 계시는 성령님'을 의지하며, 십자가의 도(道)와 하나님 나라에 대해 알고 따르는 거룩한 하나님의 백성이다.

그렇기에 우리는 '말씀 알기'에 게을러서는 안 된다.

그 말씀을 통해 우리는 하나님과 하나님 나라에 대해 배울 수 있다.

▎우리는 언제 죽었는가?

> [창세기 2:17] 선악을 알게 하는 나무의 열매는 먹지 말라 네가 먹는 날에는 반드시 죽으리라 하시니라.

모든 인류는 아담의 '원죄'로 인해 태어남과 동시에 반드시 죽을 수밖에 없었다. 인류의 시조인 아담이 에덴동산에서 하나님께서 금하신 선악과를 따 먹은 다음 인간에게는 죄가 들어왔고, 그 원죄로 말미암아 인류는 태어날 때부터 영적으로 죽은 상태로 태어나게 되었다. 아담은 모든 사람을 대표하고, 그 대표성으로 인해 아담의 죄는 인류에게 그대로 전가되고 그 원죄로 인해 죽게 된 것이다.

혹자는 하나님이 애초에 선악과를 만들지 않았다면, 아담이 죄를 지을 일도 없었을 것이고, 죄를 허용하지 않으셨다면 인간이 이토록 죄와 씨름하는 일 또한 없었을 것이라고 반문한다. 또는 "전능하신 하나님께서 한 번에 모든 인류를 구원하시지 왜 방치하는가?"라며 조소 섞인 질문을 하기도 한다. 이는 피조물이 창조주 되신 하나님을 질타하는 어리석은 질문이다.

이 어리석은 질문들에 굳이 답을 해야 한다면, 그것은 "죄로 인한 인간의 죽음은 절대 하나님의 책임에 있지 않다"라고 대답할 수 있겠다.

쉽게 예를 들어보자면, 동일한 환경 가운데 누군가는 올바르게 잘 살고, 누군가는 죄를 지으며 산다. 이 차이는 개인의 선택에 대한 책임의 문제이지, 하나님이 누구에게는 죄를 짓게 하고 누구에게는 죄를 짓지 않게 해서가 아닌 것이다. 하나님 탓이 아니라는 것이다.

죄로 인한 인간의 죽음은 하나님의 책임에 있지 않다는 것은 이와 같은 이치다.

> [창세기 1:31] 하나님이 지으신 그 모든 것을 보시니 보시기에 심히 좋았더라 저녁이 되고 아침이 되니 이는 여섯째 날이니라.

하나님께서 천지를 창조하실 때, 하나님의 관심은 오직 인간에게 있었다. 하나님은 마지막 날 비로소 인간을 창조하시고, '심히' 좋았더라고 말씀하셨다. 하나님은 우리 인간이 에덴동산에서 하나님과 영적으로 교통하는 존재로 영원히 살 수 있도록 만드시고 심히 기뻐하셨다. 에덴동산의 풍요로움과 영적 충만함을 인간이 다 누리도록 하셨다.

다만 한 가지, 죽음을 면할 방법을 제시하셨는데, 그것이 바로 선악과를 먹지 말라는 것이었다. 하나님은 인간을 만드시고 그 인간이 살아갈 원리를 친히 정해 놓으셨다. 따라서, 하나님께로부터 창조된 인간은 하나님이 정해 놓으신 원리에 따라 살아가면 된다. 정해진 원리대로 사는 삶이 축복의 삶이었는데, 그 원리를 깬 것은 아담이었다.

창조주 하나님께서 인간을 만드셨기에 피조물 된 인간은 하나님께서 정한 원리대로 살아야 하나님의 목적하신 바대로 살아갈 수 있다. 어떤 기계가 만들어진 원리대로 제대로 작동돼야 그 역할을 온전히 수행할 수 있는 것과 같은 이치다.

그러나 참 감사한 것은, 긍휼이 많으신 하나님은 우리가 어떤 상태인지와 상관없이 우리를 여전히 사랑하시고, 우리와 교통하기를 원하신다는 것이다. 누군가를 사랑하게 되면 그 상대를 더욱 깊이 알길 원하듯이, 하나님 역시 우리를 더 잘 알길 원하시고, 또한 우리가 그 하나님을 더욱 알아가는 데 힘쓰길 바라신다.

'허물'과 '죄'는 무엇인가?

> [에베소서 2:1] 그는 허물과 죄로 죽었던 너희를 살리셨도다.

'허물'은 표준에서 벗어난 상태를 말하고, '죄'는 하나님께서 정하신 기준에서 어긋난 행위를 말한다. 즉, 하나님께서 정해 놓은 원리와 기준에서 벗어나거나 어긋난 상태를 '허물과 죄'에 빠진 상태라고 볼 수 있다.

세상의 옳고 그름은 불완전한 인간이 만든 원리이기에 그 이치는 상황에 따라 기준이 변질될 수 있다. 그렇기에 모든 인간에게 가장 완벽한 기준은 완전무결하며 실수가 없으신 하나님의 말씀 외에는 없다. 모든 인간이 따라야 할 것은 오직 말씀뿐이다. 하나님의 말씀만이 영원하며 항구적으로 옳은 유일한 원리 원칙이요, 기준이자 표준이 된다는 사실을 잊지 말아야 한다.

에덴동산에서 '선악과를 먹으면 죽는다'는 기준을 깬 것은 아담이었다. 그것이 아담의 허물이었고 죄가 되었다. 허물과 죄를 통한 죽음의 책임은 결국 인간에게 있는 것이다.

우리 역시도 이 땅에서 무수히 많은 죄를 짓고 산다. 그러나 긍휼이 많으신 하나님은 그에 상응한 심판을 바로 내리지도 않으실뿐더러 죄인 된 우리를 유기하지도 않으신다.

오히려 우리를 불쌍히 여기셔서 예수님과 함께 살게 하시고 구원의 영광으로 들어가게 하신다.

> [에베소서 2:4-6] 긍휼이 풍성하신 하나님이 우리를 사랑하신 그 큰 사랑을 인하여 허물로 죽은 우리를 그리스도와 함께 살리셨고 (너희는 은혜로 구원을 받은 것이라) 또 함께 일으키사 그리스도 예수 안에서 함께 하늘에 앉히시니.

하나님은 긍휼과 자비로 우리를 용서하시고, 그 크신 사랑과 은혜로 '하나님의 원리'를 친히 깨시면서까지 죄인 된 인간을 다시금 살려 주셨다. 우리를 예수님과 함께 하늘에 살게 하신 것이다. 그렇기에 이 땅에서도 우리가 예수님 안에 거한다면 우리 안에는 평강이 있을 수밖에 없다.

가장 중요한 것은 내가 그 예수님 안에 거하는 것이다.

▌'거듭남'이 필요한 이유

우리에게 거듭남이 필요한 이유는 다음과 같다.

첫째, 하나님의 백성이 되기 위해서다.
둘째, 죄로 죽었던 우리의 상태를 회복하기 위해서다.

거듭남을 통해 우리는 '죄로 죽게 된 자'에서 '영생을 소유한 하나님의 백성'으로 회복되게 되었다. 우리가 거듭나야 하는 이유는 죄로 죽을 수밖에 없었던 이전의 운명을 하나님 백성의 운명으로 바꾸기 위함이라는 것을 명심해야 한다. 죽을 수밖에 없는 운명은 거듭남을 통해서만 되돌릴 수 있다.

그렇기에 나의 운명, 자녀의 운명을 바꿀 수 있는 유일한 방법은 '믿음' 밖에 없다. 대대손손 믿음을 계승하는 것만큼 보장된 약속은 없을 것이다.

하나님께서 책임져 주시는 것은 무한대다. 우리 자손에게, 허락된 영혼들에게, 그 하나님을 만날 수 있는 기회를 전해야 한다. 그 기회를 전하는 방법은 내가 먼저 믿는 자로서의 본을 보이는 것이다.

세상에서는 관상과 이름, 언어와 습관, 적극적인 사회 활동을 통해 운명을 바꿀 수 있다고 생각한다. 그러나 세상이 주장하는 이 방법으로는 삶의 변화를 꾀할 수 있을지 몰라도, '죄로 죽을 수밖에 없는 운명'은 절대 바꿀 수가 없다.

죽음을 영생으로 돌릴 수 있는 '터닝 키'는 오직 주님을 믿어 거듭나는 방법밖에는 없다.

> [에베소서 2:1-3] 그는 허물과 죄로 죽었던 너희를 살리셨도다 그 때에 너희는 그 가운데서 행하여 이 세상 풍조를 따르고 공중의 권세 잡은 자를 따랐으니 곧 지금 불순종의 아들들 가운데서 역사하는 영이라 전에는 우리도 다 그 가운데서 우리 육체의 욕심을 따라 지내며 육체와 마음의 원하는 것을 하여 다른 이들과 같이 본질상 진노의 자녀이었더니.

허물과 죄로 죽었던 자, 불순종의 아들, 본질상 진노의 자녀!
이 모습은 하나님의 백성으로 거듭나기 전, 우리의 정체성이다.

믿음이 없기에 거듭날 수 없고, 결국 하나님의 진노의 대상이 된 자들, 그런 자들에게는 평강 또한 찾아볼 수가 없다. 그들은 이 땅에서 '진노의 자녀임을 증명하는 삶'을 살아간다. 위와 같은 정체성은 인간적인 노력을 아무리 한다 해도 본질적으로 죄악 된 상태를 해결할 수는 없다.

또한, 본질상 진노의 자녀는 하나님의 영향력이 아닌 사탄의 영향력에 놓이게 된다. 그 대표적인 사람이 바로 가롯 유다다. 가롯 유다는 예수님보다 자신을 더욱 중요하게 여겼기에 예수님을 끝까지 따르지 못하고 결국 사탄의 하수가 되어 예수님을 팔아넘기기까지 한 인물이다. 그는 구원의 통로인 예수님을 배신하고, 결국 죄악 된 상태를 해결받지 못한 채 비참한 죽음을 맞이했다.

[누가복음 22:3] 열둘 중의 하나인 가룟인이라 부르는 유다에게 사탄이 들어가니.

진실로 예수님은 죄로 죽었던 불순종의 아들이자 진노의 자녀인 우리를 구원하실 유일한 분이시다. 하나님의 진노에서 돌이켜 구원과 생명의 길로 인도하시고, 하나님 백성이라는 거룩한 신분을 획득하게 하실 유일한 구원주 되시는 분이 바로 우리가 믿는 예수님임을 믿어야 한다.

가롯 유다는 '예수님의 제자'라는 울타리에 있었음에도 불구하고, 사탄은 그의 마음과 생각의 틈을 비집고 예수님을 팔고자 하는 죄를 심어 놓았다.

그만큼 사탄은 치밀하고 집요하다. 그렇기에 거듭난 자들은 더더욱 예수님으로만 꽉 차 있어야 한다. 어떠한 틈도 사탄에게 허락해서는 안 된다. 그 비좁은 틈을 사탄은 너무나 잘 비집고 들어온다.

그 틈을 내주지 않는 방법은 예수님만을 온전히 믿고, 나날이 신앙의 성장을 도모하며, 삶으로 그 믿음을 실천하며 사는 것이다.

예수님을 믿어 하나님의 섭리 안에서 영원한 삶을 살 것인가?

아니면 사탄의 지배 아래 놓여, 하나님의 진노를 받고 영원한 죽음에 거하겠는가?

결과는 우리의 선택에 달려 있다.

▍'빚진 자'로서의 감사를 회복하자

[에베소서 2:1] 그는 허물과 죄로 죽었던 너희를 살리셨도다.

에베소서 2장 1절의 말씀은 '빚진 자'의 본질을 잘 설명해 주고 있다. 우리는 그리스도의 보혈의 공로에 빚진 자로서 주님의 핏값으로 다시 산 자다. 이러한 '빚진 자'로서의 감사가 회복되면 삶 가운데 하나님이 바라시는 삶이 무엇인지를 모를 수 없다. 또한 세상이 줄 수 없는 평강 가운데 거하며 인내조차도 상급이 되는 삶을 살게 된다.

거듭남의 은혜가 우리의 것이기에 더 이상 우리는 사탄의 영향력 아래 있지 않다. 우리는 하나님의 풍성하신 사랑과 예수 그리스도의 은혜 안에 거하는 하나님의 백성으로 신분이 바뀌었다. 우리의 운명 또한 예수님의 십자가 사랑으로 인해 '영벌과 지옥'의 운명이 '영생과 천국'으로 바뀌었다. 이것은 세상의 그 어떤 부귀영화보다 값진 상급이자 은혜다.

이것을 누리는 자가 된 것이 얼마나 감사한 일인가?

그렇기에 우리는 빚진 자로서의 감사를 반드시 회복해야 한다. 죄와 사탄이 원하는 육체의 욕심에서 벗어나 의와 평강의 길로 나아가야 한다. 그 길을 더 이상 모르는 척 외면하지도 말고, 어렵다고 해서 피하지도 말아야 한다.

그러기 위해서는 말씀을 더 알아야 한다. 더 이상 방종치 않도록 말씀이라는 테두리 안에서 성령의 소욕을 이루어야 한다. 의와 평강의 길, 십자가의 길, 말씀의 길이 우리가 갈 길이다. 그 길을 가기 위해서는 우리의 속사람이 강건해져야 한다. 썩어 없어질 것에서 벗어나야 한다. 하나님의 충만한 것으로 더욱 충만해져야 한다.

이것이 바로 사도 바울의 기도요, 오늘날 기도할 바를 알지 못하는 연약한 우리를 위해, 무시로 기도하시는 성령님의 기도이기도 하다.

> [에베소서 3:16-19] 그의 영광의 풍성함을 따라 그의 성령으로 말미암아 너희 속사람을 능력으로 강건하게 하시오며 믿음으로 말미암아 그리스도께서 너희 마음에 계시게 하시옵고 너희가 사랑 가운데서 뿌리가 박히고 터가 굳어져서 능히 모든 성도와 함께 지식에 넘치는 그리스도의 사랑을 알고 그 너비와 길이와 높이와 깊이가 어떠함을 깨달아 하나님의 모든 충만하신 것으로 너희에게 충만하게 하시기를 구하노라.

더 이상 세상 자랑과 능력을 구하지 말고, 부디 강건해진 속사람으로 교회와 영혼을 위해 기도하는 자가 되어야 한다. 무엇보다 그리스도의 사랑이 가득해져 그 사랑을 진실함으로 행하는 자가 되어야 한다.

■ 아빠의 묵상

[에베소서 2:1] 그는 허물과 죄로 죽었던 너희를 살리셨도다.

난 살아 있는가, 죽어 있는가?
난 예수님 안에서 살아났는가?
아직도 죄와 허물 속에서 죽어가고 있지는 않은가?

이미 예수님은 날 살리셨다. 허물과 죄로 죽었던 날 당신의 죽으심과 부활로 살리셨다. 난 하나님께서 주신 믿음으로 그 사실을 믿는다. 예수님께서 날 살리셨다고 믿는다.

목사님께서 말씀하신다. 무리가 되지 말라고, 또 사탄에게 자신을 허락해 버린 가룟 유다가 되지 말라고 말씀하신다.

나는 지금 어디 서 있는가?
나는 그저 '무리'에 속한 자인가?
아니면 그보다 더한 가룟 유다처럼 주를 배신하는 자들의 무리에 속한 자인가?

다시금 익숙한 이전 것으로 돌아가 허물과 죄 속에 있는 나를 바라본다.

여전히 버리지 못하는 습관, 아집, 죄 된 본성을 그대로 가지고 살고 있는 나를 바라본다.

그저 반 걸음, 아니 그 반의 반만큼이라도 우리 주님 따라가고 닮아가고 싶다.

지금 이 시간, 거듭난 나는 회개하고 허물과 죄를 버릴 것을 다짐하며 기도한다. 우리 주님과 함께 아주 작은 허물부터 던져 버렸으면 좋겠다.

의와 평강의 길, 십자가의 길, 말씀의 길.
썩어질 것들 속에 있지 말고 감사로 이 길을 가자.
두렵지만, 잘 모르는 길이지만, 빛이 되시고 길이 되신 우리 주님만 믿고 반 치수라도 어제보다 오늘 더 주님께 가까이 가고, 오늘보다 내일 더 주님께 가까이 가 보자.
오늘을 그렇게 감사히 살아보자.

■ 재녀의 묵상

[마태복음 4:17] 이 때부터 예수께서 비로소 전파하여 이르시되 회개하라 천국이 가까이 왔느니라 하시더라.

예수님께서 "회개하라 천국이 가까이 왔느니라"고 외치며 전도를 시작하셨을 때 많은 무리가 그 소식을 들었으나, 그들은 제자가 아닌 '무리'로 성경에 기록되었다.

고등학생 때 읽고 하브루타를 했던 카일 아이들먼 목사님의 『팬인가 제자인가』가 떠올랐다. 팬은 단순한 열광을 진정한 헌신으로 착각하며 자기 힘으로 예수님을 따르려고 하지만 제자는 성령의 능력을 의지하며 예수님을 따른다고 말씀하셨다.

나 자신을 '수많은 군중 속 하나'라고 여기지 말자. '나 하나쯤은 괜찮겠지'라며 뜨겁지도 차갑지도 않은 라오디게아 성도들처럼 미지근한 온도로 신앙생활을 하지 말자. 하나님을 뜨겁게 사랑하며 스스로를 온전히 내어 드림으로 세상의 빛과 소금이 되며 살아가기를, 나를 통하여 소금다운 짠맛이 전해지길 간절히 기도하고 소망한다.

나는 본질상 진노의 자녀이기에, 무엇 하나 나 자신에게 의지할 수 없다. 사탄은 아주 작은 틈으로도 비집고 들어오기 때문에, 성령이 아니라면 그것을 막을 방도가 내게는 없다. 그러나 성령님께서는 하나님의 모든 충만하신 것으로 우리를 충만하게 하신다. 깨진 컵에 바닷물을 담는 방법은 단 한 가지, 깊은 바닷속으로 컵을 던지는 것뿐이다. 그가 내 안에 거하고 내가 그 안에 거할 때, 내게 있는 수많은 틈은 오히려 선한 것이 흘러가는 통로가 될 것이다.

기독교를 제외한 모든 종교는 인간이 신을 향해 가는 것이 첫걸음이라고 주장한다. 그렇지만 기독교는 다르다. 우리를 위해 독생자 아들을 먼저 보내주셨다. 신이 먼저 인간에게 손 내밀어 주셨다.

하나님의 사랑은 상식적으로 이해가 되지 않는다. 그만큼 놀라운 것이다. 내 힘이나 노력, 공로 그 어떤 것으로 갚을 수 없는 엄청난 '빚'이 바로 하나님의 사랑이다.

매일 아침 나는 QT 후에 <감사일기>를 작성한다. 하루를 시작하기 전 꼭 '빚진 자'로서의 감사를 회복하려고 한다. 내게 믿음을 주시고 지금까지 이끌어 주신 은혜, 끊이지 않고 부어주시는 사랑을 묵상하면 그 감격에 주께 더 나아가지 않을 수가 없다.

비록 나는 받은 그 사랑을 갚을 수조차 없지만, 빚을 갚고자 하는 그 마음으로 씨를 뿌리며 살아가고 싶다. 또 다른 누군가가 하나님 안에서 견고해지도록 도움을 줄 수 있는 사람이 되고 싶다. 그들이 하나님의 꿈을 꿀 수 있도록 하나님을 향한 갈망을 심어줄 수 있는 사람이 되고 싶다.

그런 사람으로 나를 사용하여 달라고 나는 오늘도 주님께 기도한다.

성령

[에스겔 11:19] 내가 그들에게 한 마음을 주고 그 속에 새 영을 주며 그 몸에서 돌같은 마음을 제거하고 살처럼 부드러운 마음을 주어.

외적인 신앙 고백만으로는
거듭날 수 없다.

내주하신 성령 안에서
오직 말씀과 기도로 정결해지는 변화가 일어나야
진정 거듭난 자가 되는 것이다.

내주하신 성령님은
돌같은 마음을 제거하시고
부드러운 마음을 허락하신다.

나는 그런 성령님을 내 마음에 모시기에 힘쓰는 자인가?

거듭남! 성령의 내주하심!

죄로 죽은 우리는 '거듭남'으로 인해 하나님 나라의 백성이 되었고, 그리스도 안에서 새로운 삶을 살아가고 있다. 그렇기에 반드시 '성령의 역사하심'이 우리 안에서 일어나게 된다.

그렇다면 우리는 어떻게 '성령의 내주(內住)하심'을 경험하게 되었는가?

'성령의 내주하심'은 단순히 교회를 다니거나 세례를 받는 행위적인 '외적인 거듭남'으로 경험할 수 있는 것이 아니다.

예수 그리스도를 믿는 믿음으로, 말씀과 기도로 변화됨으로써 우리는 성령의 내주하심을 비로소 경험하게 된다. 그래서 우리는 성령님을 모시기에 힘쓰는 자가 되어야 한다.

거듭남은 크게 좁은 의미와 큰 의미로 나뉜다. 세례를 통해 공적으로 "저는 예수님을 믿습니다. 십자가에서 죽고 다시 살아났습니다"와 같은 고백이 좁은 의미의 거듭남이라면, 영적으로나 도덕적으로 회개를 통해 변화된 상태를 넓은 의미의 거듭남으로 본다.

중요한 것은 교회에 등록하고, 외적인 신앙고백만으로 거듭남이 이뤄지는 것이 아니라는 것이다. 오히려 내주하신 성령 안에서 말씀과 기도로 정결해지는 성도의 변화에 거듭남의 초점을 맞춰야 한다. 마음이 순결해져서 내면이 그리스도의 것으로 가득 찬 자만이 '거듭난 자'로 불리기에 합당하다.

태초부터 하나님과 함께하신 성령은 구약이나 신약이나 지금 이 순간에도 동일한 분으로서 죄 된 우리를 거룩하게 하시는 위대한 분이라는 사실을 기억해야 한다.

주님께서는 에스겔 11장 19절의 말씀을 통해 거듭남에 있어 성령이 무슨 일을 하시는지 우리가 깨닫길 원하시고, 우리가 그 성령을 우리 마음에 모시기에 힘쓰는 자들이 되길 원하신다.

▎현실적 해결보다 '미래적 약속 성취'를 먼저 주시는 하나님!

> [에스겔 11:19] 내가 그들에게 한 마음을 주고 그 속에 새 영을 주며 그 몸에서 돌같은 마음을 제거하고 살처럼 부드러운 마음을 주어.

'새 영'은 '새로운 마음'이다. 예수님의 십자가 죽으심과 부활, 성령님의 강림으로 인해 이미 '새 영'은 우리에게 주어졌다.

그렇다면, 구약 시대의 선지자 에스겔은 미래에 있을 이 일을 '누구에게' '왜' 전하고 있는 것일까?

'하나님이 강하게 하신다'라는 뜻을 가진 에스겔은 이스라엘 민족이 2차로 바벨론에 포로로 잡혀가던 당시 여호야긴왕과 함께 바벨론에 사로잡혀 갔다가 그곳에서 선지자로 부르심을 받은 자다.

그는 하나님께 부름 받은 선지자로서 포로 된 이스라엘 민족에게 위와 같은 말씀을 담대하게 선포했다.

> 하나님께서 당신들에게 새로운 영을 주어, 회복시켜 주실 것입니다!

당시 포로된 이스라엘 민족에게는 당장 포로 문제를 해결하는 것이 더 시급했을 텐데, 선지자 에스겔은 하나님이 이 민족을 다시금 새롭고 강하게 하실 것이라며 근본적인 위로와 희망의 말씀을 선포했다. "굳은 마음이 아니라 새로운 마음을 주실 것이다, 회복시켜 주실 것이다"라는 소망을 포로 된 이스라엘 백성들에게 선포한 것이다.

비록 지금은 포로된 신분으로 낮아져 있지만 하나님은 그들을 다시 일으켜 세워주시고 새로운 마음으로 강하게 하실 것이라며 미래적 약속의 성취를 예언했다. 에스겔은 자신의 이름이 지닌 정체성답게 이스라엘을 다시금 하나님이 강하게 하실 것이라고 담대하게 전했다.

진정으로 거듭난 자는 하나님이 '강하게' 만드신다는 믿음으로 온갖 시험도 꿋꿋하게 이겨내고, 결국 승리를 이루며, 그 승리를 많은 이에게 전하는 자가 되어야 한다.

성도들이 낙심되고 지칠 때는 자신의 약함을 바라보고 직시할 때다. 일명 '현타'가 왔다고 하는데 '현타'야말로 우리 그리스도인이 외면해야 할 '현실적인 바라봄'이다. 우리의 약함을 현실적인 눈으로 봐서는 아무런 해답이 나오질 않는다.

성령으로 새롭게 된 자들은 과거의 죄 된 습성에 얽매여서 세상적인 눈으로 자기를 학대하는 현실 자각 시간을 가질 필요가 없다. 만약 우리 주님이 그것을 원하셨다면, 과거 포로된 이스라엘에게 자기 자신을 통한 구원 역사를 미리 알게 하지 않으셨을 것이다. 만약 우리 주님이 온 인류를 멸망으로 심판하시려고 했다면, 우리가 돌같은 굳은 마음으로 계속 살도록 내버려두셨을 것이다.

하지만, 우리 주님은 인류가 죄로 인해 멸망 당하지 않길 바라셨기에 우리에게 현실 직시가 아닌 '새 영'과 '부드러운 마음'을 주신 것이다.

하나님은 성령의 능력으로 거듭난 자를 반드시 강하게 하신다. 그래서 거듭난 자는 온갖 시험에도 꿋꿋하게 이겨내고 결국 승리할 수 있다.

그렇다면, 거듭난 자는 그 믿음으로 항상 평온하고 모든 문제에서 승리하는가?

그렇지 않다.

낙심하고, 지치고, 곤고해지며, 실족하고, 일어날 힘조차 없어 도망쳐 버리고 싶을 때가 수도 없이 많다.

그때가 언제인가?

바로 자신의 무력함을 직시했을 때다.

사람도 환경도 스스로 생각한 계획대로 흘러가지 않으니, 점점 무기력한 상태에 빠져 상황을 회피하고만 싶어 한다. 그러나 명심할 것은 위와 같은 부정적인 판단들이 오히려 스스로를 더 힘들게 하고, 더 큰 어려움에 빠지게 한다는 것이다.

입술로는 "주를 믿나이다"라고 고백하지만, 현실의 문제 상황으로 돌아가면 여전히 마음이 어려워진다. 조급해지고 답답해지는 '현타'에 빠지는 것이다.

영적인 분별없이 바라보는 '현실적인 직시'는 성도에게 오히려 독이 될 수 있다. 해결되지 않는, 해결할 수 없는 문제들을 좁은 소견으로 판단하고, 현실적으로 바라본다고 해서 문제가 해결될 리 없고, 부정적인 감정만 더 쌓여 더욱 곤고한 상태에 빠지기 때문이다.

해결할 수 없는 문제는 그 문제보다 크신 하나님의 영역이다. 문제에만 매여 나약해지는 것은 사탄이 원하는 방법이지, 하나님이 원하시는 방법이 아니다.

우리는 이미 새롭게 거듭났음에도 사탄의 유혹에 수시로 넘어가, 상황에 매몰되어 분별없이 억울하고 답답한 상황에 빠지곤 한다. '내 눈'으로만 현실을 직시할 때, 사탄은 나를 '착각'에 빠지게 하고, 우리에게 진짜 필요한 것이 무엇인지 분별하지 못하게 만든다.

성령으로 거듭난 우리에게 진정으로 필요한 것은 '믿음'과 '성령님'이다. 내주하신 성령님을 의지하며 영적인 분별을 갖고 우리에게 진짜 무엇이 필요한지 깨달아야 한다.

'바른 신앙'으로의 거듭남

[에스겔 11:19] 내가 그들에게 한 마음을 주고 그 속에 새 영을 주며.

'한 마음'은 여호와 하나님 한 분만을 향한 순전하고 깨끗한 마음이고, '새 영'은 하나님만 섬기는 온전하고 순결한 심령이다. 결국, '한 마음과 새 영'은 과거 우상 숭배와 죄로 얼룩진 죄 된 마음과는 전혀 다른 '새로운 마음'인 것이다.

이스라엘 백성들에게는 왜 새로운 마음이 필요했을까?

왜 성령의 역사로 말미암은 거듭남이 필요했을까?

이스라엘 백성들은 선민이라는 정체성을 잊어버리고 하나님과 우상을 겸하여 섬기며 순수한 여호와 중심 신앙을 변질시켰기 때문에, 멸망 당할 수밖에 없었다. 멸망 당하지 않기 위해서 바른 신앙을 재정립하는 일이 가장 중요했고, 새로운 마음으로 거듭나는 것이 우선적으로 필요했다.

이스라엘에게는 이미 멸망이 예고되어 있었지만, 하나님의 입장에서는 이들의 현실적 문제를 해결해 주는 것보다 그들이 성령의 역사로 거듭나는 것이 더 중요했다.

그들에게 거듭남의 회복 없이 현실적인 문제가 바로 해결된다면, 그 해결은 '나 중심의 해결'이 돼버릴 수 있다. 하나님의 도우심을 인정하는 척하면서 여전히 내가 그 문제를 해결했다고 믿는 교만의 죄까지 범하게 된다. 온전한 정체성 회복은 당연히 이룰 수 없다.

하나님의 백성이라는 정체성을 지닌 이스라엘은 거듭남을 통해 바른 신앙을 회복하고 믿음을 재점검함으로써 그들의 본래 정체성을 회복했어야 했다.

에스겔 선지자는 이스라엘 백성들에게 그들의 죄를 돌아보고 회개함으로 '다시 말씀으로! 새롭게 성령으로 거듭남으로!' 진짜 하나님의 백성다운 삶을 살아야 한다고 강하게 권면하고 있다.

> 너희가 선민이었으나, 너희가 하나님 앞에서 결코 거룩하게 살았다고 말할 수 없다. 너희는 우상 숭배를 일삼았고, 거룩한 척을 했으며, 여호와를 기만했다. 그런 너희를 제대로 돌아봐라!
> 돌같은 너희 마음을 이제 좀 돌아보고, 이제라도 새롭게 변화되도록 노력하자. 여호와께서 우리에게 그 마음을 허락하실 것이다.

하나님은 구약 시대 포로된 자들에게 '현실적 해결'에 앞서 '약속의 말씀'을 먼저 주셨다.

"뭐가 문제지?"
"이 상태를 어떻게 해결하지?"
"이 현실에서 어떻게 벗어날 수 있지?"

이런 현실적 자각은 오히려 하나님의 역사를 방해하는 요소가 된다. '현실적 자각'보다 '미래의 약속을 성취하실 하나님을 바라보는 것'이 우선되어야 한다.

하나님은 온 인류가 죄로 인해 멸망하는 것을, 우리가 반복되는 죄의 삶을 사는 것을, 그로 인해 낙심하며 포기하는 모습을 원치 않으신다. 그래서 하나님은 우리에게 죄 된 마음을 없애주길 원하시고, 그 방법으로 성령으로 거듭난 새로운 마음을 주고자 하신다. 하나님 한 분만 바라보는 순수하고 깨끗한 '한 마음'과 나에게 갇혀 있던 교만에서 벗어나 하나님만 바라보는 온전한 '새 영'을 우리에게 주고자 하신다.

'바른 신앙으로의 거듭남'이 중요하다.
거듭난 자는 '바른 신앙'이 무엇인지 안다.
그러나 그것을 앎에도 여전히 자신이 중심이 되어, 하나님을 믿는 믿음이 전부가 되지 않는 것이 문제다.
'바른 신앙'은 교회를 다닌다고 해서, 입술로 고백만 한다고 해서 온전해지는 것이 아니다. 그리스도가 머리 되신 교회를 다니고 하나님을 믿으면서, 예수님을 진정으로 만나 변화되어야 한다. 변화된 신앙의 모습으로 그리스도의 본이 되고, 그리스도의 향기를 품을 수 있어야 한다.

거듭남의 증거: 삶의 변화

이스라엘 백성뿐만 아니라 우리 역시 교회에서의 섬김이나 직분과 같은 가시적인 모습으로 '거듭남의 증거'를 보일 수 없다.

성도는 오직 '말씀과 기도로!' 그로 인한 삶의 변화로 '거듭남의 증거'를 보여야 한다.

'과거의 나'와 '지금의 나'가 같은 모습이라면, 지금 내가 바른 신앙생활을 하고 있는지 스스로 점검해 볼 필요가 있다. 깨닫게 하신 성령님을 의지하여 한 걸음씩 변화의 길을 걸어가야 한다. 인간은 전적으로 무능하고 연약하기에, 성령님을 의지하며 한 걸음씩 나아가야 한다.

> [에베소서 4:24] 하나님을 따라 의와 진리의 거룩함으로 지으심을 받은 새 사람을 입으라.

> [골로새서 3:10] 새 사람을 입었으니 이는 자기를 창조하신 이의 형상을 따라 지식에까지 새롭게 하심을 입은 자니라.

거듭난 자는 오직 하나님을 따라 의와 진리의 거룩함으로 지음받은 새 사람이기에, 하나님의 형상에 따라 살아가야 한다. 우리의 기준, 가치관,

방향이 바뀌어야 한다.

 사탄은 어찌 인간이 그렇게까지 거룩하게 바뀔 수 있느냐 타협점을 내놓지만, 우리는 '숙제'를 잘 풀어야 한다. 거듭난 자들의 '숙제'는 우리가 잃었던 하나님의 형상을 회복하는 것이다. 그것은 성령을 통한 거듭남으로 이룰 수 있다.

 '성령으로의 거듭남'이란 인간의 의지에 따른 취사선택의 문제가 아니다. 성령으로의 거듭남은 성령으로 인한 초자연적인 역사, 성령으로 인한 기적인 것이다. 그 성령으로 인해 우리는 말씀을 깨닫게 되고, 회개하게 되고, 이끌림을 받게 된다.

 사탄은 우리의 '그 깨달음'을 너무나 싫어하기에 집요하게 방해한다. 그러나 그 방해에도 불구하고 하나님은 여전히 계속해서 우리에게 성령의 능력을 부어주신다. 그 성령을 받기 위해 우리에게 순종이 필요하다. 순종해야 그 성령님을 깨달을 수 있다.

 성도는 먼저 예배 가운데 깨닫고 은혜받고, 채움 받고, 변화되어야 한다.

 왜 성령님은 그렇게 이끄실까?

 성도는 '그렇게' 살아야 하기 때문이다. 그래서 하나님께서 우리를 도우시는 것이다.

 '거듭남' 이후에는 거듭난 자로서의 합당한 삶을 살아가기 위한 성도의 책임과 의무가 꼭 필요하다. '꼭 변화된 삶을 살아내겠다'는 '순종적 책임'을 다해야 한다.

‘언제’, ‘어디서든’ 거듭난 자답게!

> [에스겔 36:26] 또 새 영을 너희 속에 두고 새 마음을 너희에게 주되 너희 육신에서 굳은 마음을 제거하고 부드러운 마음을 줄 것이며.

에스겔 선지자는 25살 때 바벨론으로 끌려갔고, 30살이 되었을 때 바벨론 땅에서 선지자로 부르심을 받았다. 7년 뒤, 남유다는 바벨론에 의해 멸망 당했다. 에스겔은 선지자로 부름 받은 30살부터 7년 동안, 즉 남유다가 멸망 당하기 전 7년 동안 남유다의 멸망을 예언하며 회개하라 선포했고, 37살 이후 15년 동안은 남유다 멸망 이후 이스라엘에게 회복의 메시지를 선포하며 살았다.

에스겔 11장과 36장의 말씀은 전한 시점은 다르나 말씀을 통한 메시지는 동일하다. 11장은 이스라엘 민족이 멸망 당하기 전에 선포한 말씀이고, 36장은 멸망 당한 이후에 선포한 말씀이다. 그러나 말씀을 전한 시기만 다를 뿐, 선민 이스라엘의 정체성 회복과 여호와 신앙의 회복을 명하는 하나님의 뜻은 한결같다.

이스라엘의 멸망을 면하게 할 방법도, 멸망 이후 이스라엘이 회복될 수 있는 방법도 오직 하나!

하나님 중심의 바른 신앙을 회복하여 구별된 자답게 신앙을 지키는 것이다. 어느 곳에 있든지, 어떤 상황에 놓이든지, 거듭난 자답게 코람데오의 삶을 살아가는 것이 그리스도인들의 삶의 방식이 되어야 한다.

성령님은 믿는 자들이 ‘거듭남’으로 인해 ‘새 영’을 받고, ‘새 열매’를 맺을 수 있도록 지속적으로 역사하신다. 하나님은 우리를 ‘착한 사람’으로 만들기 위해 거듭나게 하신 것이 아니다. 우리를 구원하시기 위해 거듭나게 하신 것이고, 그 거듭난 자다운 '증거의 삶'을 살아가기에 우리의 행실이 '착해지는' 것이다.

같은 맥락으로, 우리의 신앙생활을 점검해야 한다. 단순히 문제 해결함을 받기 위해, 나의 소망과 나의 감정의 소욕을 위해 교회를 다녀서는 안 된다. 우리는 구원을 위해, 영생을 위해 '교회를 다니는 것'이다.

넓은 의미의 거듭남!

즉, 성령으로 거듭난 자가 말씀에 순종하여 옛 생활을 떠나 변화된 새 삶을 사는 것!

이것이 진정한 거듭남이다. 거듭남의 결과로 우리는 나날이 말씀 알기에 힘쓸 수 있고, 말씀에 순종하며 주님이 기뻐하시는 주님을 닮아가는 삶으로 선행과 사랑을 실천할 수 있게 되는 것이다.

▌ 진정한 회복과 해결, '거듭남'

성령님은 초자연적인 역사하심으로 허물과 죄로 죽었던 영혼들에게 새로운 영적 생명을 불어넣어 주신다. 이러한 거듭남의 신비가 바로 우리가 이미 경험한 거듭남의 비밀이다. 거듭남을 주도하시는 성령님은 새 사람이 된 우리에게 끊임없이 역사하시며 우리의 거듭난 삶 속에서 성령의 열매를 지속적으로 맺도록 도우신다.

우리가 착각하지 말아야 할 것은, 선한 사람이 되기 위해 거듭남이 필요한 것이 아니라는 것이다. 우리는 구원받기 위해 거듭나야 한다. 아래 두 말씀은 거듭남의 의미를 명확히 해준다. 성령으로 거듭난 자는 하나님의 말씀에 따라 새로운 삶을 살아간다.

[요한복음 3:5] 예수께서 대답하시되 진실로 진실로 네게 이르노니 사람이 물과 성령으로 나지 아니하면 하나님의 나라에 들어갈 수 없느니라.

[베드로전서 1:23] 너희가 거듭난 것은 썩어질 씨로 된 것이 아니요 썩지 아니할 씨로 된 것이니 살아 있고 항상 있는 하나님의 말씀으로 되었느니라.

에스겔 선지자는 비록 이스라엘 백성들이 하나님의 율법을 어긴 죄로 멸망 당할 수밖에 없는 처지에 놓였을지라도 절망하지 말라고, 소망의 말씀을 선포했다. 이스라엘 백성에게 이제라도 깨닫고, 하나님을 향한 온전한 마음을 회복하라고 권면했다.

신앙을 회복하기 위해서는 자신의 죄에 대해 민감하게 반응하고, 조금만 죄를 지어도 애통하는 심령으로 변화돼야 한다.

거듭남에 있어 성령은 우리들이 죄에 민감하게 반응하고 하나님의 뜻을 헤아리는 자들이 되도록 회개의 마음을 불어넣어 주시고, 강권적인 역사하심을 통해 죽은 영적 생명을 다시 살리시는 근본적이고 전인격적인 변화를 가져다주신다.

그렇기 때문에 우리가 거듭남을 이야기할 때, 결코 성령을 빼놓고 이야기할 수 없는 것이다. 성령은 우리를 진정한 하나님 나라의 백성으로 거듭나게 하시는 분이라는 사실을 잊지 말아야 한다.

나의 마음이 곤고한가?
불쑥불쑥, 거듭나기 전의 나의 모습이 나타나는가?
점점 더 의기소침해지고, 실족하는가?
여전히 세상 속에서 방황하며, 돌같은 마음으로 혼란스러운가?

비록 우리의 마음이 이럴지라도, 비록 우리가 '멸망' 직전의 상황에 놓여 있을지라도, 절망하지 말아야 한다. 하나님께서 우리를 버리신 것도 아니고, 하나님은 절대 우리를 버리실 분도 아니며, 절대 우리를 포기하지도 않는 분이시기 때문이다.

'포기'는 하나님이 주시는 것이 아니라, 내 조급함과 내 압박이 만들어 내는 결과다. 연약한 우리는 스스로를 포기할 때도 있지만, 우리 하나님은 결코 우리를 포기하지 않으신다.

이전에 비록 우리가 죄악 가운데 육체와 정욕에 빠져 소망 없이 낙심 가운데 살았을지라도, '이제부터라도' 온전한 마음으로 하나님께 나아가면 된다.

한 걸음씩 주님께 나아가자!

우리 주님이 우리에게 주신 기업을 향해, 우리 인생의 푯대 되신 주님을 향해 발걸음을 과감히 옮기자!

애통한 심령으로 깨닫게 하셨다면, 그 깨달음으로 주님께 나아가면 되고, 도우시는 주님의 손길을 잡으면 된다. 인도하시고 도우시는 성령님을 붙잡는다면, 하나님께서 이미 우리 삶에 심어두신 변화의 씨앗은 싹을 틔우게 될 것이다. 성령님은 우리를 거듭나게 하셨고, 거듭난 자의 증거를 보이게 하셨다.

　더 이상 더 바닥일 수 없는 나락으로 떨어져, 그 바닥을 터벅거리며 헤매는 상황에 있을지라도, 이미 우리에게 '거듭남'의 새 영을 부어주신 성령님은 우리의 상황과 상관없이 변함없는 능력으로 도우시고 회복시켜 주신다.

　그 성령님을 꼭 만나서 진정으로 거듭나야 한다.

　그것이 진정한 회복이고, 해결이다!

■ 아빠의 묵상

에스겔 선지자가 하나님의 말씀을 선포할 때, 당시 남유다 백성들의 마음은 얼마나 간절했을까?

포로가 될 수밖에 없는 상황 속에서, 또 나라가 멸망한 이후에 그들의 소망은 얼마나 간절했을까?

그리고 그들에게 진짜 필요했던 것은 무엇이었을까?

> [에스겔 11:19] 내가 그들에게 한 마음을 주고 그 속에 새 영을 주며 그 몸에서 돌같은 마음을 제거하고 살처럼 부드러운 마음을 주어.

[에스겔 36: 26] 또 새 영을 너희 속에 두고 새 마음을 너희에게 주되 너희 육신에서 굳은 마음을 제거하고 부드러운 마음을 줄 것이며.

현실의 문제만 직시하지 않고, 하나님만 바라보는 시선!

이스라엘이 비참한 현실에 매몰되어 있을 때, 하나님은 문제 해결보다, 성취될 미래의 약속을 주시며 그들에게 진정한 소망을 허락하셨다.

바른 신앙으로의 거듭남!

즉, 성령을 통한 거듭남이 없다면 '나 중심의 해결'이 되어 버린다.

'성령으로의 거듭남'은 문제의 해결보다 더 중요한 것을 회복케 하시고, 해결하게 하신다. 말씀을 깨닫게 하시고, 그 말씀으로 회개하게 하시고, 주님께 다시금 이끌림받는 삶을 살게 하신다.

나 역시 지금도 눈을 뜨면 전쟁 같은 현실을 산다. 에스겔 선지자가 말씀을 선포했던 당시 이스라엘 사람들의 모습으로 나 역시 살고 있다. 그렇게 나 중심의 삶을 여전히 살고 있다.

말씀 속에는 분명 하나님의 뜻이 선포되어 있다. 새 영을 주시고, 굳은 마음을 제거하시고, 부드러운 마음을 주신다는 하나님의 선하신 뜻이 있다.

그 말씀을 깨달았으니 회개하자.

나 중심으로 살기에 이 현실이 전쟁 같이 느껴지는 것이다. 진정한 회복을 생략하고 나 중심으로 먼저 생각하고 판단하고 선택했기에 변화 없이 사는 것이다.

순종함의 이끌림을 받자. 말씀을 통하여 하나님께서 주신 것들을 단 하나라도 온전히 순종해 보자. 그렇게 작은 것들부터 그분의 이끌림을 받아보자.

목사님께서 말씀하신 대로 이스라엘 사람들의 상황처럼 멸망이 내 앞에 있을지라도 내 조급함과 압박으로 포기하지 말고 온전한 마음으로 한 걸음씩이라도 주님께 나아가자.

하나님 나를 버리시지도 포기하시지도 않으신다.

절대!!

■ 재녀의 묵상

'현실적인 자각'보다 '미래적 약속을 성취하실 하나님을 바라보는 것'이 더 우선되어야 한다!

그러나 이 말을 '현실 도피하라'는 말로 받아들여서는 결코 안 된다.

'나는 아무것도 하지 않고 가만히 있어도 하나님께서 다 알아서 이끌어 주실거야'라는 생각으로 책임 전가를 해서도 안 된다.

나의 현실을 바라보는 것은 상황에 따라 꼭 필요하다. 내게 허락하신 상황으로, 내게 맡기신 시간으로 우리는 청지기의 의무를 다해야 하기 때문이다. 나는 '현실적인 자각'보다 '미래적 약속을 성취하실 하나님을 바라보는 것'이 더 우선되어야 한다는 목사님의 말씀이 곧 '자기 연민'에 빠지지 말라는 경고로 받아들여진다.

'내 현실은 왜 이럴까', '왜 계속해서 이런 상황이 반복되는 것일까' 하며 자기 연민에 빠질 때, 하늘의 것을 바라보며 고정되어야 할 시선이 '나'에게로 고정되기 때문이다.

이 상태에서 문제가 해결된다면, 하나님의 도우심을 인정하며 감사하기보다, 나의 노력과 수고에 공(功)을 돌리는 교만에 빠지게 된다. 그렇게 되면 거듭난 자로서 온전히 정체성을 회복할 수 없다.

그렇다면, '바른 신앙으로의 거듭남'이란 무엇일까?

'삶의 변화'다. 언제 어디서든 하나님을 의식하며, 하나님 앞에 서 있는 사람답게 행동하는 것이다. 지금 처한 내 상황을 탓하고 스스로 문제 속에 들어가 고립되는 것이 아니라, 하늘의 것을 바라보고 하늘의 일을 생각하는 내가 되길 원한다. 눈물 나고, 포기해 버리고 싶은 상황일지언정 말씀에 순종하고 감사로 반응할 것이다.

풀은 마르고 꽃은 시들어도 주의 말씀은 영원하기에, 영원한 것을 붙잡고 살아갈 것이다!

> [베드로전서 1:23] 너희가 거듭난 것은 썩어질 씨로 된 것이 아니요 썩지 아니할 씨로 된 것이니 살아 있고 항상 있는 하나님의 말씀으로 되었느니라.

하나님

[시편 51:10] 하나님이여 내 속에 정한 마음을 창조하시고
내 안에 정직한 영을 새롭게 하소서

죄는 우리 마음에 근심을 낳고,
우리의 마음과 육체를 상하게 만든다.

죄로 인해 두려운 마음 가운데 있을지라도
다윗처럼 자신의 죄를 인정하고 하나님께 나아가야 한다.
전쟁터 같은 죄악의 굴레에서 탈출할 수 있는 유일한 방법!
그것은 오직 하나님께만 있음을 깨닫고,
하나님께서 원하시는 모습으로 나아가야 한다.

그것이 거듭난 자에 합당한 모습이다.

정직하게 회개하라

우리는 영적으로 새롭게 거듭난 자이고, 거룩한 하나님 나라의 백성이다. 거듭난 하나님의 백성이 되기 위해서는 거듭남을 주관하시는 '하나님에 의해' 거듭나야 한다. 하나님께서 우리 안에 거룩한 마음과 정결한 마음을 주지 않으셨다면, 우리는 여전히 세상에 속한 자로 살아갈 것이다.

거듭난 자는 위로부터 난 자이고 하늘로부터 난 자이기에 우리의 소속은 이 땅이 아닌 하늘 나라다. 진리로 거룩하게 되면서 이 땅에서의 삶 또한 거룩을 추구하는 삶으로 변화받았기에, 우리는 이 땅에서 허락하신 삶을 '하나님만을 따르며' 거룩히 살아야 한다.

[시편 51:10] 하나님이여 내 속에 정한 마음을 창조하시고 내 안에 정직한 영을 새롭게 하소서.

이 말씀은 다윗이 밧세바와 동침 후 선지자 나단 앞에서 자신의 죄를 고백하며 죄 용서함을 구하고 새로운 삶을 살고자 주께 간구하는 구절이다. 다윗은 무거운 죄 짐 가운데 놓여 있었고, 이런 자신을 하나님께서 어떻게 보실까 두려움에 쌓여 있었다. 다윗의 괴로움은 이루 말할 수 없을 만큼 심각했고, 그로 인해 육체까지 쇠약해진 상태에서 다윗은 오직 하나님께만 매달리며 자신의 마음을 다시금 정결케 해달라고 올바른 마음으로 새롭게 해달라고 간절히 기도했다.

무엇이 다윗을 그토록이나 두렵게 만든 것인가?

그것은 바로 '죄'다. 다윗이 겪지 않아도 되는 두려운 상황을 '죄가 만든 것'이다. 이렇게 죄는 우리 마음에 근심을 낳고, 우리의 마음과 육체를 상하게 만든다.

[잠언 15:13] 마음의 즐거움은 얼굴을 빛나게 하여도 마음의 근심은 심령을 상하게 하느니라.

왜 우리의 마음이 즐겁지 못하고 수시로 근심에 빠지는 것일까?
참된 기쁨이 되시는 예수님을 소유한 자들이 왜 슬퍼해야 하는 것일까?
고난과 환난 가운데 있을지라도 성령님의 도우심으로 기대와 소망이 가득해야 하는데 도대체 왜 그 기쁨이 나의 것이 되지 못하는가?
왜 계속 근심하고 실족하는가?
아무런 소출이 없고 열매가 없을지라도 여호와 한 분만으로 기뻐하는 하박국의 고백이 우리의 것이 될 수는 없는가?

이런 안타까운 의문이 나의 고백이라면, 당장 거듭난 자의 정체성을 회복해야 한다. 하나님은 거듭난 자에게 거룩한 예수 그리스도의 '의의 옷'을 입혀 주셨다. 그러니 거듭난 자는 마땅히 즐거워하고 기뻐해야 한다.

거듭난 자가 입은 옷은 죄악으로 물든 더럽고 추한 옷이 아니라 환하게 빛나는 구원의 옷이다. 그 옷을 입고 여호와께 노래하며 구원의 등불과 구원의 반석 되신 주를 향해 즐거이 외치는 자들이 되어야 한다.

그리고 이 거룩한 외침과 찬양은 비단 구원받은 자들만의 것은 아니다. 온 땅과 만물도 여호와의 구원을 기뻐하며 찬양해야 한다.

> [시편 32:11] 너희 의인들아 여호와를 기뻐하며 즐거워할지어다 마음이 정직한 너희들아 다 즐거이 외칠지어다.

의인들아, 여호와를 기뻐하며 즐거워하라!
마음이 정직한 자들아, 다 즐겁게 외쳐라!
이 말씀을 듣고, '내가 의인이 맞는가? 거짓과 외식이 판치는 나의 마음 상태를 내가 아는데 내가 어찌 정직한 자가 되겠는가? 그렇다면 나는 여호와를 기뻐하며 즐거이 외칠 수 있는 자격이 없는 자인가?'라고 스스로 반문할 수도 있다. 위대한 사도 바울조차 자신의 마음이 곤고하여 매일 십자가 앞에서 죽노라고 고백하며 죄와의 싸움에서 깊은 고민을 했다.

그러나 우리가 분명히 깨달아야 할 것이 있다. '의인'이란 '죄를 아예 짓지 않는 자'가 아니라, 자신의 죄를 깨달은 즉시 '정직하게 회개하는 자'다. 자신의 죄를 죄로 깨닫고 인정하며, 그 즉시 하나님의 자비와 긍휼을 구하며, 정직하게 회개하는 자가 진정한 의인이다.

그런 점에서 볼 때, 다윗의 이 회개 기도는 하나님 앞에서 의인으로 인정받는 계기가 되었음에 틀림없다. 물론, 다윗이 범한 죄는 중범죄였다. 부하의 아내 밧세바를 범하고, 이를 은폐하기 위해 밧세바의 남편을 일부러 전쟁터에 보내 죽게 만들었다.

씻을 수 없는 죄악으로 다윗의 마음은 전쟁터가 되었을 것이다. 깊은 근심과 괴로움으로 지옥 같은 나날을 보냈을 것이다. 그러나 다윗은 그 두려운 마음 가운데에서도 자신의 죄를 인정하고 하나님께 나아갔다.

전쟁터 같은 죄악의 굴레에서 탈출할 수 있는 유일한 방법!

그것은 오직 하나님께만 있음을 깨닫고 하나님께서 원하시는 모습으로 나아갔다.

죄는 하나님께서 허락하신 것 이상을 탐하는 것이다. 그것이 곧 우상 숭배이고 하나님에 대한 불순종이며 하나님의 뜻을 거스르는 대적이다.

사탄은 수단과 방법을 가리지 않고 시시때때로 우리의 모든 생명의 원천인 '마음'을 공격한다. 우리 마음에 근심과 괴로움을 심어 놓고 악영향을 받도록 계속 자극한다. 그렇게 우리 마음의 중심을 하나님과 멀어지게 만들고 하나님께만 향했던 방향을 교묘히 틀어놓는다. 거룩을 추구했던 마음을 세상에 빠지게 만들고, 하나님 외의 것에 더 큰 기쁨을 느끼도록 세상 것에 더 큰 비중을 갖게 만든다.

다윗에게도 이러한 사탄의 유혹이 극심했을 것이다. 그러나 다윗은 죄에 대한 나단 선지자의 꾸지람에 즉시로 반응하고 회개의 기도로 나아갔다.

다윗이 중범죄를 저질렀음에도, 이렇게 뻔뻔해 보일 정도로 순전하게 하나님만을 의지할 수 있었던 것은 무엇 때문이었을까?

다윗이 죄 용서함을 받을 수 있는 근거가 도대체 어디에 있는 것일까?

그것은 바로 평강의 하나님이 그를 지켜주셨기 때문이다.

보잘것없는 어린 목동 다윗을 이스라엘의 왕으로 높여주신 하나님의 은혜가 그의 상한 영혼을 다시 회복시켜 주신 것이다.

[로마서 16:20] 평강의 하나님께서 속히 사탄을 너희 발 아래에서 상하게 하시리라 우리 주 예수의 은혜가 너희에게 있을지어다.

평강의 하나님께서 예수 그리스도의 십자가로 사탄을 꺾으시고 죄와 사망을 이기셨음을 믿어야 한다. 그리스도께서 십자가에서 죽으시고 다시 살아나신 부활은 죄로 죽을 수밖에 없는 모든 죄인에게 산 소망이 되었다. 죽음을 이기고 승리하신 그리스도의 영광이 예수 그리스도의 이름을 믿는 자들의 것이 되었다.

이것이 다윗의 승리이자 우리의 승리가 된 것이다.

하나님 말씀의 능력

> [베드로전서 1:3-4] 우리 주 예수 그리스도의 아버지 하나님을 찬송하리로다 그의 많으신 긍휼대로 예수 그리스도를 죽은 자 가운데서 부활하게 하심으로 말미암아 우리를 거듭나게 하사 산 소망이 있게 하시며 썩지 않고 더럽지 않고 쇠하지 아니하는 유업을 잇게 하시나니 곧 너희를 위하여 하늘에 간직하신 것이라.

하나님은 예수 그리스도의 보혈로 우리 죄를 씻어주시고, 예수 그리스도의 부활을 통해 우리를 거듭나게 해 주셨다. 죄 사함의 권세를 지니신 하나님께서 그리스도의 보혈을 통해 모든 인간의 죄를 해결해 주신 것이다.

다윗 역시 죄 사함의 권세를 가지신 하나님께로부터 '거듭남의 은혜'를 받은 자다.

거듭남의 주체 되신 하나님은 다윗뿐만 아니라 죄악 된 모든 인간을 거듭나게 하셨다. 그 거듭남의 은혜는 죄 된 인간의 지성과 의지, 감정과 정서 등 모든 것을 전인격적으로 변화시키고 새 사람이 되게 하신다.

하나님께서 다윗을 하나님의 사람으로 변화시키고 그리스도의 은혜 안에 거하는 자로, 성령의 충만함을 덧입은 자로 거듭나게 해 주셨다. 하나님은 아담이 죄를 범한 이후 영적으로 죽은 인류를 당신의 불가항력적인 은혜로 거듭나게 해 주셨다.

거듭남은 오직 하나님의 살아 있는 말씀으로 이루어진다.

> [베드로전서 1:23] 너희가 거듭난 것은 썩어질 씨로 된 것이 아니요 썩지 아니할 씨로 된 것이니 살아 있고 항상 있는 하나님의 말씀으로 되었느니라.

우리를 거듭나게 하신 하나님의 말씀은 진실로 살아 있고 항상 존재한다. 하나님의 말씀은 살아서 역동하고 죄인들의 혼과 영, 관절과 골수를 쪼개기까지 하신다.

> [히브리서 4:12] 하나님의 말씀은 살아 있고 활력이 있어 좌우에 날선 어떤 검보다도 예리하여 혼과 영과 및 관절과 골수를 찔러 쪼개기까지 하며 또 마음의 생각과 뜻을 판단하나니.

하나님의 말씀에는 생명력이 있고 운동력이 있어 영원히 역사하신다. 거듭남의 기적은 이 말씀이 아니고서는 일어나지 못한다. 하나님은 말씀으로 천지 만물을 지으셨고, 죄로 죽었던 우리를 새롭게 하시며 병든 자의 마음과 육체를 소생시키신다.

하나님의 말씀만이 죄로 이끌리는 마음을 전혀 다른 마음으로 새롭게 만들 수 있다.

[시편 51:10] 하나님이여 내 속에 정한 마음을 창조하시고 내 안에 정직한 영을 새롭게 하소서.

다윗은 죄로 물든 자신의 마음을 정결케 해달라고, 정직한 영을 다시 새롭게 해달라고 간구한다. 하나님은 태초에 천지를 창조하신 분이다. 무에서 유를 새롭게 창조하시는 것은 하나님만이 하실 수 있다.

인간의 창조는 기존에 있었던 것을 재활용하거나 재배치함으로써 재창조하는 것에 지나지 않지만, 하나님의 창조는 이전에는 전혀 없었던 것을 새롭게 만드시는 '절대 창조'다.

"태초에 하나님이 천지를 창조하시니라"(창 1:1)는 말씀에서 창조는 히브리 원어로 '빠라'다. 하나님의 절대 창조 행위인 '빠라'의 명령형인 '빼라'가 시편 51편 10절의 '창조하시고'에 사용되었다. 진실로 죄인을 새 사람으로 변화시키는 '새 창조의 역사'는 오직 권능의 하나님만이 가능하다.

시편 51편에서 다윗이 부르고 있는 하나님과 창세기 1장 1절에서의 하나님은 모두 엘로힘 하나님, 즉 권능의 하나님이다. 이것을 통해 우리는 천지 만물을 창조하신 권능의 하나님만이 죄인을 거듭나게 하실 유일한 분이라는 사실을 깨달을 수 있다.

성경은 '창조 사역'과 '구원 사역'을 본질적으로 동일하게 보고 있다. 죄로 죽을 수밖에 없던 자를 살리시고 새롭게 하신 거듭남의 은혜는 무(無)에서 유(有)를 있게 하신 하나님의 재창조 사역임을 기억해야 한다.

하나님, 저의 마음을 새롭게 하여 주소서!

새로운 마음의 창조를 바라는 간구는 비단 다윗만의 것이 아니다. 아담의 범죄 이후 죄악 중에 태어난 모든 인류에게 정결하고 깨끗한 마음이 창조되는 역사가 필요하다.

정결한 마음은 하나님 없이도 잘 살 수 있다고 여기는 교만을 벗는 마음이고, 죄 된 본성을 죽이고 하나님께 온전히 순종하는 마음이다. 정결한 마음은 그리스도의 보혈로 깨끗하게 씻겨진 마음이며, 성령의 다스림을 받는 순결한 마음이다.

> [시편 51:10] 하나님이여 내 속에 정한 마음을 창조하시고 내 안에 정직한 영을 새롭게 하소서.

다윗은 정직한 영을 새롭게 해달라고 간구했다. 정직한 영이란 견고한 마음, 안정된 마음이다. 앞서 다윗이 바랐던 정한 마음, 즉 정결한 마음을 흔들림 없이 지속적으로 굳건하게 지키는 마음이다.

다윗은 단순히 밧세바를 간음한 죄와 우리야를 살인한 죄에 대한 죗값을 해결하고자 회개하고 간구한 것이 아니다. 다윗은 하나님의 능력으로 마음이 다시금 정결해지길 바랐고, 그 정결해진 마음이 어떤 상황에도 변하지 않고, 지속적으로 하나님 앞에 정결하고 거룩하게 드려지길 바라며 간절히 하나님께 간구한 것이다.

우리의 간구 역시 일회성의 요구나 간청으로 끝나서는 안 된다. 완전하게 새로워지기 위해, 몸과 마음이 이전의 죄악에서 벗어나 새로운 삶으로

전향되는 '하나님의 절대 창조 사역'이 나에게도 일어나길 간구해야 한다.

▌거듭남, 하나님의 새 창조

하나님의 새 창조로 이루어진 우리의 거듭남은 삶에 어떤 변화를 가져다줄까?

거듭남을 통해 우리는 '태초의 아담의 상태'로 회복될 수 있다. 또한 그리스도의 장성한 분량까지 거룩하게 성장하여 하나님의 형상을 회복한 상태까지 나아갈 수 있다.

거듭남은 즉각적으로 전인격이 송두리째 바뀐다는 의미도 있지만, 죄악된 옛 생활 방식이 하나님만을 섬기는 새로운 삶의 방식으로 변화된다는 넓은 의미를 지니기도 한다.

다윗이 바랐던 '정한 마음의 창조' 역시 하나님만을 섬기는 삶의 방식으로의 변화였을 것이다. 다윗은 하나님만을 섬기는 삶을 다시금 회복하기 위해 정한 마음을 달라고 간구하며, 그 마음의 상태가 한결같이 지속되기를 또한 간구한 것이다.

하나님은 인간을 창조하실 때, 하나님만을 섬기도록 만드셨다. 하나님만을 섬기도록 창조된 인간이 그렇지 못한 상태가 될 때, 그 상태가 바로 죄에 빠진 상태다. 사탄은 우리가 '그렇지 못한 죄의 상태'에 빠지도록 끊임없이 시험하고 유혹한다. "나를 추앙하고, 나를 높이고, 나를 추구하라"고 그럴싸하게 설득한다.

그러나 이러한 사탄의 유혹과 시험에 우리는 단호해질 필요가 있다.

"주 예수의 이름으로 명하노니! 사탄아! 물러가라"고 외치고, 하나님께 경배하고 오직 주만 섬길 것을 다짐해야 한다.

> [마태복음 4:10] 이에 예수께서 말씀하시되 사탄아 물러가라 기록되었으되 주 너의 하나님께 경배하고 다만 그를 섬기라 하였느니라.

썩어 없어질 세상의 것에 집착하지 말아야 한다. 세상을 장악하는 사탄의 세력에 잠식되면 안 된다. 거듭난 자의 본질적 관심사는 오직 거듭나는 새 창조와 관련된 것들이어야 한다. 죄악 된 본성에 빠져 흔들렸던 연약함을 딛고 상한 마음의 한계를 뛰어넘어, 말씀으로 회복하고 주의 능력으로 담대히 새로운 삶으로 나아가야 한다.

엘로힘, 권능의 하나님만이 하실 수 있는 거듭남의 은혜 안에 푹 잠겨야 한다!

그럴 때만이 다윗이 간구했던 정한 마음과 정직한 영이 우리 안에서도 회복되고, 거룩하고 정결한 마음 또한 흔들리지 않고 지속될 수 있다.

여전히 상한 마음 가운데 있는가?

늘 수고하고 애쓰는데도 소득 없이 지치기만 하고 괴롭기만 한가?

상한 마음의 치유는 오직 하나님께 속한 일이고, 거듭남으로 인한 새로운 창조 역시 하나님만이 하실 수 있음을 기억하고 하나님께 나아가야 한다.

우리의 아픔과 관심과 열정을 오직 하나님께로 향해야 한다. 진리로 거룩해진 마음으로 삶의 방향을 하나님께 둘 때 진정한 회복과 진정한 거듭남의 은혜가 우리에게 임할 수 있다.

하나님은 우리가 어떻게 새롭게 되었는지 잊지 말라고 하신다. 하나님께서 우리 마음에 거룩하고 정한 마음을 허락하셨기에 우리는 새롭게 거듭날 수 있었고, 하나님의 능력으로 지금까지 살 수 있었다.

그러나 여전히 상한 마음 가운데 지치고 낙심되며 흔들린다면, 여전히 마음 한가운데 고집불통의 무거운 돌덩이를 안고 산다면 속히 다윗의 고백으로 하나님을 찾아 나서야 한다.

> 하나님이여, 내 속에 정한 마음을 창조하시고 내 안에 정직한 영을 새롭게 하소서.

'나'를 고집하느라 하나님을 놓치는 일이 없어야 한다.
'나'를 지키는 것이 하나님을 지키는 것이라 착각해서는 안 된다.
예수님께서 말씀해 주신 믿음의 원리를 떠올려야 한다.

> [마태복음 16:24] 누구든지 나를 따라오려거든 자기를 부인하고 자기 십자가를 지고 나를 따를 것이니라.

고집스러울 정도로 자기 부인은 하지 않고, 자기 십자가를 지는 것도 끝까지 꺼린다면, 그 자는 주님을 따를 수가 없다.
자기 자신만을 지키려는 자가 어찌 예수님의 제자가 될 수 있겠는가?
'나'만 지키려 들면 '나'조차도 지킬 수 없다.
'나'를 버려야만 하나님께서 비로소 '나'를 지켜주신다.
'내 십자가'를 져야만 온전히 주님 품 안에서 안식을 누릴 수 있다.

전쟁터 같은 마음은 거듭난 자에게 당연한 것이 아니다. 진리 가운데 거룩해진 마음, 정결한 마음과 정직한 영이 새로워지는 마음, 평강의 하나님과 동행하는 마음이 마음이 거듭난 자에게 당연한 마음이다.

■ 아빠의 묵상

> [시편 51:10] 하나님이여 내 속에 정한 마음을 창조하시고 내 안에 정직한 영을 새롭게 하소서.

회개하라!

의인이란 죄를 아예 짓지 않는 자가 아니고, 자신의 죄를 깨달은 즉시 정직하게 회개하는 자다. 하나님께서는 거듭남의 주체시다.

거듭남은 말씀이 아니고서는 일어날 수 없다. 하나님 앞에 정하고 곧은 마음을 갖고 삶의 방향을 하나님께 맞춰야 한다.

거듭남의 주체이신 하나님을 생각하면서 오늘의 묵상을 쓰기까지 며칠이 걸렸다. 하나님을 생각하며 '감히'라는 생각이 나를 눌렀다. 마음이 닫히고 생각이 멈췄다. 어떤 묵상 글도 쓸 수가 없었고, 그저 하나님이란 단어만이 내 머릿속을 떠나지 않았다.

죄인이기에, 더럽고 추하고 못난 자이기에 '감히'라는 단어가 나를 눌렀다.

오늘의 말씀은 그렇기에 이런 내 모습에 회개하라 하신다.

"네가 더러운 죄인일지라도 전능한 내가 너를 사랑한다"고 위로해 주시며 회개하라 말씀하신다. 오늘 다윗의 고백처럼 하나님만이 내 속에 정한 마음을 창조하실 수 있고, 내 안에 정직한 영을 새롭게 하실 수 있음을 나 또한 고백한다.

너무 두렵고 어려운 상황이 있을 때마다 시편을 깊이 묵상한다. 때로는 무릎을 꿇고, 때로는 계속 중얼중얼 암송하며, 때로는 사무실을 왔다 갔다 거닐며 시편을 묵상한다. 걸어갈 때나 누워 있을 때나 시편을 묵상하려고 노력한다.

그러면 어느 순간 하나님이 찾아오셔서 거짓말처럼 평안을 허락하신다. 그러고는 내 죄들이 떠오르게 하신다. 하나님 앞에서는 그 어떤 것도 '감히' 숨길 수 없다. 그렇기에 먼저 자백하고 통회해야 한다. 시편의 간절함을 주께 고백할 때, 그 기쁨과 평안이 내게도 찾아온다.

내게 거듭남을 허락하신 하나님의 그 은혜로 정한 마음과 정직한 영을 허락하시고, 나를 다시 돌아보고 회개하게 하시며, 하나님을 묵상하게 하신 전능하신 하나님을 찬양한다.

■ 자녀의 묵상

[시편 51:10] 하나님이여 내 속에 정한 마음을 창조하시고 내 안에 정직한 영을 새롭게 하소서.

무거운 죄 짐 가운데 놓여 있던 다윗은 그런 자신을 하나님께서 어떻게 보실까 두려워하고 있었다.

나는 지금 상한 마음 가운데 있다. 딱히 죄를 '적극적으로' 지은 것도 아니지만, 일상 속에서 주님을 바라지 않고, '선데이 크리스천'으로 사는 듯한 느낌이 들었기 때문이다.

'감히' 내가 주님 앞에 나아갈 자격이 있나?

내 마음 상태가 영적으로 깨어 있지 않은데 내가 어찌 의인이 될까?

이런 안타까운 의문이 든다.

그렇지만 '의인'은 죄를 아예 짓지 않는 자가 아니고, 죄를 짓고도 뻔뻔하게 아닌 척하며 주님 앞으로 나아가는 사람이다. 부끄러워도, 면목이 없어도, 이런 나의 부족하고 연약한 모습을 인정하고 잠잠히 주님 앞으로 나아가야 한다. 죄 용서함을 받을 수 있는 근거는 오직 주님께만 있기 때문이다.

[로마서 16:20] 평강의 하나님께서 속히 사탄을 너희 발 아래에서 상하게 하시리라 우리 주 예수의 은혜가 너희에게 있을지어다.

간절히 주님의 인도하심을 바란다. 지금의 나 또한 다윗과 같은 마음이다. 죄에 무뎌지고 영적으로 둔감해진 나의 마음을 정결케 하시고, 정직한 영을 새롭게 하심을 간구한다.

C.S. 루이스의 『순전한 기독교』에서 가장 악한 죄는 '교만'이라고 말한다. 하나님 없이도 잘 살 수 있다고 생각하는 교만을 벗도록, 억세게 굳어 있는 마음이 걷어지도록, 하나님께서 다시금 온전히 순종할 수 있는 정한 마음을 내 속에 창조해 주실 것을 나는 굳게 믿는다.

다시금 나의 시선이 하나님께로만 향하고, 하나님만을 섬기는 삶의 변화가 일어나길 기대한다.

여호와를 앙망

[이사야 40:31] 오직 여호와를 앙망하는 자는 새 힘을 얻으리니 독수리가 날개치며 올라감 같을 것이요 달음박질하여도 곤비하지 아니하겠고 걸어가도 피곤하지 아니하리로다.

옛 사람을 버리고 새 사람을 덧입는 거듭남은
주를 기대하고 우러러보는
'앙망'의 마음을 통해 가능해진다.

예수님의 존재를 매 순간 의식하고 기대하며,
그분께서 주시는 능력과 은혜를 소망하는 자세!
이것이 여호와를 앙망하는 자세다.

주를 앙망하라!

거듭난 자는 예수님을 믿음으로 몸과 마음이 새롭게 된 자다. 거듭남으로 인해 지금까지 경험하지 못했던 것을 경험하게 되고, 생각하지 못했던 것을 생각하게 되고, 꿈꾸지 못했던 것을 소망하게 된다. 무엇보다 거듭남으로 인해 더러웠던 이전의 것들이 깨끗하게 정화되어 새롭게 된다.

세상에서는 새로운 변화를 위해 깨끗하게 닦거나, 덧칠을 하거나 그것마저도 안 되면 부수고 다시 만들지만, 영혼의 정화와 영혼의 새로움은 오직 예수 그리스도를 통해서만 가능하다.

죄인이었던 자들은 예수 그리스도를 믿어 거듭난 피조물이 되고, 거룩한 하나님의 역사하심으로 말미암아 성령 안에서 새날을 허락받아 살게 되었다. 옛 사람을 버리고 새 사람을 덧입는 것이다. 이러한 거듭남은 주를 기대하고 우러러보는 '앙망'(仰望)의 마음을 통해 가능해진다.

거듭남의 은혜를 입었음에도 여전히 세상에 눈을 돌리고, 세상의 것만을 기대한다면 거듭난 자로서 합당한 삶을 살기 어렵다. 진정으로 거듭난 자는 예수님의 존재를 매 순간 의식하고 기대하며, 그분께서 주시는 능력과 은혜를 소망하며 코람데오의 삶을 살아야 한다.

이것이 여호와를 앙망하는 자세다.

그렇다면, 우리 삶에서 매 순간 여호와를 앙망하는 코람데오의 자세가 잘 실천되는지 돌아볼 필요가 있다.

정말 주님의 인도하심과 능력을 체감하며 사는가?

머리로는 알고, 절대 부정할 수 없음에도, 해결되지 않는 반복되는 삶 가운데에서 나는 여전히 걱정하고 불안해하며, 실족하고, 괴로워하지 않는가?

어찌도 그리 부정적인 것들은 그렇게나 잘 체감되는 것일까?

이런 사고와 자세로 살아가다 보면, 극복할 수 있는 유일한 해법도 모호해지는 것 같고, 어느 순간 '아멘'의 힘마저 약해지는 것을 느끼게 된다.

그러나!

그럴 때일수록!

더 어려워지지 말고, 더 이상 오해하지 말고, '말씀을! 주님을!' 앙망해야 한다. 우리에게 허락하시고, 분명히 이루어 주실 약속의 말씀을 앙망하며 주를 바라고 의지해야 한다.

상황의 어려움과 억울함을 오직 주께 맡겨야 한다. 내가 해결하려 들면 해결도 안 될뿐더러 죄악의 결과까지 자처할 수 있지만, 주께 맡기면 주가 하시고, 하나님께서 갚으신다. 하나님께서 해결하시고 갚으시는 것은 반드시 선하다.

실패하고, 넘어지고, 또 넘어지고 실패하는… 고난이 반복되는 인생일수록 '더! 다시!' 주님께 나아가야 한다.

그럴 때, '나의 상처'를 '주님의 것'으로 품어주신다.

주님은 상처를 상급으로 만드시는 분이다. 우리와 함께하시는 주님만을 앙망할 때, 주가 해결하시고 견인하시며 기업을 이루신다.

주를 갈망하라!

주를 앙망하라!

그것이 거듭난 자에게 합당한 삶이고, 축복의 삶이다.

> [이사야 40:31] 오직 여호와를 앙망하는 자는 새 힘을 얻으리니 독수리가 날개치며 올라감 같을 것이요 달음박질하여도 곤비하지 아니하겠고 걸어가도 피곤하지 아니하리로다.

이 말씀은 바벨론에 의해 멸망 당한 남유다에게 새로운 희망을 전하기 위해 이사야 선지자가 선포한 메시지다.

이사야 40장은 이사야서 66장 전체에서 아주 중요한 분기점이 되는 장이다. 성경은 구약 39권과 신약 27권, 총 66권으로 되어 있는데 이사야서도 그와 같이 총 66장으로 되어있다. 성경은 '오실 예수님'에 대한 언약을 담은 구약과 '오신 예수님'에 대한 신약으로 구성되어 있다. '구약 속의 신약'이라 불리는 이사야서 역시 1장부터 39장까지는 멸망 전 남유다에게 전하는 하나님의 심판에 대한 예언이 담겨 있고, 40장 이후부터 66장까지는 남유다의 멸망 이후 바벨론 포로 귀환과 회복을 담은 종말론적 구원의 소망을 이야기하고 있다.

그렇기에 이사야서 40장이 더욱 중요한 메시지를 담은 장이 되는 것이다.

"오직 여호와를 앙망하는 자는 새 힘을 얻으리니 독수리가 날개치며 올라감 같을 것이요"(사 40:31).

이사야 선지자는 바벨론에 멸망 당한 남유다에게 위로의 말로 "여호와를 앙망하라"고 전했다.

"여호와를 앙망하라"는 말씀이 멸망 당한 그들에게 진정한 위로가 되었을까?

거듭남의 회복과 여호와를 앙망하는 것이 무슨 연관이 있기에 분기점이 되는 이 중요한 시기에 여호와를 앙망하라고 선포했을까?

거듭남은 전 인격이 즉시로 변화받는 완벽한 변화를 의미한다. 하나님께서 죄인이었던 우리를 예수 그리스도를 믿는 믿음으로 의롭다고 인정해 주시며 즉각적으로 '칭의함'을 허락해 주신 것처럼, 거듭남 역시 즉각적이고 근본적인 변화를 일으킨다.

이것을 '좁은 의미의 거듭남'이라고 한다면, '넓은 의미의 거듭남'은 새롭게 태어난 영혼이 영적 생명력을 유지하며 살아가는 새 생활 모두를 포함한다. 즉, 거듭남 이후의 삶이 거듭난 자다운 삶으로 지속되기 위해서는 죄 된 옛 생활 방식을 벗어 버리고 성결하고 거룩한 생활을 해야 한다는 것이다.

이 과정에서 여호와를 앙망하는 자세가 무엇보다 중요하다.

우리의 모든 것이 하나님의 은혜이고 하나님의 능력으로 가능해졌음을 확신하는 것!
주의 완전한 도우심과 역사하심, 성령님과 인도하심과 보호하심으로 이끄시는 삶을 신뢰하는 것!
보이지 않아도 늘 함께하시는 하나님의 '견인의 은혜'에 깊이 감사하는 것!

이러한 믿음을 지속하며 축복된 삶을 살기 위해 우리가 할 일이 바로 '여호와를 앙망하는 것'이다.

이사야 선지자는 바벨론 포로로 잡혀간 이스라엘 백성들과 남유다에 남아 있는 이스라엘 백성에게 시대에 함몰되지 말고 '남은 자'로서 하나님 앞에 바른 자세로 살라고 권면한다. 그것이 여호와 하나님의 구원 사역에 동참하는 것이라고 외쳤다.

영적 이스라엘의 후예들, 예수 그리스도를 믿음으로 구원받아 거듭난 자, 이러한 '남은 자'들이 하나님 앞에 바로 서기 위해서는 어떤 자세가 필요하다고 강조하는가?

거듭난 자들이 거룩한 삶을 지속하기 위해서는 여호와를 앙망하는 자세가 필요하다고 거듭 강조하고 있다.

그러나 이 말을 자칫 오해하여, 거듭남을 유지하는 데 우리 인간의 어떤 공로나 의지가 전부인 것처럼 착각해서는 안 된다. 거듭남의 유지, 성도의 견인, 성화의 과정은 철저히 하나님의 영역이다. 우리의 어떠한 무엇으로 이루어지는 것이 아니라, 오직 하나님의 주권과 은혜로만 가능한 것이다.

다만 그 은혜를 입은 자들은 그런 삶을 당연히 살 수 있기에 그 삶을 선택하고 주를 앙망하며 따라야 한다. 우리의 구원은 주님이 다시 오실 그때, 최종적으로 완성되기에 하나님은 '성도의 견인'이라는 은혜를 통해 성도의 거듭난 상태를 끝까지 유지시키신다.

비록 성화의 과정에서 성도가 퇴보하거나 방황하는 일이 있다 해도, 거듭난 자는 '성도의 견인'이라는 하나님의 은혜로 인해 구원받은 자의 지위에서 결코 탈락될 수 없다는 것이다.

그러나 만약 구원받았다고 하면서도 다시 세상 속으로 돌아가 하나님을 대적하고 배교한다면 그 사람은 어쩌면 본래 구원받은 자가 아닐 수도 있다.

우리 인간은 누가 구원을 받았고 받지 못했는지 절대 알 수 없다. 최후 심판의 그날에 오직 하나님만이, 오직 주님만이 아신다. 그럼에도 우리가 구원의 확신을 가질 수 있는 것은 그리스도의 사랑이 우리 안에 있고, 성경이 우리가 구원받았다고 확증해 주기 때문이다.

> [요한일서 5:1] 예수께서 그리스도이심을 믿는 자마다 하나님께로부터 난 자니 또한 낳으신 이를 사랑하는 자마다 그에게서 난 자를 사랑하느니라.

> [에베소서 1:7] 우리는 그리스도 안에서 그의 은혜의 풍성함을 따라 그의 피로 말미암아 속량 곧 죄 사함을 받았느니라.

> [에베소서 2:8] 너희는 그 은혜에 의하여 믿음으로 말미암아 구원을 받았으니 이것은 너희에게서 난 것이 아니요 하나님의 선물이라.

요한일서 5장 1절 말씀에서 '예수님을 믿는 자'는 '하나님께로부터 난 자'라고 말씀하신다. '하나님께로부터 난 자'는 거듭난 그리스도인이고 성도의 영적 형제자매다. 그렇기에 거듭난 자는 영혼에 대한 사랑이 넘쳐 나야 한다.

에베소서 말씀 역시 예수님을 믿는 믿음으로 우리가 죄 사함을 받아 은혜로 구원받는다는 진리를 선포해 주고 있으며, 우리가 하나님께로부터 난 자, 거듭난 하나님의 자녀임을 증명해 주고 있다.

자기를 부인하라!

> [롬 8:16] 성령이 친히 우리의 영과 더불어 우리가 하나님의 자녀인 것을 증언하시나니.

성령은 친히 우리가 하나님의 자녀인 것을 증언하고 계신다. 진실로 우리는 거듭난 자로서 여호와를 앙망하며 지속적인 성결과 거룩을 추구하는 자들이 되었다. 구원의 전 과정은 우리의 공로나 노력이 들어갈 틈이 없는 하나님의 전적인 은혜의 과정이다.

이 은혜 앞에서 우리는 열심을 다해 여호와를 앙망해야 한다. '앙망하는 것'은 참으며 기다리는 것이다. 하늘에 계신 우리 아버지, 우리 주 예수 그리스도를 바라보며 소망하는 것이다.

인내하고 바라보는 것에 우리의 무슨 공로가 들어갈 수 있겠는가?

오히려 내가 가진 힘과 능력으로는 안 되는 것을 고백하며 나의 유한성을 깨닫고 나를 부인하며, 오직 나를 구원하신 예수 그리스도만이 나의 도움이 되심을 그저 믿고 의지하는 것이다.

> 주여, 저는 아무것도 할 수 없습니다. 나를 도우소서. 주님만이 나의 도움이 되십니다.

이 고백이 여호와를 앙망하는 자의 고백이 되어야 한다. 이 고백에는 오히려 '빼는' 것이 필요하다. 인간적인 나의 방법, 계산, 자존심, 그동안 쌓아온 경험과 능력, 세상에서 얻은 재능과 지식, 지혜… 모든 것을 빼서 내버리는 것이 더 필요하다.

나는 온데간데없고 구속하신 주만 바라보는 것!

이것이 나를 '빼는' 자기 부인(否認)의 자세다. 자기 부인은 거듭나기 전의 옛 모습과 옛 성품, 죄 된 본성으로부터 나오는 좋지 못한 습관과 행동을 버리는 것이다.

그리스도 안에서 나를 거룩한 성전으로 새롭게 짓는 과정에는 반드시 자기 부인이 필요하다.

믿음으로 산다고 하면서도 여전히 옛 모습에 익숙해 있다면 거룩한 성전이 어떻게 지어지겠는가?
입술로만 '주여! 주여!'를 외치고, 성경을 읽으면서도 내가 찾는 은혜의 구절만 '뽑기' 하듯이 받아들인다거나, 뜨겁게 주를 부르짖었음에도 다음날 또 어제와 같은 낙심 가운데 우울한 옛 모습에 잠식된다면…?
이런 날이 계속 반복된다면 우리에게 무슨 소망이 있겠는가?

전 인격이 죄에 죽고 의에 대해 살아난 자들, 칭의함을 받아 구원받은 우리들을 사탄은 매 순간 유혹하고 쓰러뜨리려고 안간힘을 쓰고 있다. 사탄은 우리의 감정을 자꾸 속이려 든다.

감정은 그렇게 속이는 속성을 가지고 있기에, 들뜨거나 가라앉는 감정은 진리의 말씀과 거룩한 성령이 확증한 사실을 자꾸 왜곡한다.

그렇기에 우리는 감정이 아니라 오직 믿음으로 구원받았음을 확신해야 한다. 감정에 따라 이리 휘둘리고 저리 휘둘리는 연약한 자아는 결코 의지할 대상이 못 되기 때문에 우리는 여호와만을 앙망해야 한다.

소망 없는 나 자신은 부인할 대상이지, 우리가 의지하고 바랄 대상이 아니다. 낙심되는 고난 중에 우리는 오직 여호와 하나님만을 소망하고 앙망해야 한다.

> [시편 25:5] 주의 진리로 나를 지도하시고 교훈하소서 주는 내 구원의 하나님이시니 내가 종일 주를 기다리나이다.

> [시편 39:7-8] 주여 이제 내가 무엇을 바라리요 나의 소망은 주께 있나이다 나를 모든 죄에서 건지시며 우매한 자에게서 욕을 당하지 아니하게 하소서.

거듭난 자가 유일하게 의지할 분은 진리로 지도하시고 교훈하시는 구원주 되신 주님뿐이다. 그 주님만을 한결같이 바라보며 소망을 가져야 하고, 삶의 경영을 그분께 다 맡겨야 한다. 나의 환난과 어려움, 고통은 경영이 기묘하고 지혜가 광대하신 여호와 하나님이 아니면 절대 해결될 수 없다.

> [이사야 28:29] 이도 만군의 여호와께로부터 난 것이라 그의 경영은 기묘하며 지혜는 광대하니라.

바벨론의 포로 된 이스라엘 백성들이 의지하고 앙망할 대상은 오직 여호와 하나님 한 분뿐이었다. 그래서 이사야 선지자는 그들에게 주님만 바라보고 인내하며 소망을 가지라고 선포한 것이었다.

독수리처럼 비상하라!

> [이사야 40:31] 오직 여호와를 앙망하는 자는 새 힘을 얻으리니 독수리가 날개치며 올라감 같을 것이요 달음박질하여도 곤비하지 아니하겠고 걸어가도 피곤하지 아니하리로다.

이 말씀을 다시 읽으면 어떤 느낌이 드는가?

독수리가 날개 치며 창공을 향해 힘 있게 날아가는 모습이 우리의 모습이 될 수 있다. 여호와를 앙망하는 자에게 새 힘을 주시고, 그 힘으로 독수리처럼 날개를 치며 올라갈 수 있고, 아무리 달려도 지치고 고단하지 않을 것이라고 한다.

성경은 진리다. 말씀을 믿고 신뢰하는 자들에겐 그 말씀이 실재가 된다. '새 힘을 얻고 피곤하지 아니하리로다'라는 말씀은 단순히 슈퍼맨과 같은 초능력 같은 힘도 아니고, 무엇이든 원하는 대로 성공하는 세속적인 요술 램프 같은 힘을 이야기하는 것도 아니다. 여호와 하나님을 의지하는 자들에겐 샘 솟듯 솟구치는 활기찬 능력과 지속적인 생명력이 있음을 상징하는 말씀이다.

아무리 건강한 젊은 장정이라도 주님의 생명력과 주님의 돌보심이 없다면 넘어지고 쓰러질 수밖에 없다.

> [이사야 40:30] 소년이라도 피곤하며 곤비하며 장정이라도 넘어지며 쓰러지되.

지금 젊고 건강할지라도, 지금 인생의 황금기를 맞아 성공 가도를 달리고 있다고 할지라도, 인간은 언젠가는 쓰러지기 마련이다. 하나님께서 인간을 유한한 존재로 만드셨기 때문이다.

그렇기에 유한한 우리는 무한한 하나님만을 의지하며 살아야 한다. 여호와 하나님을 앙망하지 않는다면 유한한 인간은 지치고 쓰러질 수밖에 없다.

하지만, 오직 여호와를 앙망하는 자는 새 힘을 얻어 독수리처럼 비상(飛上)할 수 있다!

그러나 우리가 간과하지 말아야 할 것이 있다. '여호와를 앙망하는 자들'에게는 어떠한 고난과 어려움도 없을 것이라고 착각해서도 안 되고, 갈등과 문제 또한 일사천리로 해결된다고 오해해서도 안 된다. 여호와를 앙망한다고 해서 자기 십자가의 사명이 면제되거나 어떤 고통과 고난이 '패싱' 되는 것은 아니라는 것이다.

여호와를 앙망하는 자들에게도 인생의 고난은 똑같이 온다. 어쩌면 더 큰 고난을 겪을 수도 있다. 받은 사명이 있기에 그 사명을 짊어지고 나아가야 할 십자가 고난의 길이 반드시 뒤따라 온다. 여호와를 앙망함이 고난과 사명을 '없애는' 방법은 아니기에, 거듭난 자들은 더욱 고난을 극복하고 사명을 완수하는 삶을 살게 되는 것이다.

그 삶은 내 힘으로는 절대 살 수도 없고, 내 능력으로 사명을 완수할 수도 없다. 오직 주를 의지할 때만이 주님의 도우심과 돌보심을 받아 고난을 극복할 수 있고, 사명을 끝까지 감당하게 되는 것이다. 주의 도우심과 돌보심이 있기에 고난이 고통이 되지 않고, 연약한 육신 가운데 지칠지라도 실족하지 않고 다시 일어나 끝내 사명을 완수하는 자로 설 수 있다.

여호와를 앙망하는 자들은 독수리가 날개 치듯 비상할 수 있다는 사실에 감사해야 한다. 어제나 오늘이나 영원토록 동일하신 하나님께서 그분의 영원하신 능력과 신실한 은혜로 우리에게 꼭 필요한 축복과 은혜를 내려주신다는 것을 늘 굳게 믿어야 한다.

[마태복음 6:31-34] 그러므로 염려하여 이르기를 무엇을 먹을까 무엇을 마실까 무엇을 입을까 하지 말라 이는 다 이방인들이 구하는 것이라 너희 하늘 아버지께서 이 모든 것이 너희에게 있어야 할 줄을 아시느니라 그런즉 너희는 먼저 그의 나라와 그의 의를 구하라 그리하면 이 모든 것을 너희에게 더하시리라 그러므로 내일 일을 위하여 염려하지 말라 내일 일은 내일이 염려할 것이요 한 날의 괴로움은 그날로 족하니라.

실제로 독수리는 비행할 때 날개를 계속 파닥이지 않고, 날개를 편 상태로 창공을 가로지른다. 상승 기류를 이용해 장시간 고도를 유지하며 날기에 독수리는 오히려 힘을 빼고 광활한 하늘을 누빌 수 있다.

'독수리가 날개 치며'라는 말씀을 원어로 보면 '날개'만 표기되어 있고 '치며'가 따로 없다. '치며'라는 단어가 표기되지 않은 것은 독수리가 날개의 움직임 없이 자연스럽게 비행한다는 것을 묘사하기 위함이다. 독수리가 날갯짓 없이도 높이 나는 것, 즉 상승 기류를 탄 독수리가 스스로의 힘을 빼고 높이 날 수 있는 것처럼, 우리도 스스로를 내려놓고 주님을 앙망하며 그분만을 의지해야 '주님의 상승 기류'를 이용해 더 높이 날 수 있는 것이다.

진실로 여호와를 앙망하는 자들은 새 중의 새라고 할 수 있는 독수리처럼 높이 비상하는 삶, 차원 높은 영적인 삶, 영광스러운 삶을 살 수 있다는 사실을 믿어야 한다.

거듭난 자가 죄와의 싸움에서 늘 승리하고, 성결한 모습으로 주님 앞에 당당하게 나아가기 위해서는 더 자주 여호와를 앙망해야 한다. 끝까지 주님을 바라고 인내하며 하나님을 의지해야 한다.

이 세상에서 가장 강한 자는 힘이 센 자가 아니다. 주님의 도우심과 돌보심을 받는 자, 주님께 필요한 은혜와 축복을 때때마다 받는 자, 그가 가장 강하고 굳센 자다.

예수 그리스도의 사랑과 은혜를 덧입어 거듭난 삶이 우리 모두의 삶이 되길 간절히 기도한다.

주께 가까이 가야 한다.
해결함을 받기 위해서가 아니다.
보상받기 위해서도 아니다.
새롭게 되기 위해,
새롭게 거듭나기 위해
주께 가까이 나아가야 한다.
주를 앙망해야 한다.

내 힘으로 비상할 수 없다.
내 날갯짓으로는 광활한 창공을 누빌 수 없다.
나의 힘을 빼고 주님의 상승 기류에 나를 맡겨야 한다.

하나님께서 허락하신 하늘을 날기 위해서는
하나님께서 허락하신 비행 방법으로 날아야 한다.

나를 빼고 주님으로 채워야 한다.
거듭남의 은혜를 온전히 받아 누리기 위해서는 '독수리의 환골탈태'를 견디고 이겨내야 한다.

길고 휘어진 부리가 더 이상 먹이를 향하지 않고 점점 내 가슴을 향하는가?
안으로 굽어진 발톱이 둥글게 굽어져 어떤 먹이도 잡을 수 없게 되었는가?
날개의 깃털도 점점 두꺼워지고 무거워져 작은 날갯짓조차 할 수 없는가?

그렇다면 거듭나야 한다.
거듭남의 은혜를 입어야 한다.
자기 부인으로 거듭남의 은혜를 누려야 한다.
거듭난 자에게 허락하신 십자가 고난을 극복하고,
허락하신 사명을 완수하는 삶을 살아내야 한다.

부리가 닳아 없어질 때까지 바위에 치고 또 쳐야 한다.
새로운 부리가 자랄 때까지 인내하며 연단해야 한다.
새로운 부리로 발톱을 하나하나 뽑아내야 하고,
낡은 깃털도 모조리 다 뽑아내야 한다.
아프다.
죽을 만큼 아프지만, 그것이 새롭게 사는 길이다.
절대 죽지 않는다.

주께서 허락하신 고난은 새로운 탄생을 위한 것이기 때문이다.

그리고 마침내, 하나님의 때에 하나님의 방법으로 날게 하신다.
주님의 상승 기류를 향해
허락하신 새 하늘로 날게 하신다.

■ 아빠의 묵상

[이사야 40:31] 오직 여호와를 앙망하는 자는 새 힘을 얻으리니 독수리가 날개 치며 올라감 같을 것이요 달음박질하여도 곤비하지 아니하겠고 걸어가도 피곤하지 아니하리로다.

'앙망'은 자기의 요구나 희망이 실현되기를 우러러 바라는 것, 즉 소망이다. 우리의 소망은 우리 하나님뿐이다.

이사야 선지자가 이 말씀을 외칠 때, 당시 시대 분위기는 말로 다 표현할 수 없을 정도로 비참했을 것이다. 그런데 이런 상황에서 '여호와를 앙망하라'고 선포한다. 죽을 것 같고 다 끝난 것 같은 멸망의 분위기에 함몰되지 말고 오직 여호와만을 바라고 소원하라고 하며, 그렇게 해야만 독수리 날개 치듯 다시금 비상할 수 있다고 선포한 것이다.

계속해서 '거듭남'에 대한 말씀을 묵상하며 느끼는 것은, 거듭남은 전적인 하나님의 은혜로 주어진다는 것이다. 내가 할 수 있는 것이 아무것도 없고 내 상황, 내 위치, 내 공로가 거듭남을 입는 데 있어 아무런 작용이 되지 않는다는 것이다.

오늘 말씀처럼 여호와만 바라고 소원할 때, 전적으로 주어지는 은혜인 것이다. 독수리가 파닥이는 날갯짓 하나 없이 상승 기류에 유유히 떠 있듯이 우리도 하나님의 은혜에 철저히 모든 것을 맡기고 떠오르면 된다. 그러면 하나님께서 이루신다.

구원의 전 과정은 전적인 하나님의 은혜의 과정이라 하신다. 그 과정에는 나의 그 어떤 무엇도 들어갈 수 없고, 나는 주체자로 참여할 수 없다. 그저 그 은혜 앞에 열심을 다해 우리 하나님을 앙망하고 우리 예수님을 소망해야 한다.

지나온 인생을 되돌아볼 때, 주어진 삶을 내가 살아온 것 같지만, 결국 하나님께서 모든 순간을 인도하셨음을 느끼게 된다. 두려운 것은, 만약 내 마음대로 결정한 일들이 내 뜻대로 그대로 이루어졌다면 감당하지 못할 무서운 결과가 무수히 많았을 것이라는 것이다.

주어진 삶을 내 상황에만 맞춰 내 의지로, 내 생각대로, 내 필요대로 만들어가고 실현됐다면 얼마나 끔찍했을까?

상상만 해도 몸서리치게 된다. 되돌아보면 '안 되는' 이유도, '되는' 이유도 모두 하나님의 선하신 뜻과 계획에 있었음에 깊이 감사하게 된다.

독수리 날개 치며 올라가는 인생을 산다고 해서 고난이 없는 것은 아니다. 사명이 있고 믿음이 있는 자에겐 어쩌면 고난이 더 크게 올 수도 있다.

그러나 살아보니, 고난도 크지만 하나님께서 베푸신 돌보심의 은혜는 훨씬 크다는 것을 깨닫게 된다.

지금도 세상의 많은 사들은 '내'가 세상의 주인이고 주체다. 저 사람을 이기고 한 단계 더 올라가라고 가르친다.

그런데 하나님은 그런 세상의 가치관을 다 버리고, 하나님만 앙망하라 하신다.

어떤 자가 승리할 수 있겠는가?

우리는 알고 있다.

100퍼센트, 1,000퍼센트, 10,000퍼센트 하나님을 앙망하는 자가 이기는 것을!

왜?

우리 예수님께서 승리하셨기 때문이다. 우리 예수님을 믿고 따르는 우리는 세상을 반드시 이길 수밖에 없다.

■ 재녀의 묵상

인간적으로 흔들리는 것은 누구나 쉽게 하지만, 영적인 결단은 누구나 할 수 없다. 영적인 결단은 그만큼 어렵지만, 그에 따른 상급도 크다. 그런 영적인 결단을 내리기 위해서는 무엇보다 여호와를 앙망하는 자세가 필요하다고 생각한다.

우리에게 약속하신 준비된 하늘을 날기 위해서는 하나님의 때와 방법을 신뢰해야 하며, 때로는 유예의 시간도 인내할 줄 알아야 하고, 무엇보다도 내 안의 우상과 죄 된 모습을 끊어버려야 한다.

독수리가 자신의 굽은 부리와 발톱을 바위에 쳐내고, 무거워진 깃털을 하나하나 뽑아내는 아픔을 겪으면서까지 거듭나려고 하는 것처럼, 무엇보다 우선되어야 할 것은 주님을 닮아가는 데 방해 요소가 되는 옛 습성을 모두 쳐내고 뽑아버려야 한다. 그리고 온전히 거듭날 때까지 인내하며 상승 기류를 분별하고 주님의 때가 왔을 때 허락하신 하늘로 비상하면 된다.

그러나 이것을 너무나 잘 알면서도, 다짐하면서도, 영적인 결단을 단호히 하지 못하고, 수시로 쉽게 흔들리는 모습을 발견하게 된다. 그럴 때 절대 낙심하면 안 된다. 주님을 간절히 앙망하며 주님의 때와 방법을 사모하고 인내하며 순종하면 된다.

우리에게 내주하신 성령님의 능력으로, 우리에게 주신 말씀으로, 차근차근 우리를 단단히 만들어 가면 되고, 합당한 믿음의 분량으로 채워가면 된다. 우리에게 상승 기류와 새 하늘을 허락하신 주님을 신뢰하면 된다.

그 약속의 성취를 위해서는 먼저 우리의 우상과 악을 철저히 제거하라 하셨으니, 악과의 철저한 단절로 주님 뜻에 순종해야 한다. 우리 안의 어떤 모양의 악도 모두 버리는 결단을 하고, 그 비워진 곳에 하나님의 말씀을 채우고, 하나님의 약속을 신뢰하는 믿음으로 살아가야 한다.

새 생명

[로마서 6:4] 그러므로 우리가 그의 죽으심과 합하여 세례를 받음으로 그와 함께 장사되었나니 이는 아버지의 영광으로 말미암아 그리스도를 죽은 자 가운데서 살리심과 같이 우리로 또한 새 생명 가운데서 행하게 하려 함이라.

거듭난 자는 '빛'으로 깨어나고,
'빛'으로 갈 방향을 알게 된다.

그 '빛'은 죄와의 단절을 이루시고,
새 생명에 거하게 하신다.

참 '빛' 되신 예수님이 우리의 '새 생명'이다.

❚ '빛'으로 깨어나 갈 길을 명확히 알고…

거듭난 자들에게는 흔들리지 않고, 명확한 길을 갈 수 있는 '은혜로운 새 삶'이 허락되었다. '빛'으로 깨어나 갈 방향을 알게 되고, 그 빛을 따라 걸어갈 수 있게 되었다.

그렇기에 거듭난 자에게는 '어둠'이 허락될 수 없다. 하나님은 우리에게 예수님의 빛을 허락하셨다. 우리는 그 빛 되신 예수님의 은혜와 사랑과 도우심으로 살아가야 한다.

더 이상 걱정, 근심, 염려, 불안, 불신과 같은 '옛 사람의 어둠'을 붙들고 사는 자가 아니기에, 그리스도와 연합한 새 삶을 살아야 한다.

그런데 그런 삶이 쉽게… 잘… 살아지는가?

안타깝게도 그 명확한 빛 앞에서조차 그 빛으로 비춰주신 길을 온전히 따라가지 못한다. 그러나 그럼에도 불구하고, 하나님은 여전히 한결같이 우리에게 말씀을 주시며, 회복하도록 도우신다.

누군가에게는 '골고다 언덕'이 그저 '괴로움'으로 그치지만, 누군가에게는 '골고다 언덕'이 '하나님의 일을 이루시는 길'이 된다.

'허락하신' 골고다 언덕은 같은데, '받아들이는' 골고다 언덕이 다르다.

'같은' 빛이 허락되었는데, 누군가는 그 빛을 따르고, 누군가는 그 빛을 외면하고 어둠에만 갇혀 있다.

그리스도를 살리심과 같은 새 생명이 모두에게 허락되었는데, 왜 누군가는 그 새 생명을 온전히 누리지 못하는가?

무엇이 문제인지 우리는 너무나 잘 알고 있다.

그리스도안에 거하는 자

자격 없는 우리는 '거듭남'을 통해 죄를 깨닫게 되었고, 말씀을 알게 되었고, 성령의 인도하심으로 천국의 삶을 살게 되었다.

> [에베소서 2:12] 그 때에 너희는 그리스도 밖에 있었고 이스라엘 나라 밖의 사람이라 약속의 언약들에 대하여는 외인이요 세상에서 소망이 없고 하나님도 없는 자이더니.

우리는 예수님을 알기 전까지 언약에서 제외된 외인이었고, 하나님을 몰랐기에 그 어떤 소망도 없던 자였다.

그러나 거듭남을 통해 죄를 깨닫고 말씀을 알게 된 이상, 우리는 분별할 수 있어야 한다. 특별히 '내 안에 진정 예수님이 계시는지, 내가 지금 예수님 안에 거하는지, 내 소망은 주님 안에서의 소망인지 내 안의 욕심인지'에 대해 깊이 성찰할 수 있어야 한다.

은혜가 너무나 갈급한 순간, 하나님만이 해결할 수 있는 상황이고, 하나님의 평안만이 진정한 회복임을 알면서도 '하나님만' 유독 붙잡지 않는 우리의 모습을 회개해야 한다.

이 회개와 더불어 우리의 정체성을 기억해야 한다. 거듭난 자는 하나님 나라의 백성이고, 그리스도인임을 반드시 상기해야 한다.

하나님께서 끊임없이 약속의 말씀을 주시는 것은 하나님께서 함께하신다는 증거다. 그리고 하나님께서 주신 말씀은 하나님께서 반드시 이루심을 기억해야 한다.

세상에서는 소망 하나 없는 나그네였을지 몰라도, 주 안에서 거듭난다면 하나님의 약속과 기업을 이루는 하나님의 권속이 된다.

> [에베소서 2:19] 그러므로 이제부터 너희는 외인도 아니요 나그네도 아니요 오직 성도들과 동일한 시민이요 하나님의 권속이라.

내가 주님 안에 있음을 늘 인지해야 한다. 그리고 그 주님 안에 거할 때 가장 풍성한 것이 함께 한다는 것을 기억해야 한다.

> 내가 예수 그리스도의 '관계자'입니다.

믿음으로 그리스도와 관계를 맺어 천국에 들어갈 수 있게 되었음을 깨달아야 한다.

믿음은 무엇인가?

믿음은 무엇인가?
믿음의 핵심은 '유일성'이다. 주의 거룩한 성전에 들어와 '유일한 예수님만'을 만나고자 하는 '유일한 마음'이다.

사도행전 8장 18-21절 말씀에서 사도들이 손을 얹자, 성령이 내려오시는 것을 보고 마술사 시몬은 사도들에게 돈을 들이밀며 성령의 능력을 사고자 한다. 이에 베드로는 '그 돈으로 네가 망할 것이라'고 말하며 하나님 앞에서 그 마음이 바르지 않기에 성령의 은혜도 받을 수 없고, 절대 예수님의 관계자도 될 수 없다고 꾸짖는다.

> [사도행전 8:20-21] 베드로가 이르되 네가 하나님의 선물을 돈 주고 살 줄로 생각하였으니 네 은과 네가 함께 망할지어다 하나님 앞에서 네 마음이 바르지 못하니 이 도에는 네가 관계도 없고 분깃 될 것도 없느니라.

성령의 능력은 절대 돈으로도, 세상의 그 어떤 것으로도 살 수가 없다. 허술한 인간이 탐심으로 하나님의 능력을 탐한다고 해서 가질 수 있는 것이 절대 못 된다. 성령의 능력은 오직 하나님 앞에서의 바른 마음으로, 정직한 마음으로, '코람데오' 할 때만 얻을 수 있다.

마음이 바른 자에게 하나님의 능력과 은혜가 임한다. 믿음과 선한 양심만이 비로소 하나님 앞에서 '바른 마음'으로 인정받을 수 있다.

▮ '바른 마음'은 어떻게 가질 수 있는가?

하나님 앞에 인정받는 '바른 마음'은 죄와의 단절로 가능하다. 성령으로 거듭나서 '거짓 된 행동을 단절'해야 한다. 새 생명의 은혜를 입기 위해서는 예수님을 믿어 거듭남으로 반드시 '죄와의 끝맺음'을 할 수 있어야 한다. 내가 간절히 원하는 것도 하나님께서 원하지 않으신다면 과감히 끊을 수 있어야 한다.

매 순간 '죄를 금지'하고, '죄와의 단절을 훈련'해야 한다. 늘 죄와 싸우며 죄와의 싸움에서 승리하는 순간이 날마다 늘어나는 삶을 살아야 한다.

하나님은 허락하신 것과 허락하지 않는 것이 분명한 분이시기에 죄와의 단절에는 '끝맺음'이 중요하다. 끝을 맺을 때까지 싸워야 한다. 죽여야 할 것은 죽여야 한다. 아깝다고 남겨둔다면 오히려 그것이 해(害)가 되고 독이 된다. 반드시 '옛것'을 죽일 필요가 있다.

사도 바울 역시 죄와 싸우며 날마다 '옛 자아'를 죽인다고 고백한다. 거룩한 성전 된 '나'에게 죄를 허락해서는 안 되기 때문이다.

> [고린도전서 15:31] 형제들아 내가 그리스도 예수 우리 주 안에서 가진 바 너희에 대한 나의 자랑을 두고 단언하노니 나는 날마다 죽노라.

> [요한일서 3:8] 죄를 짓는 자는 마귀에게 속하나니 마귀는 처음부터 범죄함이라 하나님의 아들이 나타나신 것은 마귀의 일을 멸하려 하심이라.

> [로마서 6:10] 그가 죽으심은 죄에 대하여 단번에 죽으심이요 그가 살아 계심은 하나님께 대하여 살아 계심이니.

"나는 죄에 대해서 죽었습니다."
이와 같은 고백으로, 죄와의 지속적인 관계와 사귐을 청산해야 한다.

죄와의 관계를 끊을 수 있었던 것은 예수님께서 내 짐을 대신 짊어주셨기 때문이다.

우리는 그분의 '피와 땀에 빚진 자'이다. 예수님 덕분에 우리는 죄에서 '자유자'가 되었다(롬 6:10). 그 예수님으로 인해 우리는 죄에서는 '단번에' 죽고, 하나님을 위해 사는 것은 '영원히' 되었다.

▌상급을 얻고 싶은가?

'죄와의 싸움'은 하나님을 위한 일이다. 사람은 그 싸움을 모른다 해도, 하나님은 분명 알고 계신다. '죄와의 싸움'으로 인해 속이 썩어 문드러지는 상황도, 그 상황 가운데 흘린 눈물까지도 모두 상급의 씨앗이 된다는 것을 명심해야 한다.

> [누가복음 4:43] 예수께서 이르시되 내가 다른 동네들에서도 하나님의 나라 복음을 전하여야 하리니 나는 이 일을 위해 보내심을 받았노라 하시고.

때로 우리는 "내 상황의 압박이 이리도 큰데 어찌 복음을 전합니까?"라고 항변하며, "이 어려운 환경, 바쁜 상황이 어느 정도 해결되면, 아니 해결해 주신다면, 그때 제대로 할게요!"라고 하나님과 '거래'를 한다.

"저 한 명쯤 이런다고 하나님 일에 크게 지장 없잖아요? 저 아니어도 문제 없잖아요?"라며 촛대마저 옮겨 달라는 어리석은 소리를 한다.

이런 마음은 모두 하나님 나라에 '무임승차'하려는 파렴치한 행동이다. 보혈에 빚진 자가 그 은혜를 갚으려고 하지 않는다.

그 은혜를 전혀 깨닫지 못한다면 더 이상 예수님과 관계된 자가 될 수 없다. 빨리 돌이켜서 파렴치한 마음을 버리고, '바른 마음'으로 준비되어야 한다.

[요한복음 15:4-5] 내 안에 거하라 나도 너희 안에 거하리라 가지가 포도나무에 붙어 있지 아니하면 스스로 열매를 맺을 수 없음 같이 너희도 내 안에 있지 아니하면 그러하리라 나는 포도나무요 너희는 가지라 그가 내 안에, 내가 그 안에 거하면 사람이 열매를 많이 맺나니 나를 떠나서는 너희가 아무것도 할 수 없음이라.

[에베소서 2:2] 그 때에 너희는 그 가운데서 행하여 이 세상 풍조를 따르고 공중의 권세 잡은 자를 따랐으니 곧 지금 불순종의 아들들 가운데서 역사하는 영이라.

하나님을 위한 삶

하나님의 마음을 알고, 하나님을 위한 삶을 살아야 한다.
어떻게 그런 삶을 살 수 있는가?
사도 바울은 성령을 좇는 삶, 사랑으로 행하는 삶, 빛의 자녀로 사는 삶을 통해 하나님을 위한 삶을 살 수 있다고 권면한다.

[로마서 8:4] 육신을 따르지 않고 그 영을 따라 행하는 우리에게 율법의 요구가 이루어지게 하려 하심이니라.

[갈라디아서 5:16] 내가 이르노니 너희는 성령을 따라 행하라 그리하면 육체의 욕심을 이루지 아니하리라.

우리 삶의 표본은 예수 그리스도가 되어야 한다. 예수님의 길을 따라 살아야 한다. 예수님은 자신의 권리와 유익을 포기하면서까지 자신의 사명을 감당하셨다.

어린아이 같은 연약한 믿음을 버려야만 한다. 연약하고 완악한 마음으로 '새 생명의 나무'를 말라 죽게 해서는 안 된다.

[고린도전서 13:4-7] 사랑은 오래 참고 사랑은 온유하며 시기하지 아니하며 사랑은 자랑하지 아니하며 교만하지 아니하며 무례히 행하지 아니하며 자기의 유익을 구하지 아니하며 성내지 아니하며 악한 것을 생각하지 아니하며 불의를 기뻐하지 아니하며 진리와 함께 기뻐하고 모든 것을 참으며 모든 것을 믿으며 모든 것을 바라며 모든 것을 견디느니라.

하나님은 우리에게 '기대하는 삶'이 있다. 그 기대를 실재(實在)로 이루시기 위해 '약속의 말씀'과 '비전'과 '기업'을 허락하신다.

그러나 그런 하나님의 기대에 저버리는 삶을 산다면, '나'를 통한 하나님 나라의 확장은 결코 이뤄질 수 없다. 우리의 인생뿐 아니라 하나님 나라를 '말라 죽게 하는' 악행을 끊어야 한다.

분명한 것은 비록 '나'는 그럴지라도, 하나님은 절대 그렇게 되지 않길 바라신다는 것이다. 하나님은 '나'를 통해 이루시길 원하시고, '나'를 통해 확장되길 원하신다. '나'를 통해 그리스도의 향기가 널리 구석구석 전해지길 원하신다.

그 부르심의 목적에 걸맞은 그리스도인이 되어 주님께 매인 삶을 살아야 한다.

"네가 나의 기쁨이구나" 하는 칭찬을 받는 삶을 살아야 한다.

■ 아빠의 묵상

거듭남은 정체성의 회복이다.

믿음의 특징은 유일성이다. 유일하신 주님을 만나기 위해 죄와 단절된 유일한 마음을 갖는 것이다. 성령을 좇는 삶, 사랑으로 행하는 삶, 빛의 자녀로 사는 삶으로 행해야 한다.

나의 정체성은 무엇을 기반으로 형성되어 있고, 무엇을 나타내려 하는가?

그리스도를 기반으로 바른 정체성이 회복되어야 한다.

지금, 거듭난 나에게 예수님은 어떤 생각과 의지, 그리고 실천을 요구하시는가?

그것을 잘 분별하며 그리스도인의 정체성에 합당한 삶을 살아야 한다.

그러나 고난 앞에서의 나의 모습과 생각은 처참하다. 아무 생각도 할 수 없고, 그저 고난만 바라보며 한숨만 쉬고 있다. 지금까지도 길게 이어지는 풀리지 않는 힘듦은 아직도 나를 순간순간 구석으로 내몬다.

어떻게든 지금 이 상황을 풀어내야 하는데, 언제까지 지속될 것인가?

믿음으로 주님의 해결을 기대해야 하는데, 현실에서는 수시로 나의 경험과 판단이 가차 없이 먼저 떠오른다.

지금 나에게 허락된 '짐'은, 나의 '힘'이 될 수 있다. 이것이 믿음이다. 짐을 바라보지 말고 짐을 허락하신 하나님을 바라봐야 한다. 그러면 그 짐이 나에게 힘이 된다.

죄와 단절될 수 있는 유일한 길은 우리 예수님만 바라보고 예수님만 좇는 삶이다. 그럴 때 죄도 단절되고 자연스레 나의 짐은 나의 힘이 될 수 있다. 그 성화의 과정에서 나의 정체성은 주님으로부터 회복된다.

나를 깊이 들여다보고 말씀에 나를 비추어 내 의지, 내 생각, 내 마음, 내 육체를 하나씩 쳐 나가야 한다. 그리고 주님의 의지, 주님의 뜻, 주님의 마음, 주님의 계획으로 바꿔 나가야 한다. 이것이 정체성을 회복하는 길이다. 문제만 보지 말고 문제 너머의 우리 주님을 바라보고 따라가야 한다.

거듭남으로 새 생명을 이미 받은 자는 나의 삶이 나의 것이 아니다. 주님과 함께하는 삶이다.

이 한 주도 우리 주님과 함께 동행하길 바라며 살아내자!

■ 자녀의 묵상

하나님, 누가 더 나아서, 누가 무엇을 더 잘해서 삶을 허락하신 게 아님을 압니다.

주님께서 허락하신 오늘, 매 순간, 그리고 지금의 삶을 감사와 기쁨으로 지혜롭게 계수하여, 깨달은 그 지혜로 당신께 순종하며 주어진 삶을 살겠습니다.

하나님, 우리가 무엇이건대 감히 기도하게 하시고, 당신께서 우리의 기도를 들어주시는지요. 그 크신 하나님이 우리의 기도를 귀담아 들어주시고, 우리의 기도를 기쁘게 흠향하시는지, 이 말도 안 되는 은혜에 감사합니다.

어려움이 있다는 것은 내가 살아 있기 때문에 주어지는 것이며, 고민이 된다는 것 또한 내가 살아 있기에 주어지는 것입니다. 가장 선한 것을 주시는 하나님이시기에 주어진 모든 상황 속에서 감사로 나아갑니다. 독생자 예수 그리스도를 보내시기까지 나를 사랑하시는 하나님이 그리 결정하셨다면, 그것은 제게 가장 완벽한 선임을 믿습니다.

하나님, 주님의 뜻은 이루어질 수밖에 없으며, 그 앞에 선 저는 참으로 미약한 존재임을 고백합니다. 내 생각이 당신의 생각되기를 바라는 것이 아닌, 주님의 생각이 나의 생각되기를 바라고 기도합니다. 관계나 상황 때문에 실망하고 내가 주인되려 할 때, 주께서 주신 말씀은 모든 상황 가운데 하나님만 주인되시도록 저를 도왔습니다. 그 말씀은 캄캄한 길에서 등

불이 되어 나의 앞길을 밝혀 주었고, 나의 시린 손을 녹여 주었습니다.

하나님께서 제게 베푸신 사랑이 측량할 수 없이 많고, 날 향한 계획하심이 나의 생각보다 크심을 매일 경험하여 나아갑니다. 넘치게 채워 주시는 그 사랑을 나만 소유해서는 안 되기에, 소리로, 삶으로 주님을 증거하겠습니다. 날 위해 십자가를 지신 주님의 사랑을 사랑으로 되갚겠습니다.

나를 사랑하셔서 나의 삶을 허락하시고, 이 땅에 보내주시고, 지금까지 인도해 주심에, 앞으로도 가장 선한 길로, 가장 합당한 길로 이끌어주실 것을 믿기에 감사합니다.

하나님, 당신이 날 위해 쉬지 않고 일하심에 감사합니다. 저도 제가 선 곳에서 주의 일을 하겠습니다.

마음의 할례

[신명기 30:6] 네 하나님 여호와께서 네 마음과 네 자손의 마음에
할례를 베푸사 너로 마음을 다하며 뜻을 다하여 네 하나님 여호와를
사랑하게 하사 너로 생명을 얻게 하실 것이며.

주님의 도우심은 항상 우리 곁에 있다.
다만 우리의 마음이 '완악'하여
주님의 도우심보다 내 앞의 문제와 환난만 바라보는 것이 문제다.

'아버지의 마음'을 느끼며,
변함없고 한결같은 그 도우심의 손길을 잡고,
주님만을 바라봐야 한다.

마음의 중심

성도가 성도 될 수 있는 것은 오직 '믿음'으로 가능하고, 교회와 성도는 그 믿음으로 하나 될 수 있다. 성도는 예수님을 믿는 믿음으로 거듭나서 새롭게 살 수 있기에, 세상의 그 어떤 분주한 상황 가운데에서도 시선을 하나님께 고정할 수 있다. 그 시선을 주님께만 고정하기 위해서는 살아 계신 예수님을 모시는 우리의 마음이 중요하다.

믿음이 큰 사람은 예수님의 마음을 품기에, 사랑과 긍휼과 지혜가 가득하여 성숙하다. 이렇게 '마음의 할례'를 받은 자들은 철저히 자기를 부인하며 자기 십자가를 지고, 오직 예수님께만 영광 올리는 삶을 살아간다.

'마음의 할례'란?

> [신명기 30:6] 네 마음과 네 자손의 마음에 할례를 베푸사.

하나님께서는 우리의 마음에 할례를 베푸신다.

할례란 구약 시대에 하나님께서 언약의 표징으로 선민 이스라엘의 신체에 베푸신 것이다.

그렇다면 마음의 할례란 무엇인가?

성령님께서 굳은 마음을 부드러운 마음으로 바꿔주시는 것이다. 살아 있고 활력이 있어 좌우에 날 선 어떤 검보다도 예리한 말씀(히 4:12)으로 우리 마음의 '굳은 영역'을 제거하시고, 성령으로 거듭나게 해 주시는 것이다.

'굳은 마음'이란 하나님께서 나에게 주신 말씀을 스스로에겐 적용하지 않으면서, 누군가를 정죄하는 용도로 사용하는 것도 포함된다.

> [에스겔 36:26-27] 2또 새 영을 너희 속에 두고 새 마음을 너희에게 주되 너희 육신에서 굳은 마음을 제거하고 부드러운 마음을 줄 것이며 또 내 영을 너희 속에 두어 너희로 내 율례를 행하게 하리니 너희가 내 규례를 지켜 행할지라.

▍'마음의 할례'를 받을 대상은?

하나님께서는 마음의 할례를 받아야 할 대상을 '너'와 '너의 자손'이라고 말씀하신다. 선민 이스라엘 백성뿐만 아니라, 모든 그리스도인을 포함하는 것이다. 하나님은 우리에게도 '마음의 할례'를 베푸신다.

우리는 말씀을 받을 때 눈앞에 놓인 사건 하나에만 그 말씀을 적용하곤 하는데, 사건의 전후 배경과 상황을 파악하고 말씀을 해석해야 온전한 메시지로 받아들일 수 있다.

신명기 30장 6절 말씀의 배경은 40여 년간 모든 역경을 감내하며 이스라엘 백성을 이끈 모세의 고별 설교가 배경이 된다. 모세는 모압 땅에서 출애굽 2세대들에게 지난 40년 전, 출애굽 1세대에게 전했던 시내산 언약을 재갱신하는 고별 설교를 했다.

"말씀을 반드시 기억하고 지켜 행하라"는 동일한 말씀이었지만, 전달하는 대상이 다르기에 갱신을 하기 위한 언약 선포가 필요했다. 이스라엘 백성은 육체의 할례를 외적인 표식에 제한하지 말고, '마음의 변화'까지 이끌도록 노력해야 했다. 폐부 깊숙이 숨겨 놓은 하나님을 향한 원망과 불평, 불신앙으로 가득한 굳은 마음들을 변화시켜야 했다.

그들은 가나안 땅을 언약하신 하나님의 말씀을 온전히 확신하지 못했다. 만족이 없었던 그들은 하나님의 목전에서도 직접 눈으로 봐야 순종하겠다는 완악한 불순종의 태도를 보였다. 문제 해결을 위한다고는 하지만, 오히려 문제만을 확대 해석하며 불신앙의 모습을 보였다. 그들은 더 이상 고생하기 싫다며 불가능을 전제하며 포기해 버렸다.

이 모습은 우리의 모습이 아닌가?
은혜의 상급이 눈앞에 있다!
그것을 받기까지 여전히 십자가를 져야 하고, 고난의 좁은 길을 걸어야 한다. 그런데 그동안의 '지침'과 '반복된 경험'을 핑계로 눈앞에서 마음의 계산을 하고 포기해 버린다.

그러나 하나님께서 주시기로 약속하신 그 은혜의 상급을 향해, 푯대 되신 예수님만을 바라보고, 좁은 길의 고난을 감내하고 이겨내어야 한다. 그 과정도 성숙과 성장의 상급이 되고, 결국 예비 된 은혜의 상급도 받게 된다.

그 길 가운데 우리가 놓치지 말아야 할 것은 "'거의' 온 것은 '다' 온 것이 아니다"라는 것이다. 끝까지 주님만을 의지하며, 주님과 동행하며 그 길을 걸어가야 한다.

문제 뒤에 숨겨져 있는 은혜를 찾지 못하는 어리석음을 반복하지 말아야 한다. 문제만을 확대 해석하는 행동은 문제를 해결하는 데 걸림돌이 될 뿐 아니라, 믿음이 없는 불순종의 모습이다.

▌ '사랑'하게 하시고, '생명'을 얻게 하신다!

마음을 지키지 못하면 우리의 입술에선 원망만 나올 수밖에 없다. 우리의 마음을 믿음으로 다잡아야 한다. 더 이상 요동치지 않게 말씀으로 굳게 해야 한다.

입 밖으로 표현하지 않은 폐부 속 깊이 숨긴 원망의 마음 또한 하나님은 '원망의 말'로 들으신다. 우리의 입술을 감사의 입술로 바꿔야 한다. 그때 '감사의 말'을 들으신 하나님은 감사할 것으로 우리 삶을 더욱 채우신다.

내 힘으로 문제를 해결하려고 하면 여건과 사람이 개입하기 마련이다. 그렇기에 우리에게는 '완벽한 거듭남'이 필요하다.

우리의 연약함이 가장 쉽고 편하게 표출되는 곳이 어디일까?

바로 가정이다. 가정에서는 나의 '민낯'이 그대로 드러나기에, 가정에서는 믿음으로 더욱 변화된 모습을 보이도록 노력해야 한다.

마음으로부터 우러나는 진실한 경건의 능력을 소유해야 한다. 우리의 마음을 반드시 변화시키실 하나님을 믿으며 진실한 믿음을 갖고, 경건 생활에 힘써야 한다.

하나님은 우리 마음에도 할례를 베푸시고, 우리를 친히 '정결한 사람'으로 품으시고 사랑하시며 생명을 얻게 하신다. 우리 인생이 죽어가는 무의미한 삶이 아닌, 살아가는 유의미한 삶이 되게 하신다.

변화된 마음으로 하나님과 이웃을 사랑하게 하시고, 참 생명을 얻게 하신다. 내 힘으로 살게 하지 않으시고, 성령의 능력으로 살게 하신다.

사탄은 사생결단으로 우리 눈앞의 문제를 보게 하지만, 하나님은 '사랑과 생명'을 보게 하신다.

> [요한복음 10:10] 도둑이 오는 것은 도둑질하고 죽이고 멸망시키려는 것뿐이요 내가 온 것은 양으로 생명을 얻게 하고 더 풍성히 얻게 하려는 것이라.

▌완악한 마음 = 확실한 증거를 거절하는 마음

> [마가복음 16:14] 그 후에 열한 제자가 음식 먹을 때에 예수께서 그들에게 나타나사 그들의 믿음 없는 것과 마음이 완악한 것을 꾸짖으시니 이는 자기가 살아난 것을 본 자들의 말을 믿지 아니함일러라.

'마음의 할례'를 받은 자답게 내 마음이 변화되어야 한다. 우리의 마음과 믿음 사이에는 분명한 상관관계가 있다. 마음이 완악할 때 믿음이 없어지고, 믿음이 없을 때 우리의 마음은 완악해지기 마련이다.

예수님 또한 믿음 없는 것과 마음이 완악한 것을 동일하게 여기시며 꾸짖으셨다.

마음이 완악한 것!!!

그것은 확실한 증거를 거절하는 굳은 마음이다!

또한, 마음의 할례를 받지 못해 성령을 거스르는 마음이다.

[사도행전 7:51] 목이 곧고 마음과 귀에 할례를 받지 못한 사람들아 너희도 너희 조상과 같이 항상 성령을 거스르는도다.

하나님과의 언약을 맺었음에도, 그 확실한 증거 앞에서도, 굳은 마음을 제거하지 못한다면 그것은 믿음이 없는 것이고, 진정으로 거듭난 것이 아니다.

나의 마음은 '굳은 마음'인가?
'부드러운 마음'인가?

마음의 할례를 받은 자는 믿고, 순종한다.

우리에게 주어진 고난과 상황의 문제는 기도 응답의 도구일 뿐이다. 고난을 고통이 아닌 하나님의 도구로 사용하며, '다시' 믿고, 일어서는 자에게 하나님은 '말씀에 순종하는 부드러운 마음'을 허락하신다.

이미 마음의 할례를 받았다는 사실을 의심하지 말아야 한다. 그럼에도 불구하고 여전히 의심하는 마음이 드는 것은 사탄의 방해다. 그러나 하나님은 그 사탄의 손에서 우리를 반드시 건져주시고, 진정으로 거듭나게 하신다.

오직 말씀에만 집중하고 순종하며 우리에게 허락하신 풍성한 열매를 꼭 받기를 기도해야 한다.

■ 아빠의 묵상

할례란 이스라엘 민족이 하나님의 선민임을 확인하는 표징이다.
그렇다면 내게 마음의 할례란 무엇일까?
내가 하나님께 선택받은 사람임을 증명하는 표징은 무엇일까?
솔직히 그런 표징이 있는지 깊이 회개하고 돌아보게 된다.
여전히 내 마음에는 원망과 불평, 미움과 시기, 인내하고 절제하지 못하는 행위 등등 불신앙의 죄들로 가득해져 마음이 딱딱하게 굳어 있지는 않은가?
이런 나에게 하나님은 마음을 지키라 하신다. 나에게도 마음의 할례를 받으라고 말씀하신다.
불신앙에서 비롯된 죄악 된 마음은 나의 마음과 생각의 틀을 딱딱하게 만들어 버린다. 바라보는 시선, 내뱉는 말, 본능적으로 행하는 행동 모두가 생각과 마음의 틀 속에서 비롯된다.
그래서 굳은 마음을 제거하고 부드러운 마음으로 채우라고 말씀하신다. 내가 하려고 하면 힘들지만, 성령님께서 임하시면 능히 바꾸어 주시고 예리한 말씀으로 제거해 주신다.
하나님의 말씀에 집중하며 성령님을 의지하자!
그럴 때, 내 마음의 할례의 증거는 무엇이 되는가?
불신앙의 죄로부터 딱딱해진 내 마음이 다시금 부드러워졌다면 그것을 증거할 만한 것들을 다시 꺼내 보자. 그리고 감사하자.

오늘은 혼자라도 회개 기도회가 필요한 날임을 생각한다. 그저 이렇게 숨을 쉴 수 있음을 감사하며 이 호흡으로 기도하고 찬양할 수 있음에 그저 감사하다.

겉으로 드러날 정도로 마음이 부드러워지며, 하나님께서 원하시는 마음의 할례가 잘 이루어질 때까지, 하나님으로부터 '이는 내 사람이다'라는 음성을 들을 때까지, 계속해서 딱딱하게 굳은 마음을 말씀으로 도려내야겠다.

▎자녀의 묵상

내 마음의 중심은 어디에 있을까?

예수님을 믿는 믿음으로 거듭나서 새롭게 되었다면, 세상의 어떤 상황 가운데에서도 시선을 하나님께 고정시킬 수 있어야 한다고 한다.

나는 일상생활 속에서 주님과 자주 '대화'를 시도하는 편이다. 넓고 푸른 하늘이나 밤하늘의 별들을 보며 주님께 감사드리거나, 내가 마주한 어떠한 상황 가운데서 '주님이라면 어떻게 하실 건가요?'라는 질문을 드리거나, 내가 이해할 수 없는 사람을 만날 때도, 내가 혹여나 그 사람을 판단하고, 그 사람 자체를 정죄하고 있는 건 아닌지 주님께 도와달라고 말씀드린다.

하늘의 것을 바라보는 사람은 자연스럽게 하늘의 것을 생각한다.

그런데 나는 간혹 땅의 것을 바라보고 살았던 것 같다. 가나안에 정탐꾼들을 보내며 '그 땅의 풍요로움'을 보라고 하셨지만, 막상 정탐꾼들이 보고 온 것은 '그곳의 굳건한 성벽, 강인한 장정들'인 것처럼, 주님께서 내게 원하시는 것은 하나님의 시선으로, 하나님의 관점으로 내 주변 것들을 바라보는 것인데, 나의 관점으로 먼저 바라보고, 주님께서 나와 같은 관점으로 바라봐 주시기를 원했던 지난날의 내 모습을 돌아보게 된다.

문제 해결을 위해 기도한다고 하는 내가, 오히려 문제를 더욱 확대 해석하고 있었던 것은 아닐까. 문제 뒤에 숨겨 있는 은혜를 찾지 못하는 어리석음을 반복하지 말아야겠다.

> [잠언 4:23] 모든 지킬 만한 것 중에 더욱 네 마음을 지키라 생명의 근원이 이에서 남이니라.

마음을 지키지 못하면 우리의 입술에선 원망만 나온다.

내 마음속 깊이 숨겨져 있던 불평은 무엇일까?
누군가를 향한 원망이 있을까?
미래에 대한 해소되지 않는 불안함은 무엇일까?

그 모든 부정적인 것이 감사로 변화되길 바란다.
이미 나는 마음의 할례를 받았다.
나의 관점이 아닌 하나님의 관점으로 문제를 바라보며, '말씀에 순종하는 부드러운 마음'으로 나의 삶에서 '말씀'을 실천하려고 치열하게 노력

할 때, 주님께서 나의 마음에 '감사'를 가득 부어주시고, '사랑'하지 않고는 못 배기게 하시며, '생명'을 얻게 하실 줄을 굳게 믿는다!

하나님의 씨

[요한일서 3:9] 하나님께로부터 난 자마다 죄를 짓지 아니하나니 이는 하나님의 씨가 그의 속에 거함이요 그도 범죄하지 못하는 것은 하나님께로부터 났음이라.

하나님은 여전히 죄짓는 우리를 질책하지 않으시고
다시금 말씀과 성령을 따라 살아가라고
따뜻하게 권면하신다.

'말씀과 성령을 따라가는 삶'에
'승리의 열매'가 있다고 약속하신다.

"내가 이미 승리했으니, 너희 또한 꼭 승리할 것이다."
위로하시며 약속하신다.

주님… 제게 이 싸움이 너무나 힘들지만…
승리의 주님 의지하며 다시금
어제보다 오늘 '더' 기도하고, '더' 말씀에 매이며, '더' 인내하겠습니다.

그렇게 '더' 거룩해지겠습니다.

거듭난 자에게 허락하신 '열매 맺는 삶'

거듭난 자에게는 새로운 삶이 예비되어 있기에, 반드시 새로운 삶을 살게 된다. '새로운 삶'이란 열매 맺는 삶이다. 거듭난 자들에게는 반드시 성령의 아홉 가지 열매가 풍성히 맺히게 된다.

이를 위해서는 변화된 마음에서 우러나오는 거룩한 언행과 성실한 행실이 우선되어야 한다. 하나님께서 허락하신 마음을 품고, 하나님 나라와 의를 위해 풍성한 열매를 맺을 수 있어야 한다.

사탄은 이를 막기 위해 우리로 하여금 문제를 더 먼저 보게 하고, 결국 낙심하게 만든다. 그러나 우리는 말씀으로 잘 분별하여 사탄의 유혹을 능히 이기고, 우리 주님께서 반드시 풍성한 열매를 맺게 하심을 믿어야 한다.

주님은 은혜 안에서 풍성한 삶을 누리지 못하는 우리를 바라보며 깊은 탄식을 하시고, 사탄에게 그 은혜를 노략질 당하는 우리에게 계속해서 말씀을 주시며 그 말씀으로 회복하고 승리하도록 도우신다.

'하나님께로 난 자'는 '하나님의 씨'가 그 안에 거한다

'하나님께로 난 자'는 '하나님의 씨'가 있기에 더 이상 죄를 짓지 않는다고 말씀하신다.

그러나 하나님의 백성임에도 여전히 죄를 짓는 우리는 다시금 회개함으로 우리의 연약함을 말씀으로 이기고, 말씀이 삶에서 열매 맺도록 애써야 한다. 또한 거룩한 하나님의 씨를 나 자신과 세상에 뿌리고, 그로 인한 은혜를 누려야 한다. 그러기 위해서는 다음을 잘 알아야 한다.

첫째, '하나님께로 난 자'는 누구를 지칭하는지
둘째, '하나님의 씨'는 구체적으로 어떤 것인지
셋째, 하나님의 씨와 죄짓지 않는 기능의 상관 관계는 무엇인지

이 답을 온전히 알기 위해서는, 먼저 요한일서 말씀이 쓰인 배경을 파악해야 한다. 요한일서는 사도 요한이 밧모섬에 유배되기 전, 소아시아 선교를 위해 그리고 그리스도인들의 분별력 있는 신앙생활을 가르치기 위해 쓴 서신서다.

예수 그리스도의 십자가 사건과 부활 이후, 많은 곳에서 영지주의 사상으로 무장한 거짓 교사가 활개를 쳤다. 우리를 미혹하는 악한 세력은 예나 지금이나 여전히 존재한다.

영지주의자들은 인간이 악한 육체에 갇힌 불쌍한 영혼이기에 신적 의지로 계시된 '영적 지식'만이 구원을 이룰 수 있다고 주장했다. 당시 세속적이고 인간적인 논리로 교묘히 납득시키는 영지주의자들의 솔깃한 유혹은 참되고 바른 신앙을 소유한 자들의 믿음마저 흔들어 놓았다.

우리는 '신본주의적인 것'으로 구원받았음에도, 때로는 인간적인 것에 미혹되어 넘어지곤 한다. 구원은 인간의 그 어떤 지식과 영성으로 얻을 수 있는 것이 아니다.

오직 예수님만을 믿는 바른 믿음만으로 구원의 완성을 이룰 수 있다.

'인간의 육신은 악하다'라는 영지주의자들의 가르침은 많은 사람을 극단적인 금욕주의나 쾌락주의로 빠지게 했다. 그들은 악한 육체에서 죄가 나오는 것은 당연하다고 여기며 '믿음 따로 생활 따로'의 편협하고 방종한 삶을 추구했다. 이는 예수 그리스도 중심이 아닌 철저히 인간 중심의 삶이다.

사도 요한은 영지주의가 만연한 세상에서 성도들이 바른 진리인 말씀으로 승리하길 원했다. 성도 간의 교제와 위로는 분명 큰 힘이 되지만, 다분히 제한적일 수밖에 없다. 성도는 오직 말씀으로 완전히 거룩해질 수 있고, 빛 되신 삶을 살아낼 수 있다.

우리는 사도 요한처럼 복음의 가르침을 따라야 한다. 악한 영과 미혹하는 자를 경계하고, 배척할 수 있어야 한다. 악한 시대에 물들어서도 안 되고, 본받지도 말아야 한다. 말씀을 배우고 익히며, 오직 성령 충만함에 거하기 위해 애써야 한다. 그럴 때 성도는 '분별'할 수 있다.

'하나님께로 난 자'는 누구인가?

하나님께로 난 자는 '위'로부터 난 자다. 이는 영적으로 거듭난 자를 말한다.

> [요한복음 3:3-5] 예수께서 대답하여 이르시되 진실로 진실로 네게 이르노니 사람이 거듭나지 아니하면 하나님의 나라를 볼 수 없느니라 니고데모가 이르되 사람이 늙으면 어

> 떻게 날 수 있사옵나이까 두 번째 모태에 들어갔다가 날 수 있사옵나이까 예수께서 대답
> 하시되 진실로 진실로 네게 이르노니 사람이 물과 성령으로 나지 아니하면 하나님의 나
> 라에 들어갈 수 없느니라.

거듭난 자는 삶의 기준과 가치가 하나님과 예수님, 즉 영적인 것에 있기에 오직 위로부터 주시는 은혜로 거듭나고 변화될 수 있다. 거듭남은 사람의 다짐이나 도움으로는 절대 불가능하다. 오직 하나님만 거듭나게 하실 수 있다.

우리 안에 변화되지 않는 모든 것은 오직 하나님만이 변화시키실 수 있다. 하나님께서 역사하시면 어느 순간 말씀이 들리고, 선한 양심과 영적인 반응이 나타나게 된다.

이 영적 반응이 거듭남의 증거가 된다. 곤고한 심경이나 낙심한 상태, 말씀의 찔림과 같은 부정적인 반응 역시 영적인 것이기에, 그 곤고한 심경 또한 성령으로 변화받을 수 있다.

또 교회는 예수님만을 의지할 때 온전히 채움 받을 수 있다. 성도들 간의 교제와 사랑은 한계가 있기 마련이다. 하나님만이 우리의 영적 반응에 진정한 채움을 주실 수 있고, 이로 인해 우리는 점진적인 변화를 받으며 성장할 수 있다.

비록 지금 낙심 가운데, 죄를 짓고 있다 할지라도, 예수님 앞에 나아가 회개하고 예수님만 의지할 때, 하나님은 우리를 '거듭난 자'답게 성장하도록 이끄신다. 사도 요한은 성도들에게 영지주의자들의 주장에 빠져 낙심치 말고, 반드시 성령의 인도하심으로 빛 된 자녀답게 죄를 멀리하고, 하나님께서 반드시 성장케 하심을 믿으라고 권면한다.

우리는 '썩지 않는 씨', 즉 진리 되신 하나님의 말씀과 성령으로 거듭나게 되었습니다!

[베드로전서 1:23] 너희가 거듭난 것은 썩어질 씨로 된 것이 아니요 썩지 아니할 씨로 된 것이니 살아 있고 항상 있는 하나님의 말씀으로 되었느니라.

▎'하나님의 씨'는 무엇인가?

하나님의 씨는 성령과 말씀이다. 하나님께로 난 자는 말씀과 성령으로 반응하기에 항상 말씀과 성령에 충만해야 한다. 말씀과 성령이 충만한 자는 늘 항상 예수님과 동행하고, 그로 인해 반드시 은혜의 결실을 맺게 된다.

▎'하나님의 씨'와 죄짓지 않는 것의 상관관계는?

성령과 말씀은 우리로 하여금 죄를 짓지 않도록 어떻게 돕는가?
우리는 구원받은 인생을 살면서도, 믿지 않는 자들과 별반 다를 것 없이 크고 작은 죄를 반복적으로 짓고 산다.
그러나 동일하게 죄를 짓지만, 믿는 자와 믿지 않는 자는 '죄에 대한 인식' 여부에서 '결정적인 차이'를 보인다.

세상 사람들은 죄 인식에 다소 무감각하다. 그러나 하나님께로 난 자는 죄를 멀리하고자 노력하고 그렇게 이끌림을 받는다. 마음 깊이 죄에 대한 양심의 가책을 느낀다. 죄에 대한 인식을 느끼기에 하나님께로 나아와 회개하고자 한다. 죄에 대한 인식과, 돌이킴, 회개는 우리를 결정적으로 죄로부터 멀어지게 한다.

그렇기에 교회는 '회개'의 메시지를 늘 선포해서 성도가 회개함으로 하나님 앞에서 더욱 정결해지고 거룩해지도록 도와야 한다.

성령님은 우리 마음 가운데 죄가 아닌 거룩을 추구하도록 도우시고, 그로 인해 풍성한 은혜의 열매를 맺도록 도우신다.

죄와 관련해 '성령'이 하는 일은?

죄와 관련해서 성령이 하시는 일은 이러하다.

먼저 진실로 내가 '죄인'임을 깨닫게 하신다.

> [요한복음 16:8] 그(보혜사)가 와서 죄에 대하여, 의에 대하여, 심판에 대하여 세상을 책망하시리라.

성령님은 우리로 하여금 '죄의 근원'을 깨닫게 하신다. 그래서 말씀과 성령으로 충만할 때 우리는 회개함으로 나아갈 수 있다. 진실로 회개하는 자를 하나님은 정죄치 않으신다.

그다음에는 진실로 죄에 대해 승리하게 하신다.

> [갈라디아서 5:16] 내가 이르노니 너희는 성령을 따라 행하라 그리하면 육체의 욕심을 이루지 아니하리라.

성령님은 우리가 죄짓지 않도록 도우시고, 하나님께서 예비하신 은혜의 결실, 즉 승리로 인도하신다. 사도 바울은 우리의 옛 모습, 우리의 본질을 에베소서 2장 2-3절 말씀으로 설명한다.

> [에베소서 2:2-3] 그 때에 너희는 그 가운데서 행하여 이 세상 풍조를 따르고 공중의 권세 잡은 자를 따랐으니 곧 지금 불순종의 아들들 가운데서 역사하는 영이라 전에는 우리도 다 그 가운데서 우리 육체의 욕심을 따라 지내며 육체와 마음의 원하는 것을 하여 다른 이들과 같이 본질상 진노의 자녀이었더니.

우리는 본질상 진노의 자녀였으나, 예수님의 구원 사역으로 인해 불가능한 영역인 거듭남의 삶을 살게 되었다.

사탄은 그 거듭남의 삶을 허락받지 않은 자이기에, 우리에게도 그것이 불가능한 것이라며 계속 유혹한다. 사탄은 지금 당장 우리 앞에 먹을 양식이 없다면, 당장 죽을 것 같은 마음을 부추기며 현실의 문제에 고립되게 만든다. 결국, 우리로 하여금 거듭난 자로서의 소망을 바라보지 못하게 철저히 방해한다. 때로는 '일단은 네가 살아야지, 그 정도 타협은 괜찮아'와 같은 달콤한 위로로 우리를 미혹한다.

그러나 성령님은 달콤한 유혹을 하시는 분이 아니다. 죄를 죄로 깨닫게 하시고, 멀리 하도록 도우신다.

이것은 우리 힘으로는 절대 부족하고 불가하다. 오직 성령님만이 우리를 죄로부터 승리로 이끄실 수 있다.

> **[요한일서 3:4]** 죄를 짓는 자는 하나님의 법을 깨뜨리는 사람입니다. 죄를 짓는다는 것은 하나님의 법을 어기며 사는 것과 같습니다(『쉬운 성경』).

예수님은 인간의 죄를 용서하기 위한 목적 하나만으로 이 세상에 오신 것이 아니다. 죄를 완전히 제거하고, 죄와의 싸움에서 완전히 승리하기 위해 오셨다. 우리 역시 그 예수님으로 인해 '완전히 승리했음'에 기뻐해야 한다.

그러나 '그것'을 허락받지 못한 사탄은 '허락받은 우리'를 질투하기에, 승리치 못한 자들이 느낄 수밖에 없는 낙심과 실패의 부정적 감정을 우리가 느끼도록 사활을 걸며 유혹한다. 그 유혹을 분별할 수 있어야 한다. 예수님께서 우리에게 허락하신 '승리의 능력'으로 이겨내야 한다.

우리는 진실로 승리가 '예비된', 승리의 열매를 맺을 수밖에 없는 '거듭난 자'다. '이미' 우리는 죄와는 단절된 '거듭난 자'다. 성령과 말씀은 그 죄와의 단절뿐 아니라 거룩한 자로서 변화받아 성장하도록 인도하신다.

하나님은 우리를 통하여 '죄 된 영역'이 '하나님의 영역'으로 변화되도록 기업과 비전을 허락하셨고, 반드시 이루도록 인도하실 것이다.

그 인도하심을 따르기 위해서는 '내'가 그동안 의지했던 세상적인 것들을 모두 끊고, 오직 말씀과 성령님을 의지하며, 죄와의 싸움에서 승리하는 삶을 살아야 한다.

그 승리로 얻게 될 은혜의 풍성한 열매를 기대하며 소망해야 한다. 또한 그 은혜를 나뿐만이 아닌 나의 가족, 나의 공동체, 내게 허락한 수많은 영혼이 누릴 수 있도록 '코람데오의 삶'을 멈추지 말아야 한다.

주님께서 그 길 가운데 반드시 함께하신다.

■ 아빠의 묵상

> [요한일서 3:9] 하나님께로부터 난 자마다 죄를 짓지 아니하나니 이는 하나님의 씨가 그의 속에 거함이요 그도 범죄하지 못하는 것은 하나님께로부터 났음이라.

거듭난 자에게는 허락된 열매 맺는 삶이 있다. 하나님께로 난 자는 하나님의 씨가 그 안에 거한다. 하나님의 씨는 바로 말씀과 성령이다. 성령께서는 내가 죄인임을 깨닫게 하시고 죄에 대해 승리하게 하신다.

하나님께서 허락하신 것 이상을 탐하는 것은 죄이고, 해야 될 것을 하지 않는 것도 죄다. 전자는 교만과 욕심의 죄고, 후자는 불순종과 나태의 죄다. 둘 다 자기중심적이고 인간 중심적일 때 짓게 되는 죄다.

그런데 이보다 더 무서운 죄는 이것이 죄인지도 모르고 행할 때 저지르는 죄다.

목사님께서는 새벽예배 때마다 말씀하신다. '어렵고 힘들고 지쳐 있을 때도 하나님 나라를 침노해야 하고, 억울하고 누명 쓰인 듯한 상황이라 할지라도 하나님 앞에 나오는 상황이라면 그것이 은혜'라고 말씀하신다.

맞다. 어떤 상황에서도 하나님 앞에 나올 때, 그때 내가 어떤 상태인지를 알고 죄인지를 구분할 수 있다.

문득 예전에 한 선배가 했던 질문이 떠 오른다.
사람이 잘 사는 것은 어떻게 사는 것일까?
반대로 망가지려면 무엇을 하면 망가질까?
그 선배의 대답은 두 질문에 공통된 하나의 답이 있다고 했는데, 그것은 아무것도 안 하면서 시간만 보내는 것이라고 했다. 아무 일도 안 하고, 먹고 싶으면 먹고, 자고 싶으면 자고, 하고 싶은 대로 하면서 본능대로 사는 것!

그렇게 하면, 편하게 잘 사는 것처럼 보이기도 하고, 망하는 인생을 사는 것처럼 보이기도 한다고…

죄라는 것을 생각할 때마다 떠오르는 이 이야기는 어쩌면 사탄의 큰 그림일지도 모른다는 생각이 든다. 물론, 세상 사람 모두 열심히 살아가려 한다. 문제는 하나님 없이 다른 방향으로 가는 것이 문제이지만 말이다.

사탄은 그저 내 몸 하나 편하게 사는 것이 좋은 것이라 속삭인다. 또는 남의 물질을 뺏어서라도 남들보다 많이 비축해야 하고, 더 높은 자리에 가서 편하게 지시하며 살아야 하고, 뒤처지면 큰일 나는 것이라고 속삭이며,

세상 속에서 좀 더 열심히 살라고, 그래야 잘 사는 것이라고 유혹한다.

유독 '내가 곧 길이요 진리라'고 말씀하신 예수님이 떠오르는 오후다. 오늘은 그분께 더 가까이 가고 싶다.

■ 재녀의 묵상

하나님의 씨는 성령과 말씀이다.

성령님께서는 내가 죄인임을 깨닫게 하시며, 죄에 대해 승리하게 하신다.

> [갈라디아서 5:16-17] 내가 이르노니 너희는 성령을 따라 행하라 그리하면 육체의 욕심을 이루지 아니하리라 육체의 소욕은 성령을 거스르고 성령은 육체를 거스르나니 이 둘이 서로 대적함으로 너희가 원하는 것을 하지 못하게 하려 함이니라.

선과 악은 반대다. 하나와 가까워지면 다른 하나와는 자연히 멀어질 수밖에 없다. 사실 죄를 짓지 않기 위해 끊임없이 '~를 하지 말자, ~하면 안 된다'라고 생각하게 되면, 죄를 묵상하는 것이나 다름없다.

우리의 뇌는 명령을 받을 때 부정어를 무시하고 핵심 개념에 먼저 반응하는 경향이 있기 때문이다.

그래서인지 단순히 죄를 짓지 않기 위해 발버둥 치는 것보다 더 높은 기준을 가지고 선한 것을 갈망하며 선한 일을 하기에 힘쓸 때, 그 반대되는 것과 멀어지게 된다. 성령님은 우리 마음 가운데 죄가 아닌 거룩을 추구하도록 도우시고, 그로 인해 풍성한 은혜의 열매를 맺도록 도우신다.

> [요한일서 3:9] 하나님께로부터 난 자마다 죄를 짓지 아니하나니 이는 하나님의 씨가 그의 속에 거함이요 그도 범죄하지 못하는 것은 하나님께로부터 났음이라.

하나님께로부터 난 사람들은 '믿음과 삶'이 일치되어야 한다고 생각한다. 지금 내 일상에서 말씀을 실천하기 위해 치열해야 한다. 하나님의 말씀대로 살고자 하는 마음과 거룩을 향한 갈망을 가지고, 성령의 아홉 가지 열매가 풍성히 맺히는 새로운 삶을 살기를 소망한다.

중생

[베드로전서 1:3] 우리 주 예수 그리스도의 아버지 하나님을 찬송하리로다 그의 많으신 긍휼대로 예수 그리스도를 죽은 자 가운데서 부활하게 하심으로 말미암아 우리를 거듭나게 하사 산 소망이 있게 하시며.

우리는 하나님의 주권적인 인도하심으로
중생한 자, 거듭난 자가 되었습니다.

우리에게 산 소망이 있으니
절대 낙심치 않고,
새 생명, 새 삶을 살게 하소서.

거듭남 = 중생

'새로운 삶', '거듭남'이란 아예 새로운 개체로서의 '새 탄생'을 의미한다. 태어남이 없다면 삶의 시작이 존재할 수 없다. 이 '태어남'은 그 어떤 누구도 때와 장소를 선택할 수 없다. 즉, 자발적일 수 없기에 '태어날 수밖에 없는' 것이다.

'영적 태어남'도 마찬가지다. 성도는 성령으로 인해 거듭나게 된다. 이것을 '중생'이라고 부른다.

구원의 서정은 기독교 구원 교리에서 구원에 대한 과정과 단계를 일컫는 말로, 이 구원의 단계에서 '거듭남'은 '중생'으로 많이 표현된다.

우리는 '중생한 자'라는 정체성 확립과 굳건한 신앙의 본이 되고자 애써야 하고, 성령으로 변화된 삶의 본을 보여야 한다.

'구원의 서정'

구원의 서정은 크게 아홉 단계로 나뉠 수 있다.

① 부르심의 소명 : 나를 하나님께서 부르셨고,
② 중생 : 성령으로 거듭나(하나님 나라에 들어가는 첫째 요건을 얻었다),
③ 회심 : 회개를 통하여 죄로부터 회심하여 하나님께 돌아간다.
④ 신앙 : 우리에게 믿음을 주시고,
⑤ 칭의 : 우리를 '의롭다' 여기시며,

⑥ 양자: 우리를 양자로 삼으시고(하나님의 자녀가 되는 권세를 주시고),

⑦ 성화: 우리를 점진적으로 '거룩하게' 하시고(온전하고 완전한 그리스도의 형상에 이르기까지 하나님의 충족한 거룩을 이루기까지),

⑧ 견인: 우리를 보존하시고(신자가 하나님의 은혜 상태에서 탈락하지 않도록 궁극적인 구원을 이루시는 성령의 계속적인 사역),

⑨ 영화: 우리를 영화롭게 하신다(그리스도의 재림으로 이어지는 구원의 완성에 이르게 하신다).

'구원의 서정' 단계에서 두 번째 '중생', 즉 거듭남의 과정은 순간적으로 이루어지는 성령의 비밀한 사역으로 개인의 전 인격에 영향을 미친다. 중생한 자는 성령 세례를 받은 자로서, 이 거듭남을 통해 하나님 나라에 들어가는 첫 번째 요건을 얻게 되고 이후에 구원의 서정을 따를 수 있게 된다(요 3:3, 5).

거듭남의 단계가 없다면 회개와 신앙, 칭의, 양자, 성화, 성도의 견인, 영화와 같은 구원의 다음 단계가 적용될 수 없다.

> [요한복음 3:3] 예수께서 대답하여 이르시되 진실로 진실로 네게 이르노니 사람이 거듭나지 아니하면 하나님의 나라를 볼 수 없느니라.

> [요한복음 3:5] 예수께서 대답하시되 진실로 진실로 네게 이르노니 사람이 물과 성령으로 나지 아니하면 하나님의 나라에 들어갈 수 없느니라.

그렇다면 왜 하나님께서는 구원의 과정을 이렇게 세분화하여 설명하시는 것일까?

그 이유는 구원에 대해 우리가 '아는 것'이 필요하고, 그 과정이 유익하기 때문이다. 그리고 우리의 구원은 평생의 과업이 된다.

구원은 하나님의 은혜와 도우심이 전적으로 개입되는 초자연적인 영역이기에 인간이 깨닫기엔 한계가 있을 수밖에 없다. 그만큼 하나님을 알아가는 일은 어려울 수 있다.

그러나 하나님을 알아가는 신앙생활과 구원 성취의 과정은 어렵더라도 깊이 있는 은혜를 경험할 수 있는 시간이 되기에 금보다 값지다.

'중생'은 어떤 의미가 있는가?

성도로서 우리에게 '적용된 구원'이 무엇인지, 그 구원의 서정 가운데 중생이 무엇인지 정확히 알 때 우리 신앙은 보다 깊어질 수 있고, 참으로 거듭난 자다운 은혜를 누릴 수 있다.

'중생'이라는 단어는 성경에 딱 한 번 등장한다.

> [디도서 3:5] 우리를 구원하시되 우리가 행한 바 의로운 행위로 말미암지 아니하고 오직 그의 긍휼하심을 따라 중생의 씻음과 성령의 새롭게 하심으로 하셨나니.

'중생의 씻음'은 인간의 부패한 영혼이 하나님의 주권적인 행위로 다시 태어나게 된 것을 의미한다. '중생'은 하나님의 주권적인 행위이기에, 인간이 확연히 느끼지 못할 수도 있고, 아예 모를 수도 있다. 그러나 우리는 그것을 믿고 받아들이고 인정해야 한다.

중생의 과정을 거치면 세속적이었던 가치관이 하나님께 소망을 두는 가치관으로 변화된다. 하나님의 주권적 행위로 내가 택해지고 새롭게 태어나도록 인도 받기에 변화는 필연적이다. 이것은 절대로 나의 의지와 능력으로는 불가하기에, 하나님의 주권적 능력과 성령, 말씀으로만 새롭게 거듭나게 된다.

긍휼과 자비가 많으신 하나님은 기회조차 받을 수 없었던 죄인된 우리에게 독생자 예수님을 통해 당신의 사랑을 베풀며 거듭남의 기회를 주셨다. 하나님께서 택하시고, 계획대로 행하시고, 항상 함께하시는 '거듭난 자의 실존'을 사는 자는 어떤 상황에서도 하나님을 찬양하고, 하나님의 일 하심을 기대할 수 있다.

'그리스도의 다시 살아나신 일'로 인하여…

하나님께서 예수 그리스도를 부활하게 하셨기에, 중생한 자에게는 산 소망이 있다.

> [고린도전서 15:16-17] 만일 죽은 자가 다시 살아나는 일이 없으면 그리스도도 다시 살아나신 일이 없었을 터이요 그리스도께서 다시 살아나신 일이 없으면 너희의 믿음도 헛되고 너희가 여전히 죄 가운데 있을 것이요.

예수님의 부활하심으로 인해 그리스도의 지체인 성도의 영적 부활도 가능하게 되었다. 또한 이 땅에서도 천국을 경험하게 되었고, 새 하늘, 새 땅에서의 새 삶을 살게 되는 산 소망이 생겼다. 우리의 중생, 거듭남에는 하나님의 이유와 목적이 있기에, 우리 삶의 모든 순간에는 이유가 있다.

그러나 문제는 이 사실을 알면서도 믿으려 하지 않는 데 있다. 우물 안 개구리처럼 우물 밖 세상을 믿지 못한다. 우물 밖에서 "훨씬 큰 세상이 있어!"라고 외치는 소리가 들려도, 우물 안 개구리는 그 벽을 올라가기 힘들다는 이유로 큰 세상을 믿지 못하고 우물 밖 넓은 세상을 포기해 버린다.

세상에 영향을 받지 않는 하나님의 기업 그리고 보호하심!

우리는 헌금, 봉사, 직분과 상관없이 중생한 자들이다. 이것은 주님의 보혈의 은혜로 거저 받은 은혜다. 하나님께서 우리에게 원하시는 것은 오직 '믿음'뿐이다. 절대 인간적인 어떤 것들을 원하지 않으시는데, 우리는 우리의 행위로 무엇을 할 수 있다고 생각하며, 하나님의 은혜를 제한해 버린다.

하나님은 감히 상상조차 할 수 없는 '새 세상'을 준비하시는데, 우리는 인간적인 경솔함과 믿음 없는 행위 뒤에 숨어 눈앞의 문제 해결만 바란다.

그러나 우리는 보이지 않는 기업을 받은 자임을 기억해야 한다. 그 하나님께서 예수 그리스도의 부활을 통해 하나님의 기업과 산 소망을 우리에게 실재화시키신다.

[베드로전서 1:4-5] 썩지 않고 더럽지 않고 쇠하지 아니하는 유업을 잇게 하시나니 곧 너희를 위하여 하늘에 간직하신 것이라 너희는 말세에 나타내기로 예비하신 구원을 얻기 위하여 믿음으로 말미암아 하나님의 능력으로 보호하심을 받았느니라.

하나님께서 우리에게 주신 기업은 세상의 것들과는 본질적으로 다르다. 하나님은 우리를 통해 하나님의 기업이 이루어지는 역사를 보길 원하신다. 우리가 받을 천국의 기업은 '완벽'하고 '완전'하다. 세상의 영향을 받지 않는 능력의 기업이다. 이러한 목적을 하나님께서 정하셨기에, 하나님께서 이끄시고, 궁극적으로 완벽하게 완성하신다.

또한 우리에게 주신 기업은 하나님의 능력으로 보호받는다. 우리는 천국 기업을 받을 때까지 하나님의 능력으로 보호받게 된다. 그렇기에 우리의 구원은 완전하다.

구원의 최종 목적은 영화롭게 되는 것

우리는 칭의함 받았으나, 이 세상에 살면서 끊임없이 믿음의 싸움을 이겨내며 성화의 과정을 경험하게 된다. 또 이 성화의 과정을 걷는 자들은 구원 과정의 최종 단계인 영화의 자리에 오르게 된다.

중생의 최종 목적은 영화롭게 되는 것이다. 하나님은 반드시 중생(거듭남)을 경험한 자들을 최종적으로 영화의 단계까지 이르게 하신다. 구원의 최종 완성이 임하게 하시는 것이다.

> [베드로전서 1:5]… 말세에 나타내기로 예비하신 구원…

성도의 완전한 구원의 성취는 주님의 때에 이루어진다. 그렇기에 구원의 완전하고 진정한 실체는 말세가 되기까지는 가리어져 있다. 구원의 실체를 누구나 명명백백히 볼 수 있다면, '믿지 않는 자'는 없을 것이다. 그러나 그렇지 않기에, '구원의 실체를 보지 않고 믿는 우리'를 통해, 많은 이가 구원의 실체를 알아갈 수 있도록 하나님은 일하신다.

하나님의 말씀을 따라 인내하고, 믿음으로 나아가는 자는 궁극적으로 구원의 실체를 보지 않고도 믿는 자들이다.

▎좁은 십자가의 길… 고난도 함께 받아야…

나를 향한 기업의 완수와 하나님의 목적을 이루기 위해서는 예수님께서 받은 고난도 함께 받아들여야 한다.

> [로마서 8:17] 자녀이면 또한 상속자 곧 하나님의 상속자요 그리스도와 함께 한 상속자니 우리가 그와 함께 영광을 받기 위하여 고난도 함께 받아야 할 것이니라.

그런데 많은 사람이 영광은 받고 싶어 하지만, 고난은 받고 싶어 하지 않는다. 장애물이 싫어서 경기 자체를 포기하곤 한다.

그러나 명심할 것이 있다. 고난은 힘들지만, 고난의 과정마다 하나님의 동행과 도우심의 은혜가 있다는 것이다.

그리고 결국에는 최종 영광의 승리로 우리를 인도하신다는 것을 꼭 기억해야 한다. 그 영광을 위해서 고난은 필수다.

> [고린도전서 2:9] 기록된 바 하나님이 자기를 사랑하는 자들을 위하여 예비하신 모든 것은 눈으로 보지 못하고 귀로 듣지 못하고 사람의 마음으로 생각하지도 못하였다 함과 같으니라.

하나님께서 예비하신 모든 것은 눈으로 보지 못하고 귀로 듣지 못하고 사람의 마음으로 생각할 수 없다. 그러나 믿는 자들은 하나님이 자기를 사랑하는 자들을 위해 고난조차도 예비하신 것을 알기에 고난 받기를 두려워하지 않는다.

중생 받은 자에게 허락된 영광과 소망은 세상의 것과 감히 비교할 수 있는 것이 아니다. 우리 주님은 십자가의 좁은 길만이 영광의 길임을 몸소 보여주셨다. 예수님의 길을 따라가며 하나님의 인정을 받길 원한다면, 변함없이 주님을 따라가며 좁은 십자가의 길을 걸어가는 것을 이상하게 여겨서는 안 된다.

나의 고난이 극심한 이유는…

우리의 '거듭남', '중생'은 우리의 어떤 공로가 적용되지 않은, 주권적인 하나님의 은혜다. 나에게 목적이 있기에 하나님은 끝까지 나를 승리케 하시고 영화롭게 하신다.

오직 주님만이 소망 없는 이 땅 가운데 충만한 은혜를 부어주시며 진정한 산 소망을 이루게 하시고, 영화롭게 하신다.

나의 고난이 극심한 이유는 내게 이루실 소망과 기업이 크고 확실하기 때문이다. 그 믿음으로 낙담하거나 실망하지 말고 끝까지 이겨내야 한다.

고난을 이겨낼 수 있는 것은, 실패해도 일어날 수 있는 것은 예수님께서 우리를 완전하게 해주셨기 때문이다.

우리에게 허락하신 거듭남으로 완전한 충만함에 이르고, 하나님께서 허락하신 기업과 산 소망은 반드시 이루어짐을 확신해야 한다.

주님!
무엇을 해도 결실이 없고,
무엇을 해도 실패하는 삶에
낙심하고 근심하고 주저앉았습니다.

그러나 우리는 하나님의 주권적인 인도하심으로
중생한 자, 거듭난 자가 되었습니다.
우리에게 산 소망이 있으니 결코 낙심하지 않고,
새 생명, 새 삶을 살게 하소서.

고난을 지나온,
고난을 이겨낸
그리스도가 우리의 보증이 되심을 믿으며,
담대한 믿음으로

당신의 길을 따르겠습니다.

■ 아빠의 묵상

거듭남은 곧 중생이다.

중생은 하나님의 주권적인 역사이다. 내가 할 수 있는 것도, 내가 무엇인가를 해서 얻을 수 있는 것도 아니다. 중생은 무조건적인 하나님의 은혜다.

거듭남 시리즈를 묵상하며 계속해서 나에게 질문을 하게 된다.

나는 언제 거듭남을 경험했는가?

언제 중생했는가?

사도 바울처럼 길을 걷다가 하늘에서 주님의 소리가 들린 것도 아니고, 죽을 병에 걸려 누웠는데 기적적으로 살아난 경험을 한 것도 아니다.

기억을 더듬어 보면, 중학교 여름 수련회에서 하나님을 인격적으로 만난 것 같기도 하다. 주님을 향한 첫사랑의 기쁨을 얘기하고, 밤을 새우며 기도하고 찬양했던 뜨거웠던 그 여름 수련회.

그런데 그때 함께 주님을 찬양하고 기도했던 친구들은 지금 모두 예수님을 떠난 삶을 살거나, 그렇지 않더라도 주일예배를 드리지 않는다. 주를 만난 뜨거움은 한낱 유행이나 문화로 지나가 버린듯하다.

하지만, 세월의 풍파, 즉 고난을 좀 일찍 경험한 나는 교회를 떠날 수가 없었다. 내겐 주일예배 시간이 가장 평안한 시간이었고, 주일예배를 드리지 못하는 상황이 되면 '하나님마저 없으면 어쩌나' 하는 두려움이 생겨 무슨 일이 있어도 주일예배를 꼭 드렸다.

그렇게 하나님은 내가 교회를 떠나지 못하게 막으셨다. 아니, 붙드셨다. 물론, 한 주의 6일은 세상 사람들과 똑같이 살았다 해도 하나님은 나를 붙드셨다.

나의 중생은 그렇게 기적적인 상황에서 맞이한 것은 아니지만, 평범한 나의 일상에서 하나님은 나를 찾아오셨고, 나를 붙들어 주시고 지금까지 지켜주고 계신다.

나는 몰라도 하나님께서는 내가 거듭난 시점을 아실 것이다. 다만 확실히 내가 아는 것은 지금 내 맘에 주님께서 계신다는 것이다.

이제 나는 중생했으니 거듭남의 삶을 살아야 한다. 더 그분을 믿고 따르며 조금씩 조금씩 그분을 닮아가야 한다. 비록 때로는 아등바등하며 내 맘대로 살지라도, 그동안 전적인 은혜를 주시며 동행해 주신 것처럼 앞으로도 깨닫게 해주시고 고쳐주심을 믿으며 오늘도 우리 주님 바라보며 하루를 살려고 한다.

■ 자녀의 묵상

예수님을 믿음으로 우리는 거듭남, 즉 중생의 은혜를 입게 되었다. 그렇기에 내주하신 성령님과 말씀을 지닌 거룩한 성전 된 우리 몸은 항상 거룩함을 유지해야 한다.

그러나 우리는 날마다의 영적 싸움에서 승리하지 못하고 죄를 범할 때가 여전히 많다. 그 죄로 인해 하나님의 거룩을 훼손했음에도 불구하고, 우리는 죽음을 면하고 살아가고 있다. 그것이 주님의 보혈의 공로 때문임을 알기에 감사의 고백이 저절로 나올 수밖에 없다. 피 흘리신 주님의 사랑이 얼마나 큰 것인지 다시금 깊이 깨닫게 된다.

그 은혜를 절대 잊지 않고 살아가야 한다. 우리에게 허락하신 하루의 삶 가운데 그 은혜를 기억함으로, 늘 경건의 연습을 통해 거룩 안에 거할 수 있기를 기도하고 '코람데오'의 삶을 살도록 노력해야 한다.

거듭난 내가 하나님께 가치 있는 자로 여김을 받을 수 있는 것은 말씀 되시고 진리 되신 예수님이 내 중심에 거하시기 때문이다.

내 안에 말씀이 가득 채워진다면 나의 전 인격이, 모든 감정이, 심지어 무의식의 영역까지도 하나님 앞에서 거룩해질 줄 믿어야 한다. 그로 인해 나의 행실 역시 거룩해질 줄 믿어야 한다.

주님, 그 거룩을 향한 경건의 연습이 매일매일 쌓여 주님께 칭찬 받는 거룩한 자가 되게 하소서!

거룩하신 예수님의 이름으로 기도드립니다. 아멘.

영원한 생명

[누가복음 10:20] 그러나 귀신들이 너희에게 항복하는 것으로
기뻐하지 말고 너희 이름이 하늘에 기록된 것으로 기뻐하라 하시니라.

예수님은 제자들에게
원수의 모든 능력을 제어할 권능을 '이미' 주셨다.
어쩌면 제자들은 예수께서 주신 그 능력을 '온전히' 믿지 못했기에,
이적을 체감한 뒤에야 이토록이나 놀라 들떴을 것이다.

그러나 예수님의 입장에서는 마귀 사탄을 이기고 내쫓는 일은
너무나도 당연한 일이었다.

'나의 능력을 힘입은 제자들이 이 당연한 결과에 이렇게나 호들갑을 떨까?'
'내 이름의 권능을 온전히 믿지 못하고 있었던 것인가?'

주님의 이 안타까운 의문이 지금 나에게 적용되는 것은 아닐까?

거듭난 자가 얻게 되는 영원한 삶의 가치

거듭난 자들에게 허락된 새로운 삶은 '어제보다 나은 삶'이다. 예수님과 동행하는 믿음의 여정에는 반드시 어제보다 나은 축복된 삶이 함께한다. 이런 삶을 살기 위해서는 비교 의식이나 경쟁 의식에서 벗어나야 한다.

비교란 '잘' 해야 그 진가를 발휘할 수 있다. 예수님도 비교를 통해 거듭난 자가 얻게 되는 영원한 생명의 가치를 말씀해 주시며 그 진가를 강조하신다.

또 예수님은 누가복음 10장 20절 말씀을 통해 거듭난 자들이 알게 모르게 범하는 오류와 착각을 지적하시며 궁극적으로 우리가 지향해야 할 방향을 제시하신다.

> [누가복음 10:20] 그러나 귀신들이 너희에게 항복하는 것으로 기뻐하지 말고 너희 이름이 하늘에 기록된 것으로 기뻐하라 하시니라.

예수님은 12명의 제자 외에 70인의 전도단을 세우셨는데, 위 말씀은 그들에게 파송 보고를 들은 다음 하신 말씀이다(참고. 70이라는 충만과 완전한 수를 통해 온 세상에 복음이 전파됨을 상징한다). 70인 전도단은 주님께서 주신 능력으로 귀신을 내쫓을 수 있었다며 기쁨으로 파송 보고를 전했다.

"예수님 저희가 주님께서 주신 능력으로 귀신들을 내어쫓았습니다."
"예수님의 이름으로 축사하자마자 귀신들이 모두 떠나갔어요!"

예상을 뛰어넘은 기적 같은 성과에 70인 전도단은 놀라움을 금치 못했다.

> [누가복음 10:17] 칠십 인이 기뻐하며 돌아와 이르되 주여 주의 이름이면 귀신들도 우리에게 항복하더이다.

그러나 예수님은 이미 그들에게 임한 영적 능력을 모두 목도하셨기에 그들처럼 들떠 있지 않으시고 오히려 담담하게 말씀을 이어가셨다.

> [누가복음 10:18-19]예수께서 이르시되 사탄이 하늘로부터 번개 같이 떨어지는 것을 내가 보았노라 내가 너희에게 뱀과 전갈을 밟으며 원수의 모든 능력을 제어할 권능을 주었으니 너희를 해칠 자가 결코 없으리라.

예수님은 제자들에게 원수의 모든 능력을 제어할 권능을 '이미' 주셨다. 어쩌면 제자들은 예수께서 주신 그 능력을 '온전히' 믿지 못했기에, 말씀이 그대로 이루어진 것을 체감한 뒤에야 이토록이나 놀라 들떴을 것이다. 그러나 예수님의 입장에서는 마귀 사탄을 이기고 내쫓는 일은 너무나도 당연한 일이었다.

'내 능력을 힘입은 제자들이 이 당연한 결과에 이렇게 호들갑을 떨까?'
'내 이름의 권능을 온전히 믿지 못하고 있었던 것인가?'

예수님은 이런 안타까운 의문이 들었을 수 있다.

제자란 누구인가?

제자란 누구인가?

'예수님이 하나님이심'을 믿고 따르는 자다.

예수님은 귀신을 쫓아내실 수 있을 뿐 아니라, 종말론적으로 사탄을 패배하게 하시는 분이다. 그뿐만 아니라, 예수님은 우리의 든든한 보호자가 되신다. 그분을 의지하는 자에게 용기와 담대함을 갖고 살아갈 능력을 주신다.

> [누가복음 10:19] 내가 너희에게 뱀과 전갈을 밟으며 원수의 모든 능력을 제어할 권능을 주었으니 너희를 해칠 자가 결코 없으리라.

주님께서 우리에게 권능을 주셨기에 우리를 해할 자가 존재할 수 없다는 사실을 믿어야 한다. 예수님의 이름으로 나아갈 때 거칠 것이 없다. 주님을 의지할 때 용기와 담대함으로 능히 어려움을 이길 수 있도록 도와주신다.

그렇다면 왜 주님께서는 그토록이나 우리를 안위해 주시는 것인가?

우리가 영원한 생명을 얻기까지 해함을 당하면 안 되기 때문이고, 성도의 지위에서 탈락되면 안 되기 때문이다. 성도는 낙심, 타협, 실족, 핑계, 비교의 감정에 휩싸여 성도의 지위에서 탈락되면 안 된다.

주님을 믿고 성령을 소유한 거듭난 자가 된 순간부터 우리는 성도의 지위에서 결코 떨어져서는 안 되는 자가 되었다.

그러나 사탄은 그 모든 부정적인 감정을 당연한 것으로 여기고, 자기 비하와 자기 타락의 상황까지 내몰리게 만든다.

예수님을 믿는 자에게는 능치 못할 일이 없음을 믿어야 한다. 이 말을 믿는다면 우리는 절대 좌절해서도 안 되고 낙심해서도 안 된다.

그러나 현실에서 이것이 가능했던가?

여전히 우리는 실패가 두렵고, 쌓아온 것이 무너질 것을 염려하고, 건강의 문제, 사람과의 갈등 앞에서 불안해한다. 심지어 다가오지 않을 일들을 미리 염려하며 불행을 자처하기까지 한다. 예수를 믿으며 '아멘!아멘!' 하지만, 현실 속 걱정, 염려, 불안, 불신, 부정은 우리의 연약한 틈을 노리며 우리의 중심을 점령한다.

그러나 예수님께서 이 모든 것을 다 알고 계신다!

이것이 큰 은혜가 된다. 예수님은 우리가 무엇 때문에 낙심하고 불안해하는지, 또 무엇 때문에 즐거워하는지 너무나 잘 알고 계시고, 더 나아가 우리가 무엇으로 낙심하면 안 되고, 무엇으로 기뻐해야 하는지까지 친히 알려주신다.

우리는 영원한 생명을 얻은 자이기에, 이 땅에서의 삶은 잠시 잠깐 지나가는 나그네의 삶일 뿐이다.

'이 또한 지나갈 삶'에 왜 그토록이나 불안해하고 힘들어하는가?

세상의 모든 부정의 뿌리는 '하나님을 온전히 믿지 못하는 것'에서 시작된다. 하나님에 대한 불신은 모든 두려움의 원인이 된다. 말로는 하나님의 능력을 믿는다고 하면서도 그동안 내가 경험한 경험치로 익숙하게 불신해 버린다.

두려움의 대상은 하나님 외에는 없다는 것을 반드시 기억해야 한다.

우리의 '보수'는 하나님이시다!

[창세기 15:1] 이 후에 여호와의 말씀이 환상 중에 아브람에게 임하여 이르시되 아브람아 두려워하지 말라 나는 네 방패요 너의 지극히 큰 상급이니라.

믿음의 조상으로 불리는 아브라함 역시 두려움에 휩싸인 적이 많았다. 위 말씀에서도 아브라함은 큰 두려움에 휩싸여 있었고 하나님의 크신 위로를 받고 있다.

그러나 실제 아브라함의 상황은 두려워하기보다는 승리의 기쁨을 누리고, 감사로 반응해야 하는 상황이었다. 당시 아브라함은 하나님의 기적을 체험했기 때문이다. 아브라함은 수적 열세에도 불구하고 가나안 전쟁에서 메소포타미아 연합국을 이겼을 뿐만 아니라, 조카 롯까지 구하는 혁혁한 공을 세웠다.

이렇듯 놀라운 승리를 체험했음에도 아브라함은 두려워하고 있다. 언제 또다시 메소포타미아 연합군이 기습 공격해 올지 몰라서 두려웠던 것이다. 하나님께서 적은 병력만으로도 승리를 거두게 하셨는데, 그 응답을 잊고 또다시 자신의 약점인 '열세인 병력'에 집착하여 불안해한 것이다.

성공을 했음에도, 이후에 찾아올 수도, 찾아오지 않을 수도 있는 '실패의 무게'에 짓눌려 버렸다. 하나님께서 기도 제목에 풍성히 응답해 주셨음에도, 자신의 연약함에 집착하고 착각하여 불안에 빠진 것이다.

그뿐만 아니라, 아브라함은 자녀가 없다는 사실에 낙담했다. 아직 일어나지 않은 일에 또 다른 두려움을 갖게 된 것이다. 하나를 이루신 하나님은 또 다른 것들을 이루실 분이라는 사실을 두려움 속에서 잊은 것이다.

아브라함은 그 하나님을 온전히 신뢰하기 이전에, 아직 이루어지지 않은 또 다른 것에서 불안함을 느꼈다. 불신은 두려움으로 엄습한다.

아브라함은 자신 앞에 펼쳐진 수만 평의 대지를 바라보며, 그 넓은 땅을 관리할 인력이 부족하다는 것에 근심했고, 무엇보다 그 땅을 물려줄 후사가 없다는 사실 때문에 수심이 가득했다.

아브라함은 하나님께서 허락하신 가나안 땅을 경제적 가치로만 여기지 않고 천국 관점으로 바라보았다. 가나안 땅을 하나님 나라와 의가 이루어지고 복음이 전파되는 천국의 땅으로 바라보았기에 그 기업의 대를 이을 후사가 없다는 사실이 두려웠을 것이다. 약속의 성취를 이룰 자녀가 '현재 없다'라는 사실이 그를 낙담하게 했다.

여전히 현실에 매여, 여전히 응답 되지 않은 기도 제목으로 낙담하는 아브라함과 우리에게 하나님은 질책하지 않으시고 말씀하신다.

두려워하지 마!
너에게 가나안 땅보다, 언약의 후사보다, 더 큰 또 다른 축복이 있다.
그것은 내가 너의 보호자가 되고 너의 상급이 되는 것이다.

세상 일이 녹록하지 않고, 내 뜻대로 풀리는 것은 하나도 없고, 늘 실패하고 좌절함으로 인해 자책감과 부끄러움에 고립돼 있을 때, 하나님은 우리에게 '두려워하지 말라'고 위로하시며 친히 보호자가 되어 주시고 우리의 큰 상급과 보수 또한 되어 주신다고 말씀하신다.

> [창세기 15:1] 이 후에 여호와의 말씀이 환상 중에 아브람에게 임하여 이르시되 아브람아 두려워하지 말라 나는 네 방패요 너의 지극히 큰 상급이니라.

창세기 1장 15절 말씀에 나온 상급은 '정당한 보수'의 의미를 지닌다. 우리에게 주어질 정당한 보수가 하나님이시다!

이 엄청난 말씀이 실감이 나는가?

불합리한 세상에서는 개인의 능력과 수고가 정당히 인정받지 못할 때도 많고, 정당한 보수는 커녕 열정과 노동력이 착취 당하기도 한다.

그러나 그런 세상과 달리, 가장 합당하신 하나님께서 우리에게 정당한 보수가 되어 주신다는 말씀이 얼마나 큰 힘이 되는가?

그런데 하나님은 우리가 무엇이기에 왜 이토록이나 엄청난 은혜를 허락하시는 것인가?

복음을 전하고 확장하는 데 우리의 역할이 무엇이기에 그 보수로 '하나님'을 받게 되는 것일까?

다른 이유가 없다. 우리가 '거듭난 자'이기 때문이다. 진정으로 '거듭난 자'만이 하나님의 보호하심과 견인의 은혜를 받고 하나님 나라의 큰 상급을 받을 수 있다.

예수님을 믿어 거듭난 자들에게 있어 가장 큰 은혜와 축복은 우리의 보호자되신 하나님께서 모든 악한 세력이 해하지 않도록 방패가 되어 주시고, 그 하나님이 우리의 상급이 되어 주신다는 사실이다.

귀신을 쫓아내는 능력 vs. 이름이 하늘에 기록되는 것

> [누가복음 10:20] 그러나 귀신들이 너희에게 항복하는 것으로 기뻐하지 말고 너희 이름이 하늘에 기록된 것으로 기뻐하라 하시니라.

예수님은 제자들에게 진정으로 기뻐해야 하는 것이 무엇인지 알려주셨다. 귀신을 쫓아낸 믿음의 승리에 도취되지 말고 그보다 더한 기쁨을 알고 누리라고 말씀하신다. 귀신들이 항복한 것보다 더한 기쁨은 그들의 이름이 하늘에 기록되는 것이다.

당시에는 눈에 보이지 않는 자연 현상과 미래에 대한 두려움이 지금보다 더욱 컸기에 토속 신앙과 온갖 우상을 섬기는 이방신이 활개를 쳤다. 특히, 질병이나 자연재해, 예상치 못한 불운이 귀신으로 인해서 발생한다고 여겼다. 그렇기에 그 불안 요소의 핵심인 귀신을 쫓아낸 사건은 제자들에게 있어서 감탄해 마지않는 아주 의미 있는 일이었을 것이다.

그러나 제자들이 그보다 더 감탄하고 기뻐해야 할 일은 예수님께서 믿는 자들에게 이미 사탄을 이길 권세를 주셨다는 사실이다.

> [요한복음 16:33] 이것을 너희에게 이르는 것은 너희로 내 안에서 평안을 누리게 하려 함이라 세상에서는 너희가 환난을 당하나 담대하라 내가 세상을 이기었노라.

세상을 이기신 예수님은 제자들에게 그들의 이름이 하늘의 생명책에 기록되는 일이 귀신을 쫓는 일보다 더 기쁜 일이라고 알려 주신다. 실제로 귀신을 쫓아낸 일로 구원을 받을 수도 없고, 천국에 갈 수도 없다.

하지만, 하늘에 이름이 기록된 자는 반드시 천국에 들어간다. 하늘에 이름이 기록된 특권을 받은 자들에게 귀신을 쫓아낼 수 있는 특권이 부여되는 것이다.

[요한계시록 20:15] 누구든지 생명책에 기록되지 못한 자는 불못에 던져지더라.

[요한계시록 21:27] 무엇이든지 속된 것이나 가증한 일 또는 거짓말하는 자는 결코 그리로 들어가지 못하되 오직 어린 양의 생명책에 기록된 자들만 들어가리라.

우리 역시 사역의 현장에서 제자들이 범했던 실수를 하곤 한다. 가시적인 성과나 사역의 결과물에만 도취되어 정작 하나님의 은혜는 뒷전으로 밀어낼 때가 많다. 은사와 달란트를 받은 것은 당연히 기쁘고 감사한 일이지만 우리가 놓치지 말아야 할 것은 은사가 하나님의 은혜보다 앞서면 안 된다는 것이다.

'일시적인 은사'가 아니라, 우리의 이름이 생명책에 기록된다는 '영원한 구원의 은혜'에 진정으로 기뻐해야 한다.

[마태복음 10:30-31] 너희에게는 머리털까지 다 세신 바 되었나니 두려워하지 말라 너희는 많은 참새보다 귀하니라.

[누가복음 12:32] 적은 무리여 무서워 말라 너희 아버지께서 그 나라를 너희에게 주시기를 기뻐하시느니라.

이 땅에서 일어나는 그 어떤 일도 예수님의 권능과 은혜를 힘입지 않고서는 일어날 수 없다. 우리가 살아 숨 쉬고, 감사하며 누리는 삶, 모든 것이 주님의 은혜다. 이 세상 그 무엇도 영원한 생명보다 더 귀한 것은 없다.

예수님의 이름, 하나님께서 지극히 높여 모든 이름 위에 뛰어나게 하시고, 하늘에 있는 자나 땅에 있는 자들과 땅 아래 있는 자들로 그 이름에 무릎 꿇게 하신 그 존귀한 예수님의 이름을 믿어 거듭나게 된 것!
그분의 보혈의 공로로 대속함을 입은 것과 구원받아 영원한 생명을 누리게 된 것!
이것이 우리에게 가장 중요하다.

저는 예수님을 믿음으로 거듭나게 되었습니다.
저는 예수님의 보혈의 공로로 대속함을 입었습니다.
저는 그 은혜로 구원받아 영생을 얻게 되었습니다.

가장 중요한 이 본질적인 특권을 누리는 자가 되게 하소서!
썩어 없어질 부가적인 특권에만 눈 먼 자 되지 않게 하소서!

이 세상이 미혹하는 두려움에 잠식되지 않고,
세상의 위치와 능력에 연연치 않고,
영원한 생명을 얻은 자답게
항상 기뻐하며 항상 감사하며 주께 영광 올려드리길 기도합니다.

■ 아빠의 묵상

[창세기 15:1] 이 후에 여호와의 말씀이 환상 중에 아브람에게 임하여 이르시되 아브람아 두려워하지 말라 나는 네 방패요 너의 지극히 큰 상급이니라.

오늘의 말씀은 나의 근심, 걱정, 두려움, 염려 등 현재의 상태들을 건드렸다.

전쟁에서 대승을 거두고 조카 롯까지 구하고 돌아왔음에도 두려움에 잠식된 아브라함에게 하나님은 '두려워하지 말라, 나는 네 방패요 너의 지극히 큰 상급이니라'라고 말씀하신다.

기적과 같은 승리를 하고도 앞날을 두려워하는 아브라함의 모습은 딱 내 모습이다.

그 누구의 삶이라도 예수님을 믿는 사람의 삶은 뒤돌아보면 하나님께서 지키셨던 기적의 삶이라는 고백이 나올 것이다.

그럼에도 나는 여전히 내일 있을 일들을 걱정하고, 문제의 압박과 염려로 힘들어하며, 해결될 듯 해결되지 않는 일들로 초조해하고, 여러 사람과의 관계를 어떻게 풀어야 할지를 근심하고 있다.

오늘의 말씀이 딱 내 상황이다. 문제란 문제, 걱정이라는 걱정을 다 끌어와서 내 앞에 모두 다 세워 놓고, '아, 하나님 적들이 너무 많습니다. 저를 좀 살려주세요. 제발요' 하고 있는 나를 보게 된다.

언젠가 징징대며 혼잣말을 한 적이 있다.

'왜 하나님은 미리 한 번에 다 막아주시고 다 해결해 주지 않으시고 또 다른 근심, 걱정, 염려가 나오는 상황을 끊임없이 주시냐고…'

정말 어린아이 같은 징징거림으로 끝나야 했다. 믿음 생활을 그렇게 하고도 무슨 바보 같은 원망을 했는지 지금 돌아봐도 한탄스럽기 그지없다.

어느 목사님께서 이런 말씀을 하셨다. 하나님의 방패는 절대 깨지지 않을뿐더러, 아주 가벼운 재질로 만들어져 들기에 무겁지도 않고, 나를 둘러싸는 기능도 있는 완전히 투명한 방패라고, 그래서 그것을 들고 맨 앞의 선봉에 서서 적진으로 뛰어들어도 절대 죽지 않는다고, 다만 너무 투명해서 매우 다양한 종류로 급습하는 적들이 선명하게 보여 대부분의 사람이 겁을 먹고 두려워하며 걱정하고 근심하고 염려한다고…

그런데 그때 두려워하지 말고 하나님의 방패를 들고 오직 하나님만 믿고 담대히 나아가면 반드시 승리한다고 말씀하신 기억이 있다.

예수님은 승리하셨다. 세상뿐 아니라 사탄도 물리치시고 승리하셨다. 그리고 믿는 우리를 준비해 놓으신 영원한 그 나라까지 이끄신다. 나의 걱정, 근심, 염려, 두려움 등 모든 부정적인 생각은 예수님 앞에서 기도로 고백하며 내려놓고, 귀신이 항복하는 것에만 기뻐하지 말고 하늘에 내 이름이 기록되는 것을 기뻐해야겠다.

■ 저녀의 묵상

아브라함이 두려워했던 것처럼 우리에게도 고난을 통한 연단과 인내의 시간은 두려움의 대상이 될 수 있다.

그러나 그 시간에도 하나님께서 일하고 계심을 믿어야 한다. 하나님께서 허락하신 연단과 인내에 대한 두려움은 있을 수 있지만, 아무것도 보이지 않기에 하나님만을 의지해야 하고, 사방이 막혀 있기에 눈을 들어 하나님만을 바라볼 수 있어야 한다.

주님께서 허락하신 고난과 주님께서 잠잠하신 침묵의 시간 모두, 부름 받은 자들에겐 큰 유익이 된다. 지나온 시간을 되돌아 보면, 평탄했던 때보다 고난의 때에 더욱 주님을 찾게 되고, 주님을 더욱 깊이 알게 되고, 주님과 더욱 동행했던 유익한 시간이었음을 고백하게 된다.

고난의 시간, 연단의 시간, 경건의 준비 시간이 나의 믿음의 증거가 된다. 주님의 크신 섭리 가운데 나를 정금처럼 빚어주시니 은혜는 가장 큰 축복이다.

부르심 가운데에도 막막한 연단의 시간을 기약 없이 보여주시는 주님, 그러나 그 또한 하나님의 계획과 섭리 가운데 있음을 알기에, 하나님께서 허락하신 모든 것은 선한 것으로 응답 된다는 믿음을 갖고, 잠잠히 기도하며 기다려야 한다.

막막한 상황 가운데에서도 '내 눈앞'의 문제만 보지 말고, '내 위'에 거하는 하나님의 영광을 볼 수 있어야 한다.

그리고 그 기다림 끝에, 하나님을 향한 발걸음을 더 과감히 떼야 한다. 주님을 믿음으로 영원한 생명을 얻은 자는 그 믿음의 지경까지 오를 수 있어야 한다.

영적으로 성장하라

[베드로전서 2:1-2] 그러므로 모든 악독과 모든 기만과 외식과 시기와 모든 비방하는 말을 버리고 갓난아기들 같이 순전하고 신령한 젖을 사모하라 이는 그로 말미암아 너희로 구원에 이르도록 자라게 하려 함이라.

하나님은 이미 우리에게 '십자가 사랑'을 주셨다.
그런데, 어느 순간
그 사랑이 퇴색되었다.

하나님은 다시 그 사랑을 회복하라고 말씀하신다.
악독과 기만과 외식의 입술을 닫고,
그리스도의 사랑을 전하라고 말씀하신다.

하나님의 말씀으로 다시금 그 사랑을 누리라고 말씀하신다.

주님!
주님의 값지고 귀한 보혈의 공로를
값싼 인간의 것으로 채우려고 했던 나를 회개합니다.

▎풀은 마르고 꽃은 시드나 하나님의 말씀은 영원히 서리라

새로운 삶을 살아가게 하는 능력은 '하나님 말씀' 외에는 없다. 말씀의 생명력은 낡고 부패한 우리의 심령을 새롭게 한다.

이 새로움은 세상의 새로움과는 차원이 다르다. 세상에 속한 물질, 이념, 사유, 철학 등은 완전히 새로운 것이라 할 수 없고, 금세 낡은 것이 되기도 한다. 풀과 꽃이 아름답게 핀 이후에 시드는 것처럼 세상에 속한 모든 것은 시들기 마련이다.

그러나 하나님의 말씀은 마르지도, 시들지도 않으며 영원한 생명력을 지닌다. 거듭난 자는 이 생명력 있는 하나님의 말씀을 통하여 끊임없는 성화의 과정을 거쳐 영적으로 성장하고, 결국에는 영화의 과정을 맞이하게 될 것이다.

> [이사야 40:8] 풀은 마르고 꽃은 시드나 우리 하나님의 말씀은 영원히 서리라 하라.

▎꼭 버리고! 반드시 취해야 할 것!

영적인 성장을 위해서는 먼저 꼭 버려야 할 것이 있고, 반드시 취해야 할 것이 있다.

> [베드로전서 2:1-2] 그러므로 모든 악독과 모든 기만과 외식과 시기와 모든 비방하는 말을 버리고 갓난아기들 같이 순전하고 신령한 젖을 사모하라 이는 그로 말미암아 너희로

구원에 이르도록 자라게 하려 함이라.

'갓난아기'에게는 가장 우선적으로 '어머니의 젖'이 필요하다. 마찬가지로, 거듭난 자들도 우선적으로 반드시 취해야 할 것이 있는데, 그것은 거룩하고 영원한 하나님의 말씀이다. 모든 악독과 기만과 비방으로 얽힌 실타래를 풀기 위해서는 이러한 것을 모두 버리고, 순전하고 진실된 하나님의 말씀을 취해야 한다고 베드로는 말씀을 통해 권면한다.

좋은 것을 만들고자 하는 인간의 욕망은 문명과 문화를 발달시켰지만, 세상은 여전히 전쟁과 범죄와 빈부 격차로 어려움을 겪고, 진정한 평안에 거하지 못하고 있다. 인간의 거짓 되고 악독한 말이 더 만연하고 있다. 성공과 자기 계발을 위해 하나님의 말씀보다 인간의 말이 더 숭상되는 세상이 되었다.

하나님께서 죄 된 세상을 구원하기 위해 전하신 십자가 사랑은 온데간데없고, 세상은 어떻게 하면 실패하지 않고 성공하며 살 수 있는지에만 혈안이 되어 있다.

모든 악독과 무한 경쟁과 권모술수가 넘치는 이 세상을 구원하시기 위해 예수님은 말씀이 육신이 되어 이 세상에 오셨다. 예수님은 이 악독한 세상에 생명의 복음을 전하며 의와 사랑이 가득한 하나님 나라를 전하셨다.

[요한복음 10:10] 도둑이 오는 것은 도둑질하고 죽이고 멸망시키려는 것뿐이요 내가 온 것은 양으로 생명을 얻게 하고 더 풍성히 얻게 하려는 것이라.

거듭난 자들은 '서로 뜨겁게 사랑해야 한다'

베드로가 베드로전서 2장 1-2절의 말씀을 선포한 때는 예수님의 부활 사건 이후 30여 년이 지난 후로 로마제국의 지배를 받는 때였다. 때와 상황은 바뀌었으나 평등과 사랑과 자비를 전하시는 예수님의 말씀은 변함없이 전파되었다.

그러나 예수님의 말씀은 로마제국의 입지를 견고케 하는 데 방해가 됐기에, 그리스도인들의 삶에 핍박이 따라올 수밖에 없었다.

오늘날은 어떠한가?

과거나 지금이나 변함없는 진리인 복음을 대항하는 세력은 여전하다. 이 세력들은 복음을 깨닫지 못했기에 여전히 세상의 것들을 붙잡으려고 하고, 그것을 얻기에 방해 요소가 된다고 여겨지는 진리의 말씀을 대적한다.

어느 때 어떤 상황이라도 복음을 받아들인 거듭난 자들은 말씀만을 의지하는 자세가 필요하다. 어떠한 대적에도 하나님을 사랑하고 이웃을 사랑해야 한다. 이 자세를 취하고 유지하는 가장 좋은 방법이 바로 '어머니의 젖'과 같은 하나님의 말씀 안에 거하는 것이다.

> [베드로전서 1:24-25] 그러므로 모든 육체는 풀과 같고 그 모든 영광은 풀의 꽃과 같으니 풀은 마르고 꽃은 떨어지되 오직 주의 말씀은 세세토록 있도다 하였으니 너희에게 전한 복음이 곧 이 말씀이니라.

세상의 모든 부귀영화는 풀과 꽃과 같이 마르고 떨어지게 된다. 영원과 불로장생을 꿈꿨던 진시황과 클레오파트라 역시 늙고, 죽어, 썩어진 존재가 되었다. 이 세상의 어떤 것도 썩지 않는 것이 없다.

그러나 하나님의 말씀은 영원히 썩지 않고, 영원하다.

우리는 이런 하나님의 말씀으로 거듭나게 되었고, 영생을 소유한 자가 되었다.

그런 우리가 할 일은 '서로 뜨겁게 사랑하는 것'이다.

> [베드로전서 1:22-23] 너희가 진리를 순종함으로 너희 영혼을 깨끗하게 하여 거짓이 없이 형제를 사랑하기에 이르렀으니 마음으로 뜨겁게 서로 사랑하라 너희가 거듭난 것은 썩어질 씨로 된 것이 아니요 썩지 아니할 씨로 된 것이니 살아 있고 항상 있는 하나님의 말씀으로 되었느니라.

▎'형제 사랑'에서 멀어지게 하는 것들

거듭난 자에게 요구되는 것은 진리를 순종함으로 마음에서부터 서로 뜨겁게 형제를 사랑하는 것이다. 그러나 이것은 말처럼 쉽지 않다. 바로 '인간의 말' 때문이다. 인간들이 내뱉는 악독과 비방과 시기와 기만의 말들로 형제 사랑에서 멀어지게 된다.

'악독'은 남을 해하고자 하는 악한 마음이다.

[사도행전 8:22-23] 그러므로 너의 이 악함을 회개하고 주께 기도하라 혹 마음에 품은 것을 사하여 주시리라 내가 보니 너는 악독이 가득하며 불의에 매인 바 되었도다.

베드로는 돈으로 성령을 사고자 했던 마술사 시몬에게 위와 같은 말씀으로 질책했다. 마술사 시몬은 성령을 사모하지도 않았고, 오직 성령의 능력으로 자신의 이익을 추구하고자 했다. 베드로는 영혼을 돈벌이 수단으로 악용하려고 했던 시몬의 마음에 악독이 가득하다고 여겼다.

하나님은 그 누구도 악독과 불의에 매이는 것을 원치 않으신다. 하나님은 영혼을 사랑하라고 우리에게 영혼을 허락하신 것이다. 남에게 쓴 뿌리와 올무가 되는 악독은 하나님께 속한 것이 아니다.

기만은 덫과 같이 속이는 것이고, 외식은 겉과 속이 다른 것이며, 시기는 남이 잘 되는 것을 질투하는 것이다.

기만, 외식, 시기…

이 세 가지 요소는 다른 사람이 잘 되면 안 된다는 한 가지 목표를 갖고 있다. 다른 사람의 영혼이 잘 되는 것이 싫어서 그의 영혼을 파멸로 이끄는 악한 마음들이다.

거듭난 자들은 하나님의 사랑을 받은 자들이기에 영혼을 파멸로 이끄는 기만, 외식, 시기의 마음을 품어서는 안 된다. 그런 것들을 다 버릴 수 있어야 한다.

그러기 위해서 먼저는 말씀의 갈급함을 느끼고, 말씀을 사모해야 한다. 말씀이 나의 삶에서 무엇을 하시고자 하는지 깨닫고자 하는 의지가 있어야 한다.

[베드로전서 2:2] 갓난아기들 같이 순전하고 신령한 젖을 사모하라 이는 그로 말미암아 너희로 구원에 이르도록 자라게 하려 함이라.

그리스도의 장성한 분량까지 성장케 하는 것은 오직 말씀뿐이다. 지금까지의 부족함만 탓하지 말고, 갓난아기처럼 순전하고 신령한 젖을 사모하는 앞으로의 노력이 중요하다.

"어제보다 오늘, 오늘보다 내일!"

말씀을 더 사모하며 삶에 적용시키는 매일의 점진적 노력이 우리를 구원의 완성의 단계에 이르도록 돕는다.

또한, 영적인 성장을 위한 시작은 '인간의 말'을 버리는 것이다. 입술을 먼저 닫고, 상대를 용납해 주는 마음을 품고, 이해해 주려고 노력해야 한다. 그래야 하나님의 말씀을 적용할 수 있고, 더 추구할 수 있다.

▎'순전하고 신령한 삶'을 살게 해 주시는 말씀

'순전하다'라는 말은 속이는 기만의 행위와 반대되는 순수하고 온전한 것을 의미하고, '신령하다'는 말은 성령 충만함을 의미한다. 이 두 성향은 가장 합리적이고 이치에 바른 삶을 살게 이끈다.

이런 삶은 말씀을 통해서만 가능하다. 말씀은 순전하고 신령한 삶을 살게 하고, 우리의 믿음을 장성한 분량으로 성장하게 한다.

우리에겐 예비된 하나님의 삶이 있다. 그 삶을 살게 해 주는 것은 오직 말씀뿐이다. 하나님의 말씀이 아닌 사람의 말을 먼저 구하면 '온전히' 해결할 수도, 평안할 수도, 성장할 수도 없다.

하나님의 말씀은 우리를 구원하시고 성장하게 하는 자양분이 된다. 그 말씀을 지속적으로 내 삶에 적용하고, 은혜 안에 거하기 위해서는 제일 먼저 '인간의 입'을 닫고, 말씀을 사모해야 한다.

그리고 하나님 사랑과 이웃 사랑을 실천해야 한다. 주께서 우리에게 그러하셨듯이 우리 역시 목숨 바치기까지 사랑해야 한다.

> [요한일서 3:16] 그가 우리를 위하여 목숨을 버리셨으니 우리가 이로써 사랑을 알고 우리도 형제들을 위하여 목숨을 버리는 것이 마땅하니라.

> [데살로니가전서 3:12] 또 주께서 우리가 너희를 사랑함과 같이 너희도 피차간과 모든 사람에 대한 사랑이 더욱 많아 넘치게 하사.

그런데 목숨을 바치듯 형제를 사랑하는 것은 불가능처럼 느껴지기도 한다. 이론적으로는 알겠으나 사랑의 실천은 쉽지 않기에 때론 무관심으로 대응한다. 이는 하나님의 말씀보다 내 감정과 내 말이 더 앞서기 때문이다.

우리는 예수님을 따라가는 자들이다. 예수님은 온갖 비방과 억측, 대적의 공격 앞에서 '입을 열지 않으셨다.' 누구의 죄가 더 크고 작은지 따지시기 이전에, 모두가 죄인임을 아셨기에 묵묵히 기도하시며 우리가 그것을 깨닫길 바라셨다.

우리는 무슨 문제가 생기면 으레 남 탓, 상황 탓을 하며, 내가 아닌 다른 것에 죄책을 돌린다. 그럴 때는 당연히 악독과 비방의 말이 나올 수밖에 없다. 그러나 예수님은 죄가 없는 분이심에도 본이 되셔서 입을 닫고 하나님의 말씀만을 전하시며 사랑을 실천하셨다.

> [이사야 53:7] 그가 곤욕을 당하여 괴로울 때에도 그의 입을 열지 아니하였음이여 마치 도수장으로 끌려 가는 어린 양과 털 깎는 자 앞에서 잠잠한 양 같이 그의 입을 열지 아니하였도다.

우리는 죄인이기에 예수님보다 더 잠잠해야 한다. 오직 신령한 하나님의 말씀만을 기억하며 '서로 사랑하라'는 명령을 실천할 수 있도록 노력해야 한다. 그 노력 위에 하나님은 반드시 영혼을 변화시키고, 그 변화된 영혼에게 사랑이 전해지도록 일하신다.

먼저는 우리가 하나님의 사랑을 충만하게 체감해야 한다. 하나님의 사랑을 체감하면, 생채기 났던 작은 상처까지도 치유되고, 잊혀지게 된다. 그리고 더 풍성한 사랑을 나로부터 퍼트릴 수 있게 된다. 말씀을 사모하는 사람은 그 사랑을 체감하기에, 그 사랑을 전하기 위해 안달이 날 수밖에 없다.

하나님의 사랑을, 예수님의 사랑을 전하자.

아무리 억울한 상황이 있을지라도, 예수님이 그러하셨듯 입술을 닫고 잠잠히 예수님을 묵상하자. 예수님께서 먼저 주신 그 크신 사랑을 기억하며, 예수님께 받은 그 '사랑의 빛'을 다른 영혼에게 갚고, '사랑의 빛'을 아낌없이 전해주자.

[요한일서 4:9] 하나님의 사랑이 우리에게 이렇게 나타난 바 되었으니 하나님이 자기의 독생자를 세상에 보내심은 그로 말미암아 우리를 살리려 하심이라.

■ 아빠의 묵상

[베드로전서 2:2] 갓난아기들 같이 순전하고 신령한 젖을 사모하라…

거듭남의 삶, 새로운 삶을 살아가기 위해서는 순전하고 신령한 젖, 곧 '하나님 말씀'을 따르는 것 외에는 다른 방도가 없다.

말씀을 적용하고 은혜 안에 거하기 위해서는 내 입을 닫고 말씀만을 사모하고, 하나님과 이웃을 사랑해야 한다고 말씀하신다. 그것이 영적으로 성장하는 길이다.

교회를 다닌 지 40여 년이 되었다. 1년에 한 번씩 성경을 통독한 지는 10년이 넘었다. 암기하지는 못 하지만, 성경의 어지간한 내용이나 구절들은 귀에 익숙하다. 그런데 이 은혜를 남용할 때가 너무나 많다.

"이 목사님은 말씀이 좋아."
"저 목사님은 왜 저런 예시를 들까, 더 좋은 구절도 많은데…"
"이 분은 깊이가 없어."
"교회는 그러면 안 돼."

내게 허락하신 성경적 지식을 함부로 누군가를 정죄하는 데 사용한다.

어느 순간 말씀을 내 삶에 적용하지 않고 교만의 도구로 사용하는 나를 보고 깊은 탄식을 하게 되었다.

이 얼마나 두렵고 살 떨리는 죄악인가?

내 입술과 내 마음은 머릿속의 성경 지식과 합세하여 교만의 극치가 되고 정죄의 최정점을 찍고 있다. 난 때때로 신앙인이 아니고 종교인이 된다. 어쩜 종교인일 때가 더 많은 듯도 하다.

그래서 오늘의 말씀은 내 머릿속에 경종을 울린다. 영적으로 성장하지 못한 나는 입을 닫고 말씀을 내게 적용해야 한다. 작은 한 부분이라도 내 죄가 드러난다면 회개하고 고쳐야 한다. 내 마음이 다시금 습관화된 죄로 인해 돌덩이가 되지 않도록 믿음으로 분별해야 한다.

매주 말씀하시는 '거듭남의 삶'이란 단어 그대로 날마다 날마다, 매 순간 다시 태어나야 하는 삶인듯하다.

말씀에 기반하여 나의 입술을 닫고 나를 깊게 들여다보고 나를 쳐내서 말씀에 복종시켜야 한다. 오늘 떠오른 나의 교만은 완전히 쳐내야 할 나의 큰 죄다.

종교 지식인은 절대 되지 말아야 한다. 말씀은 지식의 도구가 아니라, 내 죄를 도려내는 도구여야 한다.

■ 자녀의 묵상

하나님은 우리에게 이미 주신 '십자가 사랑'을 회복하라고 말씀하신다. '모든 악독과 모든 기만과 외식과 시기와 모든 비방하는 말을 버리고 갓난아기들 같이 순전하고 신령한 젖을 사모하라'고 말씀하신다.

내가 변질시킨 '십자가 사랑'을 다시금 정결하게 만들어야 한다. 그러려면, 내 안의 모든 완악한 옛 습성을 버리고 주님의 말씀을 채워야 한다. 그리고 영적 분별력을 키워 사탄의 악한 공세를 이겨내야 한다. 그렇게 영적으로 성장해야 한다.

하나님의 뜻대로 살기 원하지만, 하나님의 뜻이 무엇인지 알기란 정말 쉬운 일이 아니다. 때로는 말씀 속에서, 기도 중에, 마음의 감동으로, 하나님의 뜻을 분별하지만, 그 역시도 성령님께서 온전히 역사하지 않으신다면 인간의 감정이 되고, 인간의 섣부른 판단이 될 수 있다.

그래서 영적인 성장이 무엇보다 꼭 필요한 것 같다.

사랑이 많으신 우리 주님은 비록 그 마음의 경영이 우리에게 있다 해도 주님의 인도하심으로 우리의 갈 길을 밝히 보이시는 분이시다. 문제는 우리의 마음 상태인데, 정결하다 여기는 우리의 착각마저 모두 감찰하시는 주님을 우리는 계속 속일 수는 없다. 그렇기에 이런 나의 폐부 속 깊은 완악한 모습조차 다 버리고, 온전히 순전한 주님의 것으로만 채움 받는 영적인 성장이 필요하다.

주님, 내 마음이 주께 합한 자가 되게 하시고, 범사에 주 앞에 겸손함으로, 주님께 흡족한 자가 되게 하소서!

그러기 위해 무엇을 해야 하는지 내가 아오니, 앞으로는 모르는 척 하지 않고, 주께 늘 깨어 분별하는 영적 명찰을 허락하소서…

의를 행하라

[요한일서 2:29] 너희가 그가 의로우신 줄을 알면 의를 행하는 자마다 그에게서 난 줄을 알리라.

그리스도의 이름으로 치욕과 박해를 당하는 자,
그럼에도 불구하고 의를 추구하며 거듭남을 증명하며 사는 자,
그리스도 예수 안에서 경건하게 살고자 하는 자,

그들이 복되고,
그런 자들에게 영광의 영이신 하나님의 영이 함께하신다.

거듭남의 증거, 의 (義)

거듭난 자들은 의로운 삶을 살게 되고, 또한 그런 삶을 살아가야 한다.

세상에서 말하는 의란 사람으로서 지키고 행해야 할 바른 도리다. 믿는 사람이나 믿지 않는 사람이나 의로운 행실은 삶의 바른 가치 기준이 된다.

그러나 세상의 의는 시대와 지역에 따라 그 기준이 변하기 때문에 온전한 진리라고 설명하기는 어렵다. 시대와 장소를 초월한 '의', 즉 '절대 의'는 성경에만 존재한다. 성경은 의의 기준을 예수님께 확장해 정의한다. 예수 그리스도가 죄인들을 위해 십자가에 죽으심으로 '의'는 온전히 성취되었고, 그의 의로우신 행위로 말미암아 이 땅의 모든 죄악과 사망은 꺾이고 진정한 절대 의와 진리가 실현되었다.

그렇기에 예수님을 믿는 자들만이 진정한 의가 무엇인지 알 수 있고, 그 의를 실천하며 살 수 있다. 진정으로 성령으로 거듭난 그리스도인들은 의롭다 칭함을 받고, 거듭남의 결과로 의를 행하는 삶을 살게 된다. 즉, 의를 행하는 것은 거듭남의 증거다.

우리는 때로 거듭남이 무엇인지, 또 '내가 거듭난 자인가' 하는 의문을 품을 때가 있다. 지금까지의 방식이나 태도를 버리고 새롭게 시작한다는 '거듭남'의 의미 때문에, 많은 사람은 내가 무언가를 버리고 새롭게 시작해야 진짜 거듭난 것으로 착각하곤 한다.

그러나 진정한 '거듭남'은 원죄 때문에 죽었던 영이 예수 그리스도를 믿음으로 영적으로 새 사람이 되는 것을 의미한다. 예수 그리스도를 믿는 믿음으로 우리는 이미 거듭난 자가 되었고, 진정으로 거듭난 자는 예수를 따라 의를 행하는 삶을 살 수밖에 없다.

그렇기에 의를 행하는 것이 거듭남의 증거가 되는 것이다. 내 안에 예수 그리스도가 계심을 깨닫고 살아가는 거듭난 자들은 내주하신 성령의 도움으로 악을 멀리하며 말씀에 따른 의로운 삶을 살아갈 수밖에 없다.

그러나 의로운 행실이 거듭남의 증거라는 사실에 완전히 공감하지 못하는 것도 사실이다. 세상에는 믿음이 없는 자들도 도덕적으로 올바른 삶을 지향하며 본이 되는 의로운 삶을 살고 있고, 반대로 많은 그리스도인이 그런 삶을 살지 못하는 경우를 너무나 많이 보아왔기 때문이다.

나는 '예수 믿는 사람이 더 하네…'라는 비난을 받을 만한 행동을 하지는 않았는가?
나는 정말 정의롭고, 공평하고 의로운 사람인가?
나는 믿음이 있는 자로서 마땅히 지켜야 할 의를 행하며 사는가?
나는 거듭난 자로서 의로운 행실을 하며 살고 있는가?
내 삶에서 의로움이 거듭남의 증거로 보여지는가?
나는 말씀을 따라 사는 자인가?
나는 정말로 예수님의 제자다운, 의로운 발자취를 따라 걷고 있는가?

우리 스스로 각자에게 나직이 이 질문을 던질 때, 선뜻 대답이 나오지 않는 이유를 깊이 묵상할 필요가 있다. 거듭난 자의 정체성은 의와 진리로 거룩하게 된 것에 있다. 그들의 마음에 심겨진 씨가 '의의 씨앗'이기에 열매 역시 의로울 수밖에 없다.

성경에서 말하는 의로운 삶이란 하나님께서 받으시기에 합당한 진리를 따르는 삶을 말한다. 하나님께서 받으시기에 합당한 진리는 예수 그리스도이고 말씀이다.

> [요한복음 14:6] 예수께서 이르시되 내가 곧 길이요 진리요 생명이니 나로 말미암지 않고는 아버지께로 올 자가 없느니라.

진리 되신 예수 그리스도만이 의로운 자다. 그렇기에 의를 행한다는 것은 예수 그리스도를 닮아가며 그의 의를 따르는 것이다.

▍하나님의 자녀가 가져야 할 속성, 의(義)

> [시편 89:14] 의와 공의가 주의 보좌의 기초라 인자함과 진실함이 주 앞에 있나이다.

하나님은 의와 진리로 이 땅을 다스리신다. 또 인자하심과 진실하심 또한 잊지 않으시는 분이다. 만약 하나님께서 공의로만 세상을 다스리신다면 이 땅에는 살아남을 자가 없을 것이다. 거듭났음에도 불구하고 여전히 불의를 행하는 자들은 하나님의 공의에 결코 합당하지 않기 때문이다.

그러나 하나님은 인자와 자비를 당신의 자녀에게 보이시고 보살피시며 계속해서 되돌릴 수 있는 기회를 주신다. 우리가 저 천국에 갈 수 있도록, 성화의 과정을 잘 이겨낼 수 있도록, 끝까지 은혜를 베푸시며 견인해 주신다.

하나님은 언약적 사랑에 근거해 그의 자녀들을 긍휼히 여겨주심으로 나약한 인간의 범죄함에도 불구하고, 그들이 구원에 이르기까지 지켜 보호하시며 의와 공의를 실현해 주신다. 우리가 진멸되지 않음은 하나님의 인자와 긍휼이 무궁하시기 때문이다. 그 은혜를 체감하고 깨달았다면, 거듭난 자들은 의로운 자녀답게 살지 않을 수가 없을 것이다.

> [예레미야애가 3:22] 여호와의 인자와 긍휼이 무궁하시므로 우리가 진멸되지 아니함이니이다.

하나님의 공의와 사랑 안에서 다스림을 받는다는 사실에 감사해야 한다. 하나님은 그분의 사랑하는 아들인 예수 그리스도의 의가 우리 안에 있음을 기억하시며, 우리의 허다한 죄와 오점을 그의 자비로우심에 근거해 용서해 주신다. 또 우리가 천국에 갈 때까지 변함없는 진실함과 의로움으로 다스리시고 인도하신다. 그러므로 거듭난 우리는 천국에 갈 때까지 의로운 행실로 하나님께 기쁨이 되는 자녀가 되어야 한다.

▎천국을 가기 위한 필수 조건, 의(義)

> [마태복음 5:10] 의를 위하여 박해를 받은 자는 복이 있나니 천국이 그들의 것임이라.

'의를 행하는 것'은 천국에 가기 위한 필수 조건이다. 사탄은 믿는 자들이 한 명이라도 천국행에서 낙오되길 바라며 어떻게든 필사적으로 방해 공작을 펼친다. 그렇기에 천국에 들어가는 과정, 성화의 과정에는 핍박과 고난, 가로막힘은 당연한 것이다.

그 당연함을 인정하고, '천국이 나의 것'임을 믿으며 의를 위하여 고난을 능히 이겨내야 한다. 핍박과 고난의 상황에 매몰되고, 방해 요소에 집중하는 것은 사탄의 전략에 넘어가는 것이기에, 그런 상황일수록 주를 더욱 의지해야 한다. 하나님께서 말씀하시는 형통은 상황과 상관없이 하나님과 함께하는 것이다. 주님과 함께한다면 못 넘을 장애물이 없다.

마태복음 5장 10절에서는 적극적이고 능동적으로 받는 핍박이 복이 있음을 강조하고 있다. 천국을 소유하려면 의를 얻어야 하고, 그 의를 얻기 위해서는 핍박을 달게 받아야 한다는 것이다.

의를 위하여 박해를 받는 자!

박해를 통해 의를 얻는 자!

그렇게 의를 얻는 자는 복이 있고 그들에게 천국이 임한다고 성경은 말씀하시기에, 의를 행하는 것은 천국을 가기 위한 필수 조건이 되는 것이다.

적당한 타협으로 신앙생활을 하는 자들에게 핍박은 거부의 대상이 되거나 의미 없는 고난이 될 수 있다. 어느 순간 자기도 모르게 십자가를 빼고, 이적 같은 축복만 바라게 된다. 세상과 예수님 사이에 적당히 걸쳐서 늘 편안한 신앙생활을 하기 때문에 고난을 통한 의를 얻기에 만무하다.

우리가 구원받은 것 자체가 가장 큰 은혜임을 기억해야 한다. 이 땅에서 사는 동안 잘 먹고 잘 사는 삶, 내가 원하는 대로 살아가는 삶을 위해서 주님이 오신 것이 아님을 명심해야 한다. 핍박과 고난이 두려워 예수님 따르기를 주저하는 자들에게 천국은 합당하지 않다.

거듭난 자가 최종적으로 도달할 곳은 이 땅, 이 나라가 아니라 하나님의 나라, 천국이다.

오늘날 그리스도인들을 바라보는 사회적 인식은 매우 부정적이다. 이중인격자로 매도당하기도 하고, 교회 일에만 충실한 이기주의자, 융통성이 없는 답답한 사람이라 비난 당하기 일쑤다. 삶의 고백으로 드리는 헌금조차 교회에 갖다 바치는 제물로 여기며, 예배와 기도 생활에 열심인 모습을 보이면 광신자 취급을 받는다.

목숨의 위협까지는 아니라고 해도 세상 사람들의 부정적인 시선과 조소는 믿는 자들에게 분명한 핍박과 고난이 아닐 수 없다.

그러나 기꺼이 적극적으로 그 핍박과 고난을 받아들이며 믿음으로 옳은 길을 꾸준히 걸어나가야 한다. 믿음으로 열심히 살아감에도 받게 되는 고난은 주님께서 허락하신 고난이고, 그 과정을 주님께서 다 알아주신다.

주를 믿는 자에게는 결국 천국이 임한다. 말씀 가운데, 기도 가운데 평안을 누릴 수 있는 축복은 아무에게나 주어지는 것이 아니다. 그것이 이 땅 가운데 누릴 수 있는 천국의 기쁨이기도 하다.

성경에서 하나님의 의를 추구했던 인물들을 찾아볼 수 있다. 모세는 바로 공주의 아들이라는 특권을 포기하고 하나님의 백성으로 살기를 더 소망했다.

> [히브리서 11:24-26] 믿음으로 모세는 장성하여 바로의 공주의 아들이라 칭함 받기를 거절하고 도리어 하나님의 백성과 함께 고난 받기를 잠시 죄악의 낙을 누리는 것보다 더 좋아하고 그리스도를 위하여 받는 수모를 애굽의 모든 보화보다 더 큰 재물로 여겼으니 이는 상 주심을 바라봄이라.

모세는 애굽의 금은보화보다 상 주실 예수님을 더 크게 여겼기에, 그의 신분이 보장해 주는 삶의 유익을 모두 포기할 수 있었다. 애굽의 금은보화는 모세가 살아가는 날 동안은 보장해 줄지 몰라도 천국은 절대 보장해 주지 못한다.

세상의 유익과 금은보화를 예수님의 가치와 동등하게 여기는 자들은 영적 안목이 없기에 보이지 않는 믿음의 세계와 천국의 가치를 온전히 바라볼 수 없다.

모세처럼 하나님의 의를 추구했던 또 다른 인물은 바로 다윗이다. 다윗은 사울에게 위협을 당하며 죽을 고비를 여러 차례 넘긴 자다. 다윗은 사울에게 복수할 수 있는 절호의 기회가 있었음에도, 사울을 왕으로 세우신 하나님의 섭리를 기억하며 사울을 죽이지 않았다.

다윗의 시로 유명한 시편 23편을 보면, 그가 사울에게 쫓길 때 의로우신 하나님을 의지하며 이겨냈음을 잘 알 수 있다.

[시편 23:5] 주께서 내 원수의 목전에서 내게 상을 차려 주시고 기름을 내 머리에 부으셨으니 내 잔이 넘치나이다.

사망의 음침한 골짜기와 같은 세상 한복판에서 우리가 할 일은 세상의 득실을 따지는 것이 아니다. 다윗처럼, 예수님만을 소망으로 삼고 잠잠히 의의 손길을 의지하며, 하나님의 섭리만을 따라야 한다. 비록 이해할 수조차 없는 상황일지라도 내 판단으로 해석하지 말고, 하나님의 고차원적인 섭리와 인도하심을 믿고 신뢰해야 한다.

그렇게 행한 다윗을 높여주시고 그의 삶을 영광과 존귀로 덧입혀 주신 하나님은 우리의 하나님이기도 하다.

또 '내 잔이 넘치나이다'라는 다윗의 고백과 같이 의를 행할 때 우리의 영혼은 진정한 만족에 거하게 되고 영광의 자리에 설 수 있다.

▎핍박을 당한다 해도 의를 행하라

우리가 믿는 예수님은 하나님의 의를 이루기 위해 오셨고, 사셨고, 죽으셨다. 예수 그리스도는 진정 '하나님의 의' 자체가 되는 분이시다.

거듭난 자는 예수님을 믿고 예수님을 본받는 예수님의 제자다.

그리스도인이라는 이유만으로 세상에서 핍박을 받는 것은 거듭난 그리스도인이라는 증거이며, 예수님의 제자라는 증거다. 그렇기에 의를 위해 고난과 핍박을 받는 것은 어쩌면 축복이다. 이미 천국 시민권을 획득한 자임을 자랑스럽게 여겨야 한다.

그러나 사탄과 세상은 우리가 예수님을 부인할 때까지 우리의 믿음을 흔들며 공격하고 유혹할 것이다. 그 공격과 유혹을 당연하게 여기며 개의치 말고 믿음으로 이겨내야 한다.

주님께서 분명히 말씀하셨다.

[요한복음 15:18-20] 세상이 너희를 미워하는 것은 나 예수를 먼저 미워하기 때문이다. 너희가 세상에 속해있다면 세상이 자기의 것을 사랑할 것이지만, 내가 너희를 세상에서 택하여 너희가 세상에 속한 자가 되지 않았기에 세상은 너희를 미워하는 것이다. 사람들

이 나를 핍박했듯이 너희도 핍박할 것이다. 그러나 그들이 내 말을 지켰듯이 너희의 말도 지킬 것이다(『쉬운 성경』).

세상은 의를 행하는 자를 미워하는 것처럼 보이지만, 실상은 우리 안에 계신 예수님을 미워하고 시기하는 것이다. 나를 위해 대신 십자가의 모진 핍박을 받으신 예수님을 위해, 하나님의 의를 위해 선택받은 거듭난 자들은 믿음을 지키며 의를 행해야 한다.

의를 행하는 일은 절대 쉬운 일이 아니기에, 그 과정에서 받는 핍박과 치욕은 당연하며, 비록 그럴지라도 의를 갈망하며 추구하라고 예수님은 우리에게 권면하신다. 의를 위하여 박해를 받고 치욕을 당하면서까지 인내하고 이겨내는 자는 복이 있는 자이고, 하나님의 영이 그들 위에 함께 하신다.

의를 추구했던 모세와 다윗이 세상의 특권은 포기했으나 천국의 특권은 결코 포기하지 않은 것처럼, 우리 역시 천국에 가기까지 의로운 삶을 살아내야 한다. 모든 삶에서 거듭난 자에 합당하게 적극적으로 의를 행해야 한다.

[디모데후서 3:12] 무릇 그리스도 예수 안에서 경건하게 살고자 하는 자는 박해를 받으리라.

[베드로전서 4:14] 너희가 그리스도의 이름으로 치욕을 당하면 복 있는 자로다 영광의 영 곧 하나님의 영이 너희 위에 계심이라.

그리스도의 이름으로 치욕과 박해를 당하는 자.
그럼에도 불구하고 의를 추구하며 거듭남을 증명하며 사는 자.
그리스도 예수 안에서 경건하게 살고자 하는 자.
그런 자들을 복되다 칭찬하시고, 그런 자들에게 영광의 영이신 하나님의 영이 함께하신다.

주님!
주님을 믿고 따르며 제자의 삶으로 살아가는 과정에서 참 많은 방해가 있습니다. 가장 큰 방해는, 여전히 사탄의 작은 공격에도 흔들리고 낙심하는 제 자신입니다.
평강을 잃고, 온갖 걱정과 의심과 불안이 나를 엄습합니다.
그것을 나도 모르게 받아들이는 내 자신이 안타깝고 처절합니다.
그러나 그럼에도 불구하고
주를 따라 의롭게 살고자 하는 자에게 고난은 축복이라 거듭 말씀하시는 주님!
나의 상한 심령을 주님께서 치료하여 주시고, 안위하여 주소서.

문제는 오직 주님만이 해결하실 수 있습니다.
욱여쌈을 당해 모든 것이 막힌 상황도,
곤고하고 갈급한 영적 상황도,
오직 주님만이 해결하실 수 있습니다.
내 원수의 목전에서 내게 상을 차려 주시고 내 잔을 채우소서.

주님, 저는 성령으로 거듭난 자입니다!
제가 주님을 온전히 따르는 자,
의를 행하는 자가 되게 하소서.
온갖 핍박과 고난 중에도 의를 전부로 여기며, 말씀을 따르고자 하는 삶 가운데 당신의 평강과 안식이 임하길 바랍니다.
내 모든 삶의 증거가 의로움과 하나님의 기쁨이 될 수 있길,
의를 따르고자 하는 삶이 승리할 수 있길 주님께서 친히 인도하소서.

■ 아빠의 묵상

[요한일서 2:29] 너희가 그가 의로우신 줄을 알면 의를 행하는 자마다 그에게서 난 줄을 알리라.

진정한 거듭남은 원죄 때문에 죽었던 영이 예수 그리스도를 믿음으로 영적으로 새 사람이 되는 것을 의미한다. 따라서 거듭난 자는 예수님을 따라 의를 행하는 삶을 살 수밖에 없다. 그 의를 행하는 것이 거듭난 자의 증거다.

의(義)!

세상의 옳음과 예수님의 옳음은 다르다. 세상은 인간이 옳음을 정의하고 다수가 정하는 바를 옳음이라 정의한다. 그러나 예수님의 옳음은 창조

주이신 하나님의 뜻을 행하신 옳음이다.

예전에 교회를 나가면 주변에서 '너도 예수쟁이냐'라는 말들을 많이 했다. 특히, 안 믿는 친척들에게 그런 말을 들을 때면 더없이 속상하고 야속했던 기억이 있다.

그러나 다시 생각해 보면, 그때나 지금이나 나는 '예수쟁이'이고 싶다는 마음이 여전하다.

'쟁이'라는 말은 숙련공이나 그것에 미쳐있는 사람들을 두고 하는 말인데, 이 얼마나 멋진 단어인가?

'예수에 미친 예수쟁이.'

그런데 이 말을 비꼬는 용도로 사용하는 것이 문제가 된다. 지금 세상은 기독교를 '개독교'라는 은어로 바꾸어가며 비꼰다. 오늘 목사님 말씀처럼 예수님의 의를 따라 행하는 삶에는 분명 고난과 환난과 핍박이 있다. 하지만, 예수님의 더 큰 은혜도 있다. 그것을 믿음 생활 속에서 난 경험했다.

또한 우리의 모든 순간을 우리 예수님이 함께하신다고 하신다. 이렇게 예수님께서 함께하시는 평안을 누를 고난은 없을 것이다. 아무리 큰 고난도 예수님께서 주시는 평안 앞에서는 영 맥을 못 출 것이다. 그러니 어떤 문제와 상황 가운데 놓였을지라도 주님 안에 거해야 한다.

계속해서 조금씩이라도 우리 예수님 더 닮아가고 그분의 의를 따라 행하는 삶을 살아가고 싶다. 어제보다 오늘이, 오늘보다 내일이 예수님의 옳음을 조금씩이나마 더 깨닫고 행하는 '예수쟁이로서의 삶'을 살아가겠다.

■ 재녀의 묵상

의를 추구하며 거듭남을 증명하며 사는 자, 그리스도 예수 안에서 경건하게 살고자 하는 자들을 하나님은 복되다 말씀하시고, 그런 자들에게 영광의 영이신 하나님의 영이 함께한다고 축복하신다.

그렇다면 나는 의를 추구하며, 그리스도 예수 안에서 매 순간 경건하게 살고자 노력하는 자인지 돌아보게 된다.

1퍼센트의 정결하지 못한, 비좁은 틈을 사탄은 기어코 비집고 들어와 우리의 거룩을 방해한다고 하는데, 나는 너무나 많은 틈을 허용하고 있었던 것이 아닌지 회개하게 된다.

그러나 정결치 못한 나의 죄를, 의롭지 못한 나를 우리 주님의 보혈의 공로로 속죄해 주신다니, 그 은혜에 빚진 자로서, 그 크신 은혜를 갚는 심정으로 더욱 의지적으로 의를 행하는 삶을 살도록 노력해야겠다. 그러기 위해서는 나의 생각과 감정과 무의식까지 주님께 의지해야 한다. 오직 주님만이 나의 전 인격을 주관하셔서 정결과 거룩의 삶을 살도록 친히 훈련시켜 주실 것이다.

나를 꺾이게 하시고, 나를 깨지게 하시는 시간들이, 곧 의를 위한 거룩한 시간임을 깨닫게 된다. 꺾이고 깨지는 것은 아프고, 때론 고통스러울 수 있으나, 그것이 나의 정결을 위한 '가시'라면 더욱 기도함으로 주님께 나아가야 할 것이다.

나를 의롭게 하시고 은혜와 언약의 말씀으로 찾아와 주시는 주님… 그 말씀으로 하나님의 거룩하심과 영광이 증거되며, 나의 삶을 통해 하나님의 영광과 거룩하심이 드러나길 예수님의 이름으로 기도드립니다.

성도를 사랑하라

[요한일서 3:10] 이러므로 하나님의 자녀들과 마귀의 자녀들이 드러나나니 무릇 의를 행하지 아니하는 자나 또는 그 형제를 사랑하지 아니하는 자는 하나님께 속하지 아니하니라.

성령으로 거듭난 자들에겐
예수님께서 '이미' 보여주시고, '이미' 전해주신 사랑이 가득하다.

그 사랑을 증거해야 하는 것을 앎에도
여전히 자기애(愛)에 빠져 그 사랑을 실천하지 못한다.
사랑치 못하는 믿음은 거듭난 자에겐 '죄'가 될 수 있다.

예수님께서 보여주신 '자기 희생적 사랑'을
누리고 증거하는 삶을 살아야 한다.

거듭남의 증거, '사랑의 실천'

거듭난 새로운 피조물에게는 '의와 사랑'이 가득하다. 하나님의 거룩한 속성인 공의와 사랑이 우리에게 가득하다.

'거듭남'의 첫 번째 증거가 '의를 행함'이라면, 두 번째 증거는 '사랑의 실천'이다. 주님께서는 거듭난 자들이 '성도를 사랑하는 삶'을 살길 원하신다.

> [요한일서 3:8-9] 죄를 짓는 자는 마귀에게 속하나니 마귀는 처음부터 범죄함이라 하나님의 아들이 나타나신 것은 마귀의 일을 멸하려 하심이라 하나님께로부터 난 자마다 죄를 짓지 아니하나니 이는 하나님의 씨가 그의 속에 거함이요 그도 범죄하지 못하는 것은 하나님께로부터 났음이라.

하나님의 자녀와 마귀의 자녀는 '죄를 짓는 여부'에 따라 극명하게 구분된다고 말씀하신다. '죄를 짓는 여부'는 궁극적으로는 의와 사랑을 행함의 여부와도 깊은 관계가 있다.

성경은 의를 행하지 않거나 형제를 사랑하지 않는 자를 마귀의 자녀라고 말씀하신다. 이 말씀에 많은 그리스도인이 다소 의아해하거나 심지어 거북한 반응을 보이기도 하는데, 이는 많은 그리스도인이 형제를 '제한적으로 사랑'하고 있기 때문이다.

"이 정도면 나름 형제 사랑을 잘 실천하고 있다"라고 착각하기도 하고, "어떻게 모든 사람을 다 사랑할 수 있단 말인가?"라며 항변하기도 하고, "요즘처럼 악한 시대에 미워하지만 않아도 되는 것 아닌가?" 하며 무관심의 태도를 사랑의 한 방편이라고 합리화한다.

그러나 이 모든 판단은 우리의 생각에서 기인한 것일 뿐, 하나님의 입장에서 볼 때는 모두 '형제를 사랑하지 않는 죄'에 불과하다.

형제 사랑은 하나님의 명령이다.

> [요한일서 4:21] 우리가 이 계명을 주께 받았나니 하나님을 사랑하는 자는 또한 그 형제를 사랑할지니라.

> [요한일서 2:10-11] 그의 형제를 사랑하는 자는 빛 가운데 거하여 자기 속에 거리낌이 없으나 그의 형제를 미워하는 자는 어둠에 있고 또 어둠에 행하며 갈 곳을 알지 못하나니 이는 그 어둠이 그의 눈을 멀게 하였음이라.

형제를 사랑하는 자는 빛 가운데 거하고, 형제를 미워하는 자는 어둠 속에 거한다고 말씀하신다. 어둠 속에 있다는 것은 '마귀의 자녀'를 상징한다. 어쩌면 죄악이 만연한 세상에서 '형제를 사랑하지 않는 것'쯤은 죄로 취급될 수 없다고 반문할 수도 있다.

그러나 '사랑하지 않는 차가운 마음, 미움'은 모든 죄악의 근간이 된다. 미움은 핍박하는 마음을 낳는 죄악 된 본성이기 때문이다. 미움은 하나님을, 예수님을, 십자가를, 경건의 삶을 배척하게 만든다.

실제로 악인들은 죄악 된 본성으로 그리스도를 핍박했다.

> [갈라디아서 4:29] 그러나 그 때에 육체를 따라 난 자가 성령을 따라 난 자를 박해한 것 같이 이제도 그러하도다.

'성령을 따라 난 자.'

하나님의 언약 안에서 하나님의 사명을 감당하는 의로운 자들은 핍박을 받는다. 예수님 역시 '의인의 고난'을 받으셨다. 의로운 자만이 받을 수 있는 모진 핍박을 받고 십자가에서 돌아가신 주님처럼, 주님을 따랐던 자들 역시 의인이었기에 죽기까지 순종하고 순교했다. 수많은 순교자가 그러했다.

> [이사야 50:6] 나를 때리는 자들에게 내 등을 맡기며 나의 수염을 뽑는 자들에게 나의 뺨을 맡기며 모욕과 침 뱉음을 당하여도 내 얼굴을 가리지 아니하였느니라.

> [요한복음 18:22] 이 말씀을 하시매 곁에 섰던 아랫사람 하나가 손으로 예수를 쳐 이르되 네가 대제사장에게 이같이 대답하느냐 하니.

> [사도행전 21:13] 바울이 대답하되 여러분이 어찌하여 울어 내 마음을 상하게 하느냐 나는 주 예수의 이름을 위하여 결박 당할 뿐 아니라 예루살렘에서 죽을 것도 각오하였노라 하니.

사도 바울 역시 예수님의 이름을 위하여, 예수님을 향한 사랑으로 죽음을 각오하는 순교의 삶을 살았다. 그는 자기를 배척하고 핍박하는 자를 미워하지 않고 사랑으로 품었다. 그 이유는 단 하나, 예수님께서 그리하셨기 때문이다. 사도 바울은 그 사랑을 표현함으로써 그들에게 구원이 필요한 것을 증명한 것이다.

> 원수를 사랑함이 예수를 사랑함이다.

우리는 인간관계에 있어 '기브 앤 테이크'(give and take)의 공식을 철저할 정도로 잘 적용하며 살아간다.

그러나 예수님의 사랑으로 거듭난 자들에게는 상대를 위한 헌신의 결과는 중요하지 않다. 우리는 이미 예수님께 너무나 큰 사랑을 값없이 받았기 때문이다. 상대를 위한 헌신의 결과가 심지어 배신이고 핍박일지라도, 예수님이 그러하셨기에, 예수님이 그리하셨듯이 의와 사랑을 표현할 수 있어야 한다.

▌ 제자 됨의 증거, 사랑

사랑은 예수님의 제자 됨을 증거해 주는 것이다.

> [요한복음 13:34-35] 새 계명을 너희에게 주노니 서로 사랑하라 내가 너희를 사랑한 것 같이 너희도 서로 사랑하라 너희가 서로 사랑하면 이로써 모든 사람이 너희가 내 제자인 줄 알리라.

요한복음 13장 34절이 말씀하는 "서로 사랑하라"는 말씀은 전혀 새로운 계명이 아니다.

> [레위기 19:18] 원수를 갚지 말며 동포를 원망하지 말며 네 이웃 사랑하기를 네 자신과 같이 사랑하라 나는 여호와이니라.

구약에서도 이미 이웃을 서로 사랑하라고 명령하셨는데, 예수님께서 제자들에게 '새 계명'이라고 거듭 강조하시며 서로 사랑하라고 말씀하시는 이유는 이전에 주었던 계명보다 더 완성되고 더 완전한 새로운 사랑을 전하기 위해서였다. 율법의 완성으로 오신 예수님께서 주신 '새로운 사랑'을 제자들이 실천하길 바라셨다.

'자기 이웃을 사랑하라는 제한적 사랑'에서 '원수까지 사랑하라'는 '자기희생적인 완전한 사랑'을 실천해야 한다. 제자들은 예수님을 위해, 교회와 성도를 위해 그 사랑을 증명해야 했기에 순교도 각오할 수 있었다.

우리 역시 예수님께서 보여주시고 본받길 바라셨던 '그 사랑', '자기희생적인 완전한 사랑'을 실천해야 한다. 거듭난 자는 그 사랑을 실천하며 예수님의 제자 됨을 증명해야 할 사명이 있다.

그리스도인들의 행동 원리, 사랑

> [요한이서 1:6] 또 사랑은 이것이니 우리가 그 계명을 따라 행하는 것이요 계명은 이것이니 너희가 처음부터 들은 바와 같이 그 가운데서 행하라 하심이라.

사도 요한은 사랑의 계명을 실천하길 권면하며 위와 같은 말씀을 전했다.

사랑은 예수님의 계명에 따라, 예수님께 배운 말씀을 따라 그대로 행하며 살아가는 것이다. 세상 사람들은 개인적 감정과 상대적인 대응에 따라 사랑의 정도를 정하고, 사랑을 표현하기도 하고 무관심으로 일관하기도 한다. 그러나 거듭난 자들은 오직 예수님의 말씀에 따라 그가 보인 사랑의 방식을 따라 사랑을 표현할 수 있어야 한다. 진실로 예수님을 온전히 알게 되면, 예수님의 사랑처럼 서로 종노릇하며 섬기기를 기뻐하는 사랑을 할 수 있게 된다.

새로운 생활의 증거, 사랑

예수님이 보여주신 사랑은 그분이 붙여주신 영혼에 대해 어떠한 대가도 바라지 않는 사랑이다. 새롭게 거듭난 자들은 예수님의 충만한 사랑으로 이미 가득하기에 상대에게 어떠한 대가도 바라지 않는 온전한 사랑을 베풀 수 있다. 그것이 거듭난 자들에게 허락하신 새로운 삶이다.

> [로마서 5:5] 소망이 우리를 부끄럽게 하지 아니함은 우리에게 주신 성령으로 말미암아 하나님의 사랑이 우리 마음에 부은 바 됨이니.

이미 우리 마음엔 하나님의 사랑이 가득해서 미움과 원망, 부정과 불만의 부정적 감정이 들어설 틈이 없다. '성령의 활발한 운동'으로 말미암아 사랑이 늘 넘쳐나게 된다. 그 사랑의 마음으로 진실한 영적 교제를 나눌 수 있다.

골로새 교회 성도들은 온갖 이단 사상들로부터 신앙의 순수성을 지키기 위해 힘겨운 믿음의 싸움을 이어갔다. 그들은 현실적인 어려움 속에서도 성령 안에서 믿음 안에서 사랑으로 하나 되었다. 거듭난 자들에게만 나타날 수 있는 '사랑으로 새로 된 모습'을 서로에게 증명해 보였고, 그 사랑의 증거를 세상에 전했다.

성령 안에서의 사랑은 '세상에 사랑을 전하는 통로'가 된다. 우리는 '사랑으로 새로워진 생활'을 증거하며 사랑의 통로가 되어야 한다. 사랑의 교제를 통해서 세상 사람들이 하나님의 사랑을 깨닫게 될 것이다. 우리는 그저 '이미' 받은 사랑을 합당하게 전할 뿐이다. 우리는 이 사랑을 증거하는 사명을 능히 감당하고 해내야 한다.

성령을 받았음에도 형제를 사랑하지 않고, 무관심으로 일관한다면 그것은 하나님의 사랑을 받은 자가 아님을 증명하는 것과 같다. 영혼을 원망하고 정죄하고, 무관심으로 일관하는 태도는 마귀가 좋아하는 행위다.

'원수까지 사랑하는 완전한 자기희생적 사랑'을 기억해야 한다. 십자가에서 몸소 보여주신 예수 그리스도의 사랑을 온전히 알고, 그 사랑을 실천함으로 우리는 우리가 아닌 예수 그리스도를 드러내야 한다.

주님께서 '이미' 우리에게 큰 사랑을 주셨다. 그에 대한 감사를 입술로만 고백하는 데서 그치지 말고, 삶으로 고백해야 한다.

삶이 지치고, 힘들고, 인정조차 받지 못해 수시로 무너지고, 핍박마저 받아 한계에 부딪힐지라도, 날 위해 죽기까지 하신 주님의 그 크신 사랑을 느끼고, 그 사랑 가운데 충만히 거해서 새롭게 허락하신 삶을 누려야 한다.

그리고 그 사랑을 전해야 한다. 그 사랑만이 우리의 지친 삶을 부끄럽지 않게 만든다. 헛되지 않게 만든다.

고난이 고생이 되지 않고, 축복이 될 수 있는 것은 우리가 주님의 사랑에 거하고, 그 사랑을 전할 때 가능해진다. 그 축복은 반드시 우리에게도 증명되고 세상에도 증명될 것이다.

■ 아빠의 묵상

> [요한일서 3:10] 이러므로 하나님의 자녀들과 마귀의 자녀들이 드러나나니 무릇 의를 행하지 아니하는 자나 또는 그 형제를 사랑하지 아니하는 자는 하나님께 속하지 아니하니라.

거듭남의 첫째 증거는 의를 행함이고, 두 번째 증거는 성도를 사랑하는 삶이라 하신다.

그런데 성도를 사랑하라는 기준이 예수님께서 사랑하신 것처럼 사랑해야 한다고 말씀하신다. 예수님께서 죽기까지 사랑하셨기에 나도 성도를, 또 원수까지도 죽기까지 사랑해야 한다.

내가 가족도 아닌 다른 사람을 죽기까지 사랑할 수 있을까?

가족도 예수님이 사랑하신 것처럼 사랑하기 힘들텐데…

예수님이 말씀하신 사랑의 기준에 순간 거부 반응이 일어났다.

유독 떠오르는 '원수 같은 사람'들을 어떻게 사랑할 수가 있겠는가?

그것도 죽기까지 사랑하는 것은 솔직히 불가능할 것 같았기 때문이다.

가만히 생각하니 늘 귀에 박히도록 듣던 원수를 사랑하라는 말씀이 오늘은 왜 이렇게 힘들까를 한참 곱씹으며 고민해 보게 된다. '하나님 유독 오늘 말씀에 거부반응이 있는 건 왜일까요?'라고 여쭙기도 하면서 나를 다시 깊이 성찰해본다.

'기브 앤 테이크'를 바라는 것이 정형화되어 있어서 그런 것인지, 아니면 머릿속에 떠오르는 몇몇 원수 같은 사람들 때문에 그런 것인지, 아니면 말씀을 온전히 내 것으로 받아들이지 않아서 그런 것인지 생각해 보았다.

묵상 한참 뒤에 내가 놓친 것과 부족한 것을 깨닫게 해 주셨다. '죽기까지 사랑하라'는 말씀에 내 감정의 지배를 받은 본능이 격하게 거부했던 것을 깨달았다. 생각과 경험만으로, 즉 이성적으로만 접근하다 보니 예수님은 안 계시고 죽기까지 사랑하라는 행위만 강조되어 '넌 할 수 없어, 거부해'를 외쳤던 것이다.

내가 아무리 노력해도 예수님처럼 그 어떤 누구도 사랑할 수 없다. 신이신 예수님께서 인간으로 오셔서 죽기까지 사랑하신 그 사랑을 감히 따라할 수도 없고 흉내도 낼 수조차 없다.

예수님을 온전히 알고 성령님의 충만한 임재하심이 아니라면 나는 그 어떤 사람도 진정으로 사랑할 수 없음을 깨달았다.

너희 원수를 사랑하며 너희를 박해하는 자를 위해 기도하라.

맞다. '원수를 사랑하라' 그 뒤에 '기도하라'가 있다. 내가 내 힘으로 혼자 할 수 있는 것이 아무것도 없고, 주님을 온전히 알며 성령님과 함께해야 할 수 있다.

이번 한 주는 주님과 동행하고 기도하며, 먼저 나에게 원수 같은 사람이었을지라도 사랑해야 할 그 사람들에게 안부 톡이라도 보내는 사랑의 작은 실천을 해보도록 노력해야겠다.

■ 재녀의 묵상

[레위기 19:18] 원수를 갚지 말며 동포를 원망하지 말며 네 이웃 사랑하기를 네 자신과 같이 사랑하라 나는 여호와이니라.

하나님은 원수도 사랑하라 하셨다. 우리에게 원수를 섬길 수 있는 기회를 주시는 것이다. 우리는 사랑의 실천을 통해 그 영혼이 변화될 수 있는 기회를 잡아야 한다. 그것이 '원수도 사랑하라'는 하나님의 뜻이기 때문이다.

한 영혼을 변함없이 견고하게 세울 수 있는 것은 사랑의 실천밖에 없다고 말씀하셨다. 원수 된 영혼조차도 사랑하고 축복하고 기도해 줘야 한다. 그러면 반드시 그 영혼은 변화될 것이다.

[마태복음 5:43-44] 또 네 이웃을 사랑하고 네 원수를 미워하라 하였다는 것을 너희가 들었으나 나는 너희에게 이르노니 너희 원수를 사랑하며 너희를 박해하는 자를 위하여 기도하라.

내 마음의 깊은 우물에는 어떤 소리가 들리는가?

내 마음에 있는 것이 입 밖으로 나온다고 하였는데, 나는 나의 편한 상대에게, 어떤 말과 마음을 가감 없이 내뱉었는지 돌아보게 된다.

내 마음의 우물이 주님의 것으로 채워져 있다면, 그 우물을 퍼내는 나도, 그 우물을 건네받는 누군가도 주님으로 인해 변화될 줄 믿어야 한다. 내 심중의 깊은 중심과 내면의 모든 영역이 주님의 온전한 것으로 매일 채움 받고 변화되길 소망한다. 그로 인해 진실한 사랑이 전해지길 또한 소망한다.

그러기 위해서는 무엇보다 나의 옛 자아를 죽이고, 사랑의 실천이 필요함을 깨닫게 된다.

예수님께서 그리 하셨듯이 원수를 사랑하는 마음을 품고, 그 영혼을 축복해 주며 악을 선으로 이길 수 있길 기도한다.

주님의 형상을 닮아가라

[고린도후서 3:18] 우리가 다 수건을 벗은 얼굴로 거울을 보는 것 같이 주의 영광을 보매 그와 같은 형상으로 변화하여 영광에서 영광에 이르니 곧 주의 영으로 말미암음이니라.

주여!
수건으로 덮인 나의 실존과 영적 상태를
깨닫게 하시니 감사합니다.

어둠의 실존에서
빛을 보게 하실 분도 주님 한 분뿐이시고,
주님의 형상을 닮아갈 수 있도록 이끄시는 이도,
성화의 과정을 온전케 완주할 수 있도록 도우시는 이도
오직 주님 한 분뿐입니다.

영적 어둠의 수건을 걷고,
빛의 자녀답게
육체의 정욕을 제거하고,
선행을 도모하며,
하나님의 종과 같이 형제를 사랑하겠습니다.

무엇보다
당신을 두렵고 떨리는 마음으로 경외하는 삶을 살겠습니다.

실존을 깨닫게 하시는 것이 은혜

예수님의 보혈의 공로로 성령으로 거듭난 자는 반드시 예수님의 형상과 그리스도의 향기를 드러내야 한다. 여전히 죄 된 옛 습성으로 인해 불가능해 보일지라도, 그럼에도 불구하고 예수님을 닮아가려고 애써야 한다.

하나님은 우리가 예수님을 닮기를 원하시기에 때로는 우리의 실체를 적나라하게 바라보게 하시고, 우리의 거짓 프레임을 속히 걷어내도록 도우신다. 나의 실존을 보게 되면, 주의 역사하심의 필요성을 비로소 자각하게 되고, 주의 도우심을 간절히 바라게 된다.

그렇기에 그동안의 신앙적 노력이 허사처럼 느껴진다 할지라도, 정확하게 나의 실존을 볼 수 있는 것은 큰 은혜다.

'수건을 벗은 얼굴'로!

> [고린도후서 3:18] 우리가 다 수건을 벗은 얼굴로 거울을 보는 것 같이 주의 영광을 보매 그와 같은 형상으로 변화하여 영광에서 영광에 이르니 곧 주의 영으로 말미암음이니라.

주님은 우리에게 주어진 정체성에 합당하게 주님의 형상을 닮아가라 명령하신다. 주님의 형상을 닮아가는 삶은 오직 주님만 따르는 삶이다.

'수건'은 영적 어둠을 상징한다. '수건'은 인간적인 가치관에 둘러싸여 예수님을 똑바로 보지 못하게 막는 영적 장애물이다. 수건으로 얼굴을 싼 자는 영적으로 둔감하여 바로 앞에 계신 예수님조차 바라볼 수 없다. 은혜를 은혜로 여기지 못한다. 영적으로 가리어진 자는 진리를 깨닫지 못하기에, 어둠 속에서 갑갑해 할 수밖에 없다.

하지만, 주님을 따르는 삶을 살 때는 어제보다 오늘이, 오늘보다 내일이 새로워진다. 주님께서 늘 새로운 날을 주시기 때문이다. 그러나 영적 어둠에 갇힌 자는 새날의 새 빛을 누릴 수 없어서, 늘 그날이 그날 같고, 심지어는 새날을 고통으로 받아들인다.

영적 어둠이 지속되고 한계에 봉착할 때, 주님은 밑바닥까지 내려가 허우적대는 우리의 실존을 직면하게 하신다.

퍼붓는 영적 공격에 그동안 쌓아둔 맷집조차 무용지물이 되고, 무기력해지고, 작은 방해 하나에도 휘청대며, 실오라기 같은 믿음조차 희미해지는 것을 느끼게 된다. 뻣뻣하게 견디다가 이내 부러진다. 무언가가 억누르고 짓누르는 한계까지 가서야 비로소 주를 힘겹게 떠올린다.

> 주님이 없다면 내가 이렇게 비천하고 비참하고 나약한 존재입니다.
> 주님, 나를 긍휼히 여기소서.
> 나의 실존을 깨닫게 하시니 감사합니다. 제가 주 없이 살 수 있을 거라 생각했던 마음속 깊은 교만을 주 앞에서 회개합니다.

주님은 사랑하는 자녀가 너무나 아파하고 견디기 힘들어한다는 것을 아시지만, 때때로 그 과정을 그대로 허락하신다. 그 과정을 통해, 수건으로 가리어진 영적 상태를 스스로 깨닫게 하시고, 수건을 걷어 버리도록 도우시기 위해서다.

예수님 안에 온전히 거할 때만이 그 수건은 비로소 벗겨진다.

> [고린도후서 3:14] 그러나 그들의 마음이 완고하여 오늘까지도 구약을 읽을 때에 그 수건이 벗겨지지 아니하고 있으니 그 수건은 그리스도 안에서 없어질 것이라.

우리는 이미 그리스도 안에서 수건이 벗겨진 자다. 그렇기에 영적으로 무뎌진 상태를 심각하게 받아들이고 영적 상태를 점검하고 재정비해야 한다. 말씀이 안 들리고 기도해도 여전히 마음이 답답하다면 그것은 사탄이 미혹하는 거짓 된 상태이다. 오직 성령님만이 사탄의 미혹을 능히 이길 수 있도록 도우신다.

수건이 마음을 덮었더라

> [고린도후서 3:15] 오늘까지 모세의 글을 읽을 때에 수건이 그 마음을 덮었도다.

유대인들 마음에는 수건이 덮여 있었다. 하나님께 직접 받은 글을 생생하게 전해 들었음에도, 그들 마음에 스스로 덮은 수건 때문에 말씀을 듣지도, 지키지도 않았다. 심지어 훗날, 구주 되신 예수 그리스도께서 직접 찾아오셨음에도 불구하고 그들은 불신과 부정으로 일관하며 끝내 주를 박해하며 십자가에 못 박기까지 했다. 유대인의 이 안타까운 상태는 어두운 영인 '수건'이 그들의 눈과 마음과 생각을 다 덮었기 때문이다.

마음은 생명이 거하는 처소다. 그렇기에 마음을 지키는 것은 생명을 지키는 것과 같다. 마음은 생명의 근원이며, 우리의 모든 감정과 의지, 실천이 마음에서 시작되기에 우리는 주 안에서 마음을 굳건히 지켜야 한다.

[잠언 4:23] 모든 지킬 만한 것 중에 더욱 네 마음을 지키라 생명의 근원이 이에서 남이니라.

그 마음에 '수건'을 덮었다는 것은 '생명'을 덮는 것과 같다. 우리는 때론 "내 마음이 요즘 너무 어려워"라는 말을 하곤 하는데, 이는 참 위험한 표현이기도 하다. 왜냐하면, 말씀에 근거해 이 표현을 다시 해석해 보면, 생명의 근원을 덮은 심각한 상태라는 고백이 되기 때문이다.

이 마음 상태가 계속 유지된다면 치명적 타격이 올 수도 있다. 실제로 삶이 파멸에 이르기까지 한다. 그렇기 때문에 우리는 항상 우리의 마음 상태를 점검해야 한다. 만약 어떤 이가 생명에 위협을 느끼는 심각한 상황에서 '수건이 덮인 마음의 상태'의 근본 원인을 찾지 못한다면, 그는 참으로 안타까운 결과를 맞이하게 될 것이다.

천국과 지옥의 실존을 모른 채, 이 세상이 전부인 것처럼 살아가는 사람들에게 생명은 그저 세상살이를 위한 한 수단일 뿐이다. 믿는 자 중에도 여전히 예전의 죄악 된 모습을 고집하고, 자기만족과 안일함, 적당주의로 신앙생활을 하는 자들에게도 역시 생명은 그저 일시적인 삶의 수단에 불과할 것이다.

[고린도전서 15:19] 만일 그리스도 안에서 우리가 바라는 것이 다만 이 세상의 삶뿐이면 모든 사람 가운데 우리가 더욱 불쌍한 자이리라.

주께 받은 생명은 그저 이 땅에서만 잠시 누리고 살기 위해 받은 것이 아니다. 성령으로 거듭난 자가 받은 생명은 이 땅에서뿐만 아니라 저 천국에서 영원한 삶을 영위하기 위해 받은 새 생명이다. 영생을 위한 생명이다.

그러나 영적 어둠에 빠져 여전히 수건에 덮여 있거나, 수건을 걷어내지 않는 자들은 예수 그리스도의 얼굴에 있는 영광의 빛을 모른 채 서서히 죽음과 멸망에 다다르게 된다. 이러한 영적 무지와 영적 어두움에서 벗어나기 위해서는 예수 그리스도께 나오는 방법만이 유일하다.

[고린도후서 3:16] 그러나 언제든지 주께로 돌아가면 그 수건이 벗겨지리라.

주님을 닮아가고자 하는 성화의 과정은 꼭! 필요하다

마음이 수건으로 덮인 것을 '아는 것'은 은혜다. 그것을 인지조차 못 하는 자는 영적으로 아둔한 자요, 불쌍한 자다. '수건으로 얼굴과 마음이 가리어진 자'는 예수님과 상관없이 살고, 결국엔 사망의 문턱까지 다다르게 된다.

예수님 없이 사는 삶, 예수님이 필요 없다며 자만하고 사는 삶, 예수님과 동행하며 산다고 착각하는 삶은 수건으로 얼굴과 마음이 가리어진 안타까운 삶이다.

덮인 수건이 벗겨지고, 영적 어둠 상태에서 빠져나오게 되는 자는 '거듭 난 자'이다. 내가 '벗고', 내가 '빠져나오는 것'이 아니라, 주의 영으로 주의 도우심으로 '벗겨지고, 빠져나오게 되는 것'이다.

진실로 우리는 예수님의 공로로 인해 새 사람이 되었고, 성화의 과정을 거쳐 결국엔 영화의 단계까지 이르러 주님의 영광을 보게 되는 자들이 되었다.

이처럼, '복음의 빛'이 임하면 예수님을 닮아가며 예수님의 형상으로 변화되어 영화의 단계에 이를 수 있다. 예전의 나를 부인하고, 새 사람이 되어, 예수님을 닮아가기 위해서는 끊임없는 성화의 과정을 거쳐야 한다. 끊임없는 자기 부인과, 자기 십자가의 연단을 통해 우리는 예수님을 비로소 조금씩 닮아갈 수 있다.

그런데 이 거룩한 성화의 과정을 무시하고 주의 영광만 바라는 자들이 있다. 우리가 꼭 명심할 것은 이 영광은 성화의 과정과 십자가 영광을 놓치고는 절대 불가하다는 것이다.

[고린도후서 4:6] 어두운 데에 빛이 비치라 말씀하셨던 그 하나님께서 예수 그리스도의 얼굴에 있는 하나님의 영광을 아는 빛을 우리 마음에 비추셨느니라.

하나님은 우리를 어둠에서 불러내어 '수건'을 걷어내시고 빛 가운데 들어가게 하셨다. 그리고 허물과 죄로 죽을 수밖에 없었던 우리가 예수 그리스도의 얼굴에 있는 하나님의 영광을 알아볼 수 있도록 하셨다. 진실로 그 어떤 인간도 그리스도를 떠나서는 하나님의 영광에 다다를 수 없다. 또한 영적 어둠의 수건이 벗겨졌다 한들, 예수님을 닮아가는 거룩한 성화를 이루지 않고서는 영생을 얻을 수 없다.

하나님께서 독생자 예수의 핏값을 지불하시면서까지 우리에게 허락하신 구원은 이스라엘 백성들처럼 선민의식에 우쭐대며 교만하라고 주신 것이 아니다.

우리를 거듭난 자로 구원하신 목적은 예수님을 닮아가는 성화의 삶을 통해 이 땅에서 하나님을 영화롭게 하고 하나님을 기뻐하는 삶을 사는 것에 있다. 그런 삶을 살기 위해서는 삶과 언행에서 예수님의 형상이 드러나는 사명을 감당해야 한다. 거듭난 자를 통해 예수님의 아름다운 덕, 복음이 선포되어야 한다. 이 사명은 이 땅에서의 사명일 뿐 아니라, 영원한 생명을 누리기 위해서도 반드시 실천해야 할 필수 요소다. 그리스도의 형상을 닮아가는 실천적인 삶을 살아야 한다.

> [베드로전서 2:9] 그러나 너희는 택하신 족속이요 왕 같은 제사장들이요 거룩한 나라요 그의 소유가 된 백성이니 이는 너희를 어두운 데서 불러 내어 그의 기이한 빛에 들어가게 하신 이의 아름다운 덕을 선포하게 하려 하심이라.

그리스도의 형상을 닮아가는 방법

▪ 육체의 정욕을 제어하라

> [베드로전서 2:11] 사랑하는 자들아 거류민과 나그네 같은 너희를 권하노니 영혼을 거슬러 싸우는 육체의 정욕을 제어하라.

그리스도의 형상을 닮아가는 첫 번째 방법은 육체의 정욕을 제어하고 이겨내는 것이다. 육체의 정욕이란 하나님 밖에서 만족을 얻으려고 하는 인간의 세속적 욕구와 욕망이다. 성령으로 거듭난 새 사람임에도 불구하고 우리의 마음은 전쟁터가 되어 옛 자아와 새 자아가 끊임없이 갈등하곤 하는데, 이것은 당연한 일이다. 다만 이 정신적 갈등을 영적으로 잘 분별하여 세속적이고 악한 영을 단호히 끊어낼 수 있어야 한다.

마음의 갈등 앞에서 분별하고, 결단하고, 말씀을 적용하며, 성령의 인도하심에 따라 실천하는 이 모든 것이 성화의 과정이 된다. 한 발 한 발 주를 따르며, 주를 닮아가고자 애쓰는 모습 속에서 빛의 자녀답게 '착함과 의로움과 진실함'의 열매를 맺게 된다.

나의 실존을 인정하고!

단호히 *끊어내며*!

흔들림 없이 결단해야 한다.

빛의 자녀에게 허락하신 빛의 열매를 우리 삶의 결실로 만들어야 한다.

[에베소서 5:8-9] 너희가 전에는 어둠이더니 이제는 주 안에서 빛이라 빛의 자녀들처럼 행하라 빛의 열매는 모든 착함과 의로움과 진실함에 있느니라.

- **선행을 도모하는 삶을 살아라**

    [베드로전서 2:15] 곧 선행으로 어리석은 사람들의 무식한 말을 막으시는 것이라.

빛의 자녀답게 살기로 결단했다면, 선행을 추구할 수 있어야 한다. 하나님의 뜻대로 행하는 선행은 어리석은 자들의 비방과 험담을 잠잠케 할 수 있다. 옳고 그름의 논쟁 속에서, 때로는 손해를 보더라도 하나님의 뜻이라면 잠잠할 필요가 있다. 굳이 대적자들과 시시비비를 가리며 논쟁을 키울 필요가 없다. 잠잠히 들어주고, 잠잠히 인내하며, 잠잠히 선행을 베푸는 것은 예수님을 드러낼 수 있는 가장 좋은 방법이다.

크고 작은 갈등이 있을 때마다 잠잠히 본이 되고 선행을 실천하는 것은 현실적으로 결코 쉬운 일이 아니다. 그러나 주를 믿는 믿음으로 빛의 자녀답게 결단한 자는 잠잠히 주를 따를 수 있다. 주의 말씀을 의지하고 성령의 인도에 반응할 때 주님께서 그 상황 가운데 나를 통해 보이고자 하는 선(善)이 무엇인지 깨닫게 되고, 선을 행(行)하게 된다. 그것을 통해 사람들 역시 예수님의 선을 깨닫게 된다.

- **하나님의 종과 같이 형제를 사랑하며 하나님을 두려워하라**

    [베드로전서 2:16-17] 너희는 자유가 있으나 그 자유로 악을 가리는 데 쓰지 말고 오직 하나님의 종과 같이 하라 뭇 사람을 공경하며 형제를 사랑하며 하나님을 두려워하며 왕을 존대하라.

거듭난 자는 하나님께서 허락하신 영혼들을 서로 사랑하는 것이 마땅하다. 예수님의 형상을 닮아가고 있다는 증거는 결단하고, 선행까지 나아가는 것인데, 이 선행은 형제 사랑과 하나님을 경외함으로 표출되어야 한다.

하나님께 인정받는 삶을 살고 싶다면, 언제 어디서나 형제를 사랑하고 하나님을 경외하는 마음 자세로 코람데오의 삶을 살아가야 한다.

우리는 율법의 완성되신 예수님을 주인으로 삼고, 하나님의 영광을 보며 사는 자들이다. 우리는 덮인 수건으로 막막한 어둠을 바라보는 자들이 아니다. 감히 누릴 수 없는, 차마 볼 수 없는 하나님의 찬란한 영광을 보고 사는 자들이다.

하나님의 영광 가운데 들어가는 일은 칭의함을 받을 때부터 일어난다. 그리고 우리가 영화에 이르기까지, 그리스도의 형상을 닮아가는 성화는 거듭난 자라면 반드시 거쳐야 하는 필수 과정이다.

그리스도의 형상을 닮아가는 일은 거듭난 자의 사명이며 책임이다. 거듭난 자의 정체성이 그러하기에 자격을 갖추어야 한다. 그 자격은 예수님을 닮고자 하는 성화의 과정을 책임감 있게 겪어내는 것이다. 주님의 은혜가 없다면 불가한 일이기에 주님을 따르고자 하는 자에게는 그 은혜를 부어주시고 비로소 그 자격은 갖춰진다. 구원의 시작과 과정, 끝이 되어 주시는 예수님의 은혜만이 진정한 성화의 과정을 완성할 수 있게 한다.

우리가 할 일은 주님의 형상을 닮아가기 위한 목표를 정하고, 말씀의 명령에 따라 한 걸음, 한 걸음, 목표를 향해 걸어가야 한다. 육신의 정욕을 따랐던 예전 모습을 끊어버리고 결단하여, 빛의 자녀답게 선행을 도모하며 주의 은혜 가운데 거하다 보면, 주의 형상이 나를 통해 증거될 것이다.

주님! 나의 폐부 깊숙한 치부까지도,
나의 밑바닥에 잠식되어 있는 완고함까지도
모두 다 드러내게 하시고,
주님이 아니면 아무것도 아닌 나의 실존을 깨닫게 하시니 감사합니다.

오랜 시간 '수건'으로 덮여서 어둠과 완악함에 곪아 있던 나의 실존을
다 깨어 부수고, 다 뜯어내고 다 긁어내는 과정을 겪게 하시니 감사합니다.
생살을 뜯어내는 아픔을 겪게 해서라도
주님의 보혈의 공로를 조금이나마 체감케 하시니 감사합니다.
그것이 성화의 과정이라고 비로소 깨닫게 하시니 감사합니다.

이제 제가 할 일을 하겠습니다.
담대히 빛의 자녀답게
주님의 형상을 닮아가는 실천적인 삶을 살아가겠습니다.

■ 아빠의 묵상

[고린도후서 3:18] 우리가 다 수건을 벗은 얼굴로 거울을 보는 것 같이 주의 영광을 보매 그와 같은 형상으로 변화하여 영광에서 영광에 이르니 곧 주의 영으로 말미암음이니라.

거듭난 자의 목적은 예수님을 닮아가는 성화의 삶을 통해 하나님을 영화롭게 하고 하나님께서 기뻐하시는 삶을 사는 것이다. 그러기 위해서는 우리의 삶과 언행에서 예수님의 형상이 드러나야 한다.

그 과정에서 실존을 깨닫게 하시는 것은 은혜다. 즉, 마음이 수건으로 덮인 것을 아는 것이 은혜가 된다.

내 마음이 무언가로 덮여 있다면?

벗겨도 벗겨도 끝이 없는 영적 어둠과 세상의 온갖 수건들로 덮여 있다면?

그렇다면 예수님을 통해 이 수건을 벗고, 영화에 이르기까지 예수님의 형상을 닮아가는 성화의 과정이 반드시 필요하다고 말씀하신다. 육신의 정욕을 끊어내는 결단을 하고, 빛의 자녀답게 선행을 행하며 은혜 가운데 거하는 삶을 살아야 한다.

닮아간다는 것은 아들이 아버지를 닮듯, 20여 년을 함께 산 부부가 닮는 것처럼 외형적 부분을 말하기도 하겠지만, 그 마음과 생각이 닮아가는 것이 진짜 닮아가는 것이 아닐까 생각해 본다.

신앙생활을 어느 정도 하다 보면 예수님과 깊은 만남도 하게 되고, 회개함으로 결단도 하고 변화도 받게 되고, 외로움과 슬픔과 고난으로 간절함에 주님을 만나기도 한다.

그렇게 주님을 만나다 보면, 점점 내가 바라보는 시선이 어렵고 힘든 사람들에게 향하고, 예수님을 모르고 사는 사람들을 만나게 되면 그들을 돕고 싶고, 그들에게 참 좋으신 하나님을 전하고 싶게 된다. 어쩌면 변화된 나의 이 심령이 성화의 과정에서 주신 하나님의 마음이지 않을까 생각해 보게 된다.

그리고 이것이 주님의 형상을 닮아가도록 돕는 주님의 견인이라고 생각한다.

가끔 성경을 읽다 보면 성경 속에서 주님이 말을 거신다.

이런 상황에서 내 마음은 어떨 것 같니?

난 대답한다.

아… 주님 많이 아프시겠어요. 죄송합니다.

이렇게 말씀 속에서, 나의 삶 속에서, 수시로 주님과 대화하듯 만나며 주님의 형상을 닮아가려고 노력해야겠다.

■ 재녀의 묵상

주님은 우리에게 세상 가장 귀한 옷, '예수 그리스도의 옷'을 덧입혀 주심으로 주님의 형상을 닮게 하셨고, '새 사람'으로 거듭나게 하셨다. 그 어떤 아름다운 보석과도 비교할 수 없는 예수 그리스도의 옷을 입은 자는 그에 합당한 행실로 살아야 한다. 세상의 헛된 풍조에 휩쓸려 살지 말아야 하고, 하나님의 약속의 말씀을 붙잡고 확신하며 살아야 한다. 하나님께서 주신 사명에 최선을 다하는 삶을 살아야 한다. 나의 본질은 그리스도의 옷을 입은 자, 주님의 형상을 닮은 자이기 때문이다.

> [갈라디아서 3:27] 누구든지 그리스도와 합하기 위하여 세례를 받은 자는 그리스도로 옷 입었느니라.

우리는 그리스도의 옷으로 '새 사람'을 입은 거듭난 자다. 그렇기에 그리스도께서 가장 선한 길로 인도하심을 믿고, 상급을 예비하신 그 '특권'에 적합한 자가 되도록 적합한 마음과 행실로 주를 따라야 한다. 주님의 형상을 닮은 거듭난 자의 신분과 정체성을 기억하며, 그에 합당한 거룩한 삶을 살아야 한다. 그 삶은 하나님의 뜻에 합당한 삶, 사명을 따르는 삶이다. 주저함 없이, 나태함 없이 그런 삶을 살아야 한다.

물론, 그런 삶은 쉽지 않다. 우리의 경험과 염려와 이성에 의존하며 '주저'할 때가 너무나 많다. 그것이 연단의 과정이라면 오래 참음과 겸손함으로 인내함이 마땅하겠지만, 그것이 영적인 나태함을 초래한다면 '빠른 순종'의 결단을 내릴 수 있어야 한다. 우리 주님의 뜻이 무엇인지, 궁금할 때도 너무나 많지만, 당신의 능하신 손 아래에서 겸손히 기다리며, 때가 되면 높이실 하나님을 의지해야 한다.

우리에게 먼저 '믿음'을 선물로 주시고, 그에 합당한 '사명'을 주신 주님!

제가 예수 그리스도의 옷을 입은 자답게 합당한 행실로 살아가길 간절히 기도합니다.

신령한 열매를 맺으라

[요한복음 15:5, 7, 8] 나는 포도나무요 너희는 가지라 그가 내 안에, 내가 그 안에 거하면 사람이 열매를 많이 맺나니 나를 떠나서는 너희가 아무 것도 할 수 없음이라… 너희가 내 안에 거하고 내 말이 너희 안에 거하면 무엇이든지 원하는 대로 구하라 그리하면 이루리라… 너희가 열매를 많이 맺으면 내 아버지께서 영광을 받으실 것이요 너희는 내 제자가 되리라

참 포도나무 되시는 주님!
우리에게 '참 포도나무의 가지'의 축복을 허락하시니 감사합니다.
주님 안에 거하기에
주님의 말씀으로 거듭났기에
반드시 신령한 열매가 우리 삶에 풍성히 열릴 것을 믿습니다.

허락하실 열매 맺는 삶으로
하나님께 영광 올려 드리고,
예수님의 제자 됨을 증명하는
거듭난 자의 삶을 살아가겠습니다.

▌거듭난 자에게 신령한 열매가!

우리는 하나님의 자녀다. 거듭난 하나님의 자녀에게는 반드시 신령한 열매가 열린다. 비록 당장 우리 삶에 눈에 보이는 열매가 열리지 않는다 할지라도, 하나님의 때에 반드시 예비된 열매가 열린다.

하나님께서 자연의 섭리 안에서 추수의 계절을 허락하셨듯이, 우리 인생에도 씨 뿌리고 열매 맺어 수확하는 추수의 때를 허락하셨다. 우리가 믿음으로 뿌린 씨앗을 하나님은 반드시 영적으로 풍성하게 거두게 하시고, 그 신령한 열매가 거듭난 삶의 증거가 되도록 이끄신다.

주님은 '신령한 열매'를 많이 추수하는 자들이 예수님의 진정한 제자이고, 그들이 하나님께 영광 돌리는 인생을 살 수 있다고 말씀하신다. 주님은 우리의 삶이 거듭남으로 인해 신령한 열매를 풍성히 맺길 바라신다.

요한복음 15장 1-8절 말씀을 통해 거듭난 자가 맺어야 할 신령한 열매는 무엇이고, 열매 맺은 자들에게 임할 은혜와 축복이 무엇인지 말씀해 주신다.

▌나는 참 포도나무요 내 아버지는 농부라

요한복음 15장 1-8절 말씀은 예수님께서 십자가 수난을 당하기 바로 전날, 제자들에게 마지막 고별 설교를 하셨던 최후의 만찬이 배경이 된다.

예수님은 이제 곧 다음날이면 제자들 곁을 떠나실 것이고, 십자가에서 인류 구원을 위해 죽으실 것이다. 하지만, 예수님은 영원히 제자들을 떠나시는 것이 아니었다. 비록 육신은 떠날지라도, 제자들에게 성령을 보내주심으로 자신과 연합된 제자들 곁에 영원히 함께하실 것을 약속하셨다.

예수님은 참 포도나무이고, 제자들은 참 포도나무인 예수님과 연합된 가지라는 말씀을 통해 제자들이 예수님을 떠나서는 아무것도 할 수 없을 뿐더러, 그 어떤 신령한 열매도 맺을 수 없다고 말씀하신다.

예수님은 자신을 '참 포도나무'라고 표현하셨다. 참 포도나무라는 품종이 없음에도 이렇게 표현하신 이유는 '진실 되고 완전한 포도나무'를 강조하시기 위함이다. 당시 진실 되지 않은 거짓 되고 불완전한 포도나무가 상징적으로 존재했는데, 바로 이스라엘 백성들이었다.

이사야 선지자는 포도원 주인이신 하나님이 베푸신 풍족한 은혜에도 불구하고 좋은 열매를 맺지 못하는 남유다 백성들을 책망한 바 있다.

> [이사야 5:7] 무릇 만군의 여호와의 포도원은 이스라엘 족속이요 그가 기뻐하시는 나무는 유다 사람이라 그들에게 정의를 바라셨더니 도리어 포학이요 그들에게 공의를 바라셨더니 도리어 부르짖음이었도다.

하나님은 이전에도 포도원에 비유되는 '에덴동산'을 만들어 주시고, 그곳에서 좋은 열매가 맺히길 원하셨다. 하지만, 아담과 하와는 하나님의 기대를 저버리고 에덴동산에서 죄악의 열매만 가득 맺고 말았다. 이를 한탄하시며 하나님은 홍수로 인류의 모든 죄악을 쓸어버리셨다(창 6:7; 7:4).

그리고 하나님은 다시 한번 인류에게 기회를 주시기 위해, 이스라엘 백성을 택하시고 그들에게 가나안 땅이라는 새로운 포도원을 허락하셨다. 이스라엘을 애굽에서 건져내시고, 그들을 젖과 꿀이 흐르는 가나안 땅으로 인도하신 것이다. 그러나 다시 허락된 아름다운 포도원에서조차 그들은 아무런 가치 없는 '들포도'만 맺을 뿐이었다. 그로 인해 남유다는 결국 바벨론에 의해 멸망하는 비극을 자초하게 된 것이다.

> [이사야 5:4] 내가 내 포도원을 위하여 행한 것 외에 무엇을 더할 것이 있으랴 내가 좋은 포도 맺기를 기다렸거늘 들포도를 맺음은 어찌 됨인고.

들포도란 작고 신맛이 나서 상품 가치가 떨어지는 포도다. 말씀에서 '들포도'란 하나님이 원치 않는 열매로서, 포도원 주인의 한탄과 실망을 받는 대상이다. 하나님은 하나님 뜻에 합당하지 않은 진실 되지 못한 거짓 된 포도는 즉시 제거해 버린다고 말씀하신다.

> [요한복음 15:2] 무릇 내게 붙어 있어 열매를 맺지 아니하는 가지는 아버지께서 그것을 제거해 버리시고 무릇 열매를 맺는 가지는 더 열매를 맺게 하려 하여 그것을 깨끗하게 하시느니라.

예수님은 하나님께서 포도원의 주인이시기에, 참 포도나무에 합당치 않은 무가치한 거짓 열매가 열린다면 가차 없이 제거해 버린다고 말씀하시면서, 자신에게 접붙여진 나뭇가지가 아니면 참되고 가치 있는 신령한 열매를 맺지 못한다는 진리를 제자들에게 설명해 주셨다.

예수님을 따르는 제자들인 우리도 참 포도나무이신 예수님과 연합된 가지들이다. 하나님은 최초의 에덴동산과 젖과 꿀이 흐르는 가나안 땅에 이어, 오늘날의 교회 역시 당신의 참 포도원으로 가꾸시길 원하신다. 또 예수님께 접붙여진 가지로서 살아가는 우리가 거듭난 자에 합당한 거룩한 열매와 신령한 열매를 맺길 원하신다.

실제 우리의 삶은 어떤가?
주님과 접붙여진 자답게, 거듭난 자답게 늘 신령한 열매를 맺고 사는가?
삶의 무게에 짓눌려, 전쟁터 같은 갈등 속에서 전적으로 타락하고 무능한 모습으로 살아가고 있지는 않는가?
그런 우리에게 어찌 선한 것이 나올까?

깊은 고뇌에 빠질 수 있지만, 그런 우리에게 주님은 이미 우리가 깨끗해졌다고 위로하시며 확언하신다.

너희는 내가 일러준 말로 이미 깨끗하여졌으니

예수님은 '너희는 내가 일러준 말로 이미 깨끗하여졌다'라고 말씀하신다. 우리가 주님의 말씀을 믿는 믿음으로 거룩하고 깨끗해졌다고, 즉 '칭의함'을 받았다고 일러주신다. 주를 믿는 믿음으로 거룩하고 정결함을 입은 자, 거듭난 자, 의롭다 칭함을 입은 자가 바로 우리의 정체성이다. 그 정체성을 잊어서는 안 된다.

오직 예수 안에 거하는 것!

예수님은 이 고별 설교를 마치시고, 이제 내일이면 골고다 언덕에서 십자가 처형을 당하실 것이다. 십자가 사건은 험난한 고난의 길이지만, 주님께서 걸어온 길이었고, 또 걸어갈 길이었고, 끝내 이뤄내야 할 영광의 길이었다.

이 길을 홀로 준비하고 계신 주님과 달리, 제자들은 여전히 철없는 모습으로 자리를 다투고 경쟁하며 시기하고 질투하였다.

> 어떻게 이 자들에게 아버지께서 위임하신 영혼 구원의 사명을 맡기고 떠날 수 있단 말인가?

제자들의 모습을 바라보시며 어쩌면 주님은 안타까움을 토로했을 수도 있다. 그러나 주님은 제자들을 꾸짖지 않으시고, 제자들에게 이 험난한 세상에서 당신의 사명을 능히 감당할 힘과 능력이 무엇인지 가르쳐 주셨다.

제자들이 사명을 완수하고 끝내 하나님이 원하시는 인생을 살 유일한 방법!

그것은 바로 오직 '예수 안에 거하는 것'이라고 단언하셨다.

> [요한복음 15:4] 내 안에 거하라 나도 너희 안에 거하리라 가지가 포도나무에 붙어 있지 아니하면 스스로 열매를 맺을 수 없음 같이 너희도 내 안에 있지 아니하면 그러하리라.

[요한복음 15:5] 나는 포도나무요 너희는 가지라 그가 내 안에, 내가 그 안에 거하면 사람이 열매를 많이 맺나니 나를 떠나서는 너희가 아무것도 할 수 없음이라.

"나를 떠나서는 너희가 아무것도 할 수 없음이라."

얼핏 들으면, 상당히 절망스러운 메시지처럼 들릴 수도 있다. 누군가를 떠나서 아무것도 할 수 없는 자는 스스로 할 수 있는 것이 아무것도 없는, 지극히 의존적이고 무능한 존재로 여겨지기 때문이다.

그렇다면 주님께서는 제자들이 이토록이나 무능하고 수동적인 인간이 되길 바라셔서 이 말씀을 하신 것인가?

결코 그렇지 않다.

곧 제자들 곁을 떠날 주님께서는 포도나무와 가지의 비유를 들며 그들을 위로하시고, 소망을 주기 원하셨다. 포도나무와 가지가 일체의 나무로 존재하듯이 주님께서는 제자들과 영원히 함께할 것이며, '너희가 내 안에, 내가 너희 안에 거하면 많은 열매를 맺나니, 절대 나를 떠나지 말라'고 강조하시며 소망을 전하신 것이다.

곧 제자들은 예수님의 십자가 수난을 두 눈으로 목도할 것이다. 그것을 지켜볼 제자들이 얼마나 두려워할지, 얼마나 낙심할지, 주님은 다 알고 계셨기에, 주님은 끝까지 제자들을 사랑하는 마음으로 그 두려움과 낙심을 이길 수 있는 말씀을 전하며 미리 준비하게 하신 것이다.

예수님은 비록 가룟 유다가 자신을 팔아 넘기는 배신을 한다 할지라도, 그 당당했던 베드로가 두려움 앞에서 예수님을 세 번이나 부인하다 할지라도, '내가 하나님이요 오실 메시아라는 사실을 흔들림 없이 믿으라'고 격려하셨다(요 3:19).

[요한복음 14:1] 너희는 마음에 근심하지 말라 하나님을 믿으니 또 나를 믿으라.

또 예수님은 제자들이 근심치 말고 '나를 믿음'으로 평안 가운데 거하길 원하셨다.

나는 비록 너희를 떠나도, 가장 강한 능력의 원천인 보혜사 성령을 너희에게 보내줄테니 걱정하지 말아라. 그 성령이 너희들에게 평안을 줄 것이야.

예수님은 성령을 주실 것을 약속하시며, 그 성령 안에서 주님의 평안을 누릴 것이니 마음에 근심도 말고 두려워도 말라고 위로해 주신다.

[요한복음 14:27] 평안을 너희에게 끼치노니 곧 나의 평안을 너희에게 주노라 내가 너희에게 주는 것은 세상이 주는 것과 같지 아니하니라 너희는 마음에 근심하지도 말고 두려워하지도 말라.

성령의 열매

예수님은 몸소 제자들의 발을 씻기시면서, 그들이 앞으로 사명을 감당하면서 보여주어야 할 모습을 친히 가르쳐 주셨다. 예수님은 제자들이 더 이상 경쟁하거나 시기치 말고, 서로 사랑하며 참 기쁨을 찾길 바라셨다. 서로 섬기는 헌신과 희생하는 삶으로 그들의 사명을 기쁨으로 감당하길 원하셨다.

하나님께서 오늘날 교회에게 바라시는 모습도 이와 같다.

서로 사랑하며, 화평을 도모하며, 기쁨과 생명력이 넘치는 삶을 사는 것!

이것이 바로 거듭난 자가 맺어야 할 신령한 열매다. 하나님의 성전 된 우리와 교회는 하나님의 기대에 부응하는 이러한 신령한 열매를 맺어야 한다.

갈라디아서 5장 22-26절 말씀은 거듭난 자가 맺어야 할 성령의 열매가 무엇이지, 왜 육체의 정욕과 탐심을 십자가에 못 박아야 하는지 알려주고 있다.

> [갈라디아서 5:22-26] 오직 성령의 열매는 사랑과 희락과 화평과 오래 참음과 자비와 양선과 충성과 온유와 절제니 이 같은 것을 금지할 법이 없느니라 그리스도 예수의 사람들은 육체와 함께 그 정욕과 탐심을 십자가에 못 박았느니라 만일 우리가 성령으로 살면 또한 성령으로 행할지니 헛된 영광을 구하여 서로 노엽게 하거나 서로 투기하지 말지니라.

거듭난 자에게는 사랑과 기쁨, 화평과 인내, 자비와 양선, 충성, 온유와 절제의 열매가 맺혀야 한다. 반대로 거듭난 자는 그 정욕과 탐심을 십자가에 못 박았기에 헛된 영광을 구해서는 안 된다. 정욕과 탐심으로 인해 허영심과 영적 교만에 빠진다면 서로 노엽게 하고 투기하는 옛 모습에 빠지게 된다. 이런 헛된 영광을 추구하는 자는 결국 '버려지는 무가치한 가지' 신세로 전락하게 된다.

예수님은 제자들과 우리들이 그런 자가 되지 않길 바라는 마음으로 예수님 안에 거하라고 당부하신 것이다.

제자들의 현 상태가 예수님의 기대에 턱없이 못미칠지라도 예수님은 제자들에게 지속적인 사랑과 기대를 거두지 않으셨다. 주님 안에만 거한다면 무엇이든 구하는 대로 이룰 것이라는 소망의 말씀을 주셨다.

> [요한복음 15:6-7] 사람이 내 안에 거하지 아니하면 가지처럼 밖에 버려져 마르나니 사람들이 그것을 모아다가 불에 던져 사르느니라 너희가 내 안에 거하고 내 말이 너희 안에 거하면 무엇이든지 원하는 대로 구하라 그리하면 이루리라.

참 포도나무 되신 예수님 안에 거하며, 신령한 열매를 맺는 자에게 주님은 무엇이든지 원하는 대로 구하면 이루어지는 축복을 허락하셨다. 다만, 이 축복에는 조건이 있음을 알아야 한다.

"내 말이 너희 안에 거하면", 즉 먼저 말씀대로 사는 자들이 되어야 그 축복의 은혜를 누릴 수 있다. 우리에게 허락된 모든 삶이 예수님의 말씀 안에서 하나님의 영광을 구하고, 예수님을 위해 생명까지도 내어 드리는 삶이 되어야 한다.

> [고린도전서 10:31] 그런즉 너희가 먹든지 마시든지 무엇을 하든지 다 하나님의 영광을 위하여 하라.

> [로마서 14:8] 우리가 살아도 주를 위하여 살고 죽어도 주를 위하여 죽나니 그러므로 사나 죽으나 우리가 주의 것이로다.

나는 무엇을 먹든지, 마시든지, 하든지 다 하나님의 영광을 위하여 했는가?
나는 살아도 주를 위하여 살았는가?
나는 주를 위해 죽을 수 있는가?

진실로 거듭난 자는 위와 같은 질문을 스스로에게 던지며 예수님 안에서 답을 찾고, 예수님 안에 거하며 내주하신 성령님의 인도하심에 따라 살아야 한다. 우리가 칭의함을 받고, 거듭난 자가 된 목적은 하나님을 영화롭게 하고 하나님을 영원토록 즐거워하는 것이다.

그 목적과 축복의 조건을 잊고, 그저 무엇이든 원하는 대로 구하고, 그대로 되는 축복의 결과만을 바란다면, 주님을 그저 내 삶의 요술램프 지니와 같은 도구로 전락시키는 것이다.

▎진실로 거듭난 자는…

진실로 거듭난 자는 예수님 안에 거하며 성령의 내주하심에 따라 살게 된다. 하나님의 영광을 위해 살고 주를 위해 살기에 하나님이 원치 않는 세속적인 욕심과 탐심, 헛된 영광을 구하지 않는다. 그렇기에 예수님의 참된 제자로서 마땅히 구할 것을 구하게 되는 것이고, 마땅한 것을 구하기에 구한 것을 받게 된다.

그런 자들의 삶에 거룩하고 신령한 열매가 가득 열리게 되는 것이다.

[요한복음 15:8] 너희가 열매를 많이 맺으면 내 아버지께서 영광을 받으실 것이요 너희는 내 제자가 되리라.

예수님은 참 포도나무이시기에 그와 연합된 제자들의 삶에 신령한 열매가 가득 열리는 것은 당연하다. '참 포도나무의 가지'라는 사명을 완수한 자들은 제자라 칭함을 받게 되고, 그들 삶에 신령한 열매가 넘쳐나기에 그 일로 인해 하나님께서 영광 받으신다.

우리 역시 참 포도나무이신 예수님과 그분의 말씀을 우리 삶에 최우선으로 여겨야 한다. 신령한 열매 맺는 우리의 삶을 통해 우리가 예수님의 제자 됨이 증거되어야 한다. 나를 통해 이루시고, 열매 맺으실 하나님을 기대해야 하고, 나를 통해 이루시고자 하시는 하나님의 간절한 소원을 이루는 자가 되어야 한다.

"과연 될까?"

"과연 이루어질까?"

더 이상 의심치 말고, 더 이상 염려치 말고, 거듭난 자에게 반드시 신령한 열매를 맺게 하실 주님의 말씀을 신뢰하며, 오직 참 포도나무 되신 주님 안에 거해야 한다.

"주님! 저는 주님께 접붙임된 가지인가요?"

참 포도나무 되신 주님 안에 거하기 위해서는 수시로 자문해야 한다.

주님은 우리에게 '나의 안에 거하라'라고 명확한 답을 주셨는데, 그 명확한 답을 삶에서 실천하지 못했음을 또한 회개해야 한다.

주님은 한순간도 우리에게 염려와 불안의 마음을 허락하지 않으셨는데, 우리는 여전히 현실에 매여 '고난의 축복'을 '고생의 연속'으로 받아들이며 살아간다.

지난날의 은혜를 잊어버리고, 거듭난 삶의 어떠한 변화도 느끼지 못한 채, 확신 안에 거했던 기대마저 수포로 돌아가게 만든다. 그렇게 정욕과 탐욕으로 헛된 영광만을 추구하는 썩은 가지, 버려진 가지, 말라비틀어진 가지가 되어 버린다.

그러나 주님은 이런 우리를 포기하지 않으시고, 다시금 살리신다. 어려운 마음, 폐부 깊숙한 원망까지도 다 헤아려 주시고, "괜찮다" 하시며 잠잠히 평안으로 인도하신다.

"나의 안에 거하라…"

우리에게 다시 한번 소망의 확신을 심어주시고, 반드시 소망의 열매를 맺게 하시는 주님을 믿고 의지해야 한다.

주님께서 참 포도나무의 가지로 우리를 자라게 하셨기에 반드시 열매 맺게 하실 것을 믿어야 한다. 아니, 이미 그 열매를 허락하시고 그 열매가 '나의 가지'에서 자라고 있음을 믿어야 한다.

비록 우리 눈에 보이지 않고, 삶에 체감되지 않는다 해도, 이미 허락하신 포도나무의 가지와 풍성한 열매를 믿음으로 기대해야 한다.

■ 아빠의 묵상

[요한복음 15:7-8] 너희가 내 안에 거하고 내 말이 너희 안에 거하면 무엇이든지 원하는 대로 구하라 그리하면 이루리라 너희가 열매를 많이 맺으면 내 아버지께서 영광을 받으실 것이요 너희는 내 제자가 되리라.

예수님 안에 거하라 말씀하신다. 포도나무 가지처럼 참 포도나무되신 예수님께 붙어 있으면 열매를 많이 맺는다고 말씀하신다. 예수님 안에 거하면, 그리고 그 말씀이 내 안에 거하면 구하는 대로 이루어지고 열매를 많이 맺게 된다. 이를 통해 하나님께서 영광을 받으신다. 이것은 우리의 바람이 아니라 우리에게 소망을 주시고자 하는 예수님의 말씀이다.

거듭난 자는 예수님 안에 거하는 자다. '거하는 것'은 그 안에 사는 것이다. 말 그대로 나무에 딱 접붙여 있어야 열매를 맺고, 한 지체가 되어야만 살 수가 있다. 가지가 잘려 나가면 말라서 썩을 뿐이다.

그렇다면 내가 주로 거하는 곳은 어디인가?

육체는 머물 집이 있다 하나, 나의 마음은 주로 어디서, 또는 무엇에 거하고 쉼을 얻으려 하는가?

현실의 어려움으로 지칠대로 지친 어느 날, 직원들과의 식사 자리에서 있었던 일이다. 마음이 답답했는지 식전 기도도 형식적으로 드리고, 주문한 설렁탕에 파를 잔뜩 집어넣었다. 그런데 그 파 조각들 속에 하트 모양이 있었다. 그것도 한 두 개가 아니고 여러 개가 둥둥 떠다니며 내 시선을 한동안 사로잡았다.

순간 마음속에서 '너를 사랑한다'라는 음성이 떠올랐다. 전혀 예상치 못한 상황에서, 예수님의 짧지만 강한 그 음성에 단단히 굳어 있던 내 마음이 녹았다. 울먹이며 간신히 설렁탕을 먹어 치우고, 그 하트 모양의 파도 먹었다. 깨끗이 설렁탕 그릇을 비우면서 난 예수님 안에 거하는 방법을 배우고 몸으로 느꼈다. 답답했던 마음이 이내 평안해졌기 때문이다.

세상에 발을 딛고 살면서 예수님 안에 거한다는 것은 어쩌면 결코 쉬운 일이 아닐 것이다. 그러나 놓치지 말아야 할 것은 예수님께서 세상에서 승리하셨고 늘 우리 곁에 계신다는 사실이다. 내가 잠시 세상에 빠져서 힘들어하고, 발버둥 치며 허우적대고 있으면 주님은 다시 날 안아주시면서 그분의 평안에 거하게 해 주신다. 우리는 비록 우리 마음의 생각과 욕심대로 행하려 하지만, 예수님은 예수님의 평안으로 우리를 이끄신다. 믿음 생활에 있어 큰 기적과도 같은 일들이 필요할 때도 있지만, 작은 이끄심을 더 많이 받고 누리고 순종할 때 점점 성령의 열매가 자라나지 않을까 하는 생각을 해본다.

■ 자녀의 묵상

주님은 우리에게 참 포도나무가 되어 주신다. 주님은 우리에게 생명까지 내어주시고, 신령한 열매와 한량없는 은혜를 넘치도록 부어주셨다. 그럼에도 우리는 그중 일부를 주님께 내어 드리는 것조차 너무나 인색할 때가 많다.

주님께 드리는 시간과 물질과 마음이 그렇게 인색해지면 안 되는데, 나는 여전히 계산하고, 판단하고, 후일을 걱정하고, 어쩔 수 없는 상황이라며 주님을 감히 납득시키기도 하고, '제 마음은 아시지요…'라며 합리화하기도 하고, 비굴해지며, 마지못한 씁쓸함을 남기기도 한다.

그럼에도 주님은 '나의 안에 거하라' 변함없이 말씀하시며, 나를 다시금 나무로 품어주신다. 이리도 비천하고 완악했던 나의 마음은 오직 회개함으로 주님의 긍휼로 정결해져야만 한다.

우리가 누리는 모든 은혜, 주님께서 허락하신 신령한 모든 은혜는 주님께서 주신 것임을 기억하고, 주님께서 주셨기에 모든 것을 다 내어 드리는 마음으로 주님께 아낌없이, 감사함으로, 기쁘게 드려야 한다.

또한 우리에게 요구하시는 헌신과 고난 역시, 그것을 받을 자격이 있는 사람에게 베푸시는 또 다른 은혜임을 깨달아야 한다. 받은 은혜와 고난의 축복을, 그 경중(輕重)을 감히 판단치 않고, 오직 허락하신 하나님의 기준으로 분별하고 말씀으로 능히 받아 누리며 하나님의 뜻대로 믿음의 분량을 키워나가야 한다.

진실로 은혜는 하나님께서 작정하셔야 가능한 것이기 때문에 우리에게 작정하신 그 은혜에 그저 감사함으로 '아멘'으로 화답하며, 고난도 순종하며 따라야 한다. 그것이 우리에게 허락하신 신령한 열매가 될 수도 있기 때문이다.

[고린도전서 10:13] 사람이 감당할 시험 밖에는 너희가 당한 것이 없나니 오직 하나님은 미쁘사 너희가 감당하지 못할 시험 당함을 허락하지 아니하시고 시험 당할 즈음에 또한 피할 길을 내사 너희로 능히 감당하게 하시느니라.

이 말씀이 진리임을 삶에서 경험케 하시고, 능히 그 믿음으로 담대히 내게 주어진 삶을 살아가게 하시는 주님, 감사합니다!

세상을 이기는 승리를 얻으라

[요한일서 5:4] 무릇 하나님께로부터 난 자마다 세상을 이기느니라
세상을 이기는 승리는 이것이니 우리의 믿음이니라.

어떠한 걸림돌도 없이, 어떠한 투지도, 어떠한 희생도 없이
전쟁에서 승리하길 원했습니다.
누군가 해주기만을, 내가 원하는 방식으로, 내가 원하는 때에
승리하기를 원했습니다.

온전히 승리할 수 있는 비결은
어떤 상황에서도
오직 주 안에서, 주의 말씀을 믿음으로
주를 따르는 순종임을 깨닫습니다.

주님께서 허락하시고 이미 이루신 승리를
매일의 삶에서 경험토록 하소서!

▍거듭난 자에게 '실패'와 '패배'는 없다.

거듭난 하나님의 백성은 감사할 수 있고, 감사할 일을 간구할 수 있다. 우리는 흔히 언제 감사하는가?

기대하고 고대하던 일이 마침내 해결되었을 때, 생각지도 않은 좋은 일이 생겼을 때, 수고하고 애쓰던 일이 좋은 결과로 마무리될 때와 같이 과정보다는 결과적인 어떤 성과가 있을 때 감사의 고백을 하게 된다.

그러나 진정한 감사는 그 결과를 이끌어 내고, 이루어 내는 모든 과정에서 나와야 한다. 믿음으로 거듭난 자는 인생을 주관하시는 '하나님의 섭리하심의 모든 과정'에 더더욱 감사해야 한다. 특별히 우리를 구원하신 예수 그리스도, 그분으로 인해 얻게 된 새 생명과 믿음의 삶에 감사해야 한다.

우리 주님은 그렇게 감사를 고백하는 자들의 믿음을 더욱 굳건히 지켜 주시고, 온전한 구원에 이르도록 도와주시며, 더불어 세상을 이기는 승리를 허락하신다.

많은 사람은 '승리와 성공'을 '패배와 실패'의 반대 개념으로 생각한다. 틀린 말은 아니지만, 거듭난 자들은 '패배와 실패'를 좀 더 다른 방향으로 생각해 볼 필요가 있다.

인생이라는 긴 마라톤에서, 특별히 거듭난 자들의 성화의 과정에서 '진짜 실패와 패배'란 아무것도 도전하지 않고 포기해 버리는 것을 의미한다. 아무것도 시도하지 않고 수동적으로 살아가는 인생, 내가 하고 싶은 것만 하면서 마치 그것이 엄청난 도전인 것처럼 포장하는 인생, 어떠한 도전도 없이 남들이 이뤄놓은 것에만 기대는 인생, 힘들면 바로 포기해 버리는 인생, 무엇보다도 우리에게 분명한 목적과 사명을 주신 예수님을 의도적으로 잊거나 배제하면서도 믿음으로 살아간다 착각하며 마음대로 살아가는 인생, 이런 인생이야말로 결과와 상관없이 실패한 인생이요 패배한 인생이라고 볼 수 있다.

요한복음 5장에 등장하는 38년 동안 병을 앓아온 한 남자는 베데스다 연못 앞에서 간절히 '바라기만' 했다. 누군가 자신을 그 연못 안으로 데려다주기만을, 언젠간 그 물이 넘쳐서 자신에게 흘러 들어오기만을 바라기만 했다.

주님께서 "낫기를 원하시오?"라고 물으셨을 때도 "선생님, 물이 움직이기 시작했을 때 나를 연못 안으로 들어갈 수 있게 도와주는 사람이 없었습니다. 제가 물속으로 들어가려고 하면 다른 사람이 저보다 앞서서 물속으로 들어가 매번 저는 들어갈 수 없었습니다"라고 대답할 뿐이었다.

물론, 거동이 불편하니 누군가의 도움이 있었다면 쉽게 연못으로 들어갈 수 있었을 것이다. 그러나 그런 도움이 쉬이 오지 않는 것을 알았다면, 물이 움직이기 이전부터 불편한 몸을 조금씩 조금씩 연못으로 움직였어야 했다. 무엇보다 그런 간절함이 필요했을 것이다. 그 간절함에 상응하는 최소한의 실천과 노력이 있었다면, 그토록 긴 세월을 하염없이 기다리며 한탄만 하며, 남 탓만 하지는 않았을 것이다.

그러나 다행인 것은 비록 그런 자일지라도 긍휼이 많으신 주님은 "일어나 걸어가라"라는 말씀을 통해 치유의 은혜를 허락하셨다는 것이다. 얼마 후, 예수님은 성전 뜰에서 다시 만난 그에게 "당신은 건강해졌으니, 더 심한 것이 생기지 않게 다시는 죄를 범하지 말라"고 말씀하신다.

우리 역시 받은 은혜를 기억하며 죄악 된 옛 습성과 믿음 없었던 나약한 옛 모습으로 돌아가는 죄를 범해서는 안 된다. 우리는 지속적으로 믿음에 붙들린 삶, 예비된 승리를 확신하며 승리하는 인생을 살아가야 한다.

때로 살면서 많은 고난과 어려움을 당한다. 그러나 우리가 잊지 말아야 할 것은 사명을 허락받은 거듭난 자에게는 반드시 고난을 통한 연단의 과정 또한 허락하신다는 것이다.

그 고난이 때로는 세상적으로 볼 때 실패나 패배처럼 여겨질지라도, 주를 의지하는 믿음으로 그 고난을 '승리로 향하는 디딤돌'로 여겨야 한다. 힘들어도 딛고 일어서서 한 걸음씩 믿음으로 건너갈 때, 어느 순간 예비된 승리의 순간이 축복으로 다가올 것이다.

▌세상을 이기는 승리, 믿음

[요한일서 5:4] 무릇 하나님께로부터 난 자마다 세상을 이기느니라 세상을 이기는 승리는 이것이니 우리의 믿음이니라.

하나님께로부터 난 자에게 허락된 승리는 세상을 이기는 승리다. 만물을 주관하시는 하나님께서 자녀 된 우리에게 아낌없이 허락하시는 승리가 바로 세상을 이기는 승리다. '하나님께로부터 난 자'는 예수님을 믿어 거듭난 자이고, 하나님의 자녀 된 우리가 바로 예수님을 믿어 거듭난 자다.

그렇다면 우리에게 허락하신 '세상을 이기는 승리'는 무엇인가?

여기서 '세상'은 하나님을 대적하는 악한 영과 세속적인 사상과 가치관을 뜻한다. 결국, '세상을 이긴다'라는 말은 하나님을 대적하는 모든 악한 영과 세속적인 세력을 이기는 것을 의미한다.

그런데 세상을 이기는 승리는 무엇으로 가능한가?

그 승리의 원동력은 바로 '믿음'이다. 우리는 주 안에서 믿음을 지키며, 최후 승리까지 선한 믿음의 싸움을 계속 이어갈 것이고, 하나님을 대적하는 세상에서 반드시 승리하게 될 것이다. 거듭난 자의 인생 여정은 결국 믿음과 신앙의 문제에 직결된다. 상황으로 실제화된 허다한 영적 공격은 믿음으로 승리할 수 있다. 세상에서는 비록 환난 당하는 듯할지라도 우리 믿음의 대상 되신 주님께서 이미 세상을 이기셨고, 죄와 사망에 대해 승리하셨기 때문이다.

그 승리가 모든 믿는 자의 것이 되었다.

> [요한복음 16:33] 이것을 너희에게 이르는 것은 너희로 내 안에서 평안을 누리게 하려 함이라 세상에서는 너희가 환난을 당하나 담대하라 내가 세상을 이기었노라.

예수님을 믿는 자에게는 예수님의 생명이 있고, 오직 그리스도의 십자가 능력으로 악한 세상을 이길 수 있는 강건함이 있다. 거듭난 자들은 하늘의 신령한 은혜와 능력을 이미 소유하고 경험한 자들이기에, 하나님의 전신갑주를 입고 악한 영의 세력을 상대해 승리할 수 있는 것이다.

> [에베소서 6:10-12] 끝으로 너희가 주 안에서와 그 힘의 능력으로 강건하여지고 마귀의 간계를 능히 대적하기 위하여 하나님의 전신갑주를 입으라 우리의 씨름은 혈과 육을 상대하는 것이 아니요 통치자들과 권세들과 이 어둠의 세상 주관자들과 하늘에 있는 악의 영들을 상대함이라.

세상을 이기는 승리는 '현재형'이다. 과거에 '이겼다'로 끝나는 것이 아니라, '지금도 여전히 이기고 있다'라는 지속적인 승리를 말하는 것이다. 예수님께서 이천 년 전 십자가에서 이루신 죄와 사망에 대한 승리가 현재 우리의 삶에도 매일 지속적으로 이뤄지고 있고, 앞으로도 그 승리는 계속 성취될 것이다.

문제는 그 승리를 나의 삶 속에서 실제화시키며 온전히 나의 삶에 적용하느냐는 것이다.

예수님께서 이루신 승리가 곧 나의 승리가 된다는 것을 아멘으로 화답하고 믿지만, 내 삶에서 그 승리가 실제화되고 있는가?

왜 나는 삶 속에서 그 승리를 느끼지 못하고, 점차 승리의 확신에서 멀어져 가는 것일까?

연약한 나의 상태에서 원인을 찾을 수도 있지만, 더 근본적으로는 우리가 사는 세상이 그렇게 만만하지 않기 때문이다.

이 세상은 악한 세력이 판치는 곳이다. 하나님을 대적하는 악한 세력들은 어떻게 하면 '믿는 자'들이 하나님과 멀어질 수 있을지에만 혈안이 되어 있고, 수단과 방법을 가리지 않고 성도가 하나님을 떠나도록 유혹한다. 우리 또한 주를 믿기 전에는 세상 풍조와 공중의 권세 잡는 자를 따라 살던 죄인들이었기에, 그 옛 습성의 유혹에 쉽사리 넘어가고 세상과 타협하게 된다.

> [에베소서 2:1-2] 그는 허물과 죄로 죽었던 너희를 살리셨도다 그 때에 너희는 그 가운데서 행하여 이 세상 풍조를 따르고 공중의 권세 잡은 자를 따랐으니 곧 지금 불순종의 아들들 가운데서 역사하는 영이라.

허물과 죄로 죽었던 우리는 예수 그리스도를 믿는 믿음으로 거듭나 주 안에서 새 생명을 갖고 살아가게 되었지만, 이 세상은 다르다. 이 세상은 여전히 세상 풍조와 공중의 권세 잡은 자, 그리고 하나님을 대적하는 악한 영의 세력이 득세하는 곳이다. 진리를 외면한 채 세속적인 자랑과 권세를 남용하며 온갖 악한 것이 만연한 '악한 세상'이 바로 우리가 사는 삶의 터전이다.

그러니 하늘의 법칙인 말씀을 따라 살아가는 거듭난 자들에게 이 세속적인 땅에서의 삶은 하루하루가 영적 전쟁터이고, 유혹의 시험대가 된다.

믿음을 지키며 말씀대로 살아가고 싶지만, 악한 영의 세력들은 순종적인 믿음의 삶을 철저히 방해하고 결국 무너트리기 위해 고군분투한다. 웬만큼 큰 믿음이 아니고서는 사탄의 공격에 타격을 받는 것은 당연한 결과가 된다. 그렇기에 우리는 세상과 악한 영의 세력들이 어떤 방법으로 우리를 예수님으로부터 멀어지게 하는지 알아야 한다. 그래야 잘 분별할 수 있다.

▌악한 세력은 어떻게 우리를 미혹하는가?

먼저 사탄은 세상 가치관의 우월성을 주장하며 우리를 예수님으로부터 멀어지게 만든다. 이 세상에서는 진리보다 더 논리적이고 더 합리적인 세상 가치관들이 때로는 더욱 유용하고 실리적이라며 그 우월성을 피력한다.

언뜻 들으면 맞는 듯한 논리로 성도들의 기독교적 가치관을 뒤흔들어 놓고 타협하게 만든다. 사탄은 결코 예수님을 부정하지는 않는다. 다만,

'그 예수님이 전부일 필요는 없다'라며 적당한 타협을 제시한다. 교묘한 설득으로 성도를 혼란스럽게 만드는 것이다.

그러나 거듭난 자는 예수님을 적당히 믿으면 안 된다. 예수님이 전부가 되어야 한다. 예수님이 전부가 되지 않는다면 그 빈 공간으로 세상의 사상과 가치관은 틈타기 시작하고, 어느 순간 사탄에게 점령 당하게 된다. 세상의 사상과 가치관을 자랑하는 자들에게는 결국 '수치'만 남을 뿐이다.

[시편 97:7] 조각한 신상을 섬기며 허무한 것으로 자랑하는 자는 다 수치를 당할 것이라 너희 신들아 여호와께 경배할지어다.

또한, 사탄은 우상 숭배와 종교 혼합주의로 우리를 유혹한다. 사탄은 믿는 자들에게 하나님 외의 다른 것을 섬기도록, 즉 하나님보다 다른 것을 더 의지하고 믿도록 우상 숭배를 부추기거나, 하나님도 섬기고 세상도 섬기라며 종교 혼합주의로 유혹한다. 하나님을 믿되, 적당히 세상과도 벗하며 살아도 된다고 제안한다.

주일성수를 한 번 빼먹었다고 믿음이 변하는 것 아니지 않느냐?
예수님은 네가 어디에 있든 너와 함께하는 분인데, 어디에 있든 마음의 중심만 잘 지키면 되지 않겠느냐?

적당히 세상과 벗하며 편하게 신앙생활하는 사람들을 근사하게 포장해 주고, 부럽게 만들며, 결국 따라 하고 싶게 만든다.

그러나 주님은 믿는 자가 두 주인을 겸하여 섬길 수 없다고 분명히 말씀하셨다.

> [마태복음 6:24] 한 사람이 두 주인을 섬기지 못할 것이니 혹 이를 미워하고 저를 사랑하거나 혹 이를 중히 여기고 저를 경히 여김이라 너희가 하나님과 재물을 겸하여 섬기지 못하느니라.

셋째, 사탄은 신앙의 안일함과 적당주의를 심어 놓는다. 사탄은 우리에게 믿음 생활을 하되 '적당하게', '편안하게' 종교 활동 정도로만 하라고 유혹한다. 새벽예배, 수요예배, 철야예배, 주일예배 등 많은 공예배 다 참석할 필요까지는 없다며 상황에 맞도록 예배를 선택하도록 유혹하고, 성경 일독할 시간에 세상의 지식과 교양을 쌓는 다독이 더 유익하다고 권유하고, 헌금할 돈으로 더 높은 수익률이 보장된 곳에 투자해 돈을 더 불리라고 설득한다. 때로는 삶의 처지를 비참하게 만들며, 헌금할 처지가 아니라고, 당장 먹고사는 게 급선무라고 다그치기도 한다.

그렇게 교회 반, 세상 반 걸치게 만들며, 서서히 믿음에서 멀어지는 자신을 발견해도 '괜찮겠지' 하는 안일한 마음을 심어 놓는다. 더 게을러지고, 더 적당주의에 빠져들며, 더 안일하게 믿음 생활을 하게 된다.

> [요한계시록 3:15-16] 내가 네 행위를 아노니 네가 차지도 아니하고 뜨겁지도 아니하도다 네가 차든지 뜨겁든지 하기를 원하노라 네가 이같이 미지근하여 뜨겁지도 아니하고 차지도 아니하니 내 입에서 너를 토하여 버리리라.

라오디게아 교회는 예수님께로부터 차지도 뜨겁지도 않은 '미지근한 신앙'에 대해 책망받은 교회다. 예수님은 '미지근한 신앙인', 적당히 세상과 타협하는 신앙인을 '토해 버릴 것'이라고 분명히 말씀하셨다. 그렇기에 사탄은 거듭난 자들이 '미지근한 신앙인'이 되도록 더 유혹한다. 세상과 예수님에게 반반 걸쳐 신앙생활하는 자들이 아무 탈 없이, 때로는 떳떳하게 더 잘 사는 것처럼 보이게 만든다.

그러나 거듭난 자는 말씀으로 분별할 수 있어야 한다. 주님은 차지도 뜨겁지도 아니한 회색주의자를 '토해 내신다'고 말씀하신 것을 기억해야 한다.

우리가 살아가는 이 세상은 믿는 자들이 살아가기에는 전쟁터와 같은 곳이기도 하다. 악한 영이 득세하는 죄악 된 세상에서 성도들이 믿음을 지키고, 그 믿음을 성장시키기에는 참으로 많은 걸림돌이 존재하기 때문이다. 안타깝게도 이 세상은 하나님의 원수인 사탄이 지배하고 있고, 더 안타깝게도 이 세상에는 믿음으로 살아가는 자들보다 그렇지 못한 자가 더 많다. 예수님에 대한 관심보다 '어떻게 하면 더 잘 먹고 더 잘 살지'에 대한 세속적 욕심에 더 관심이 많고, 팽배해진 개인주의와 이기주의뿐만 아니라, 악한 자를 억압하고 강한 자들에게 비굴한 약육강식이 만연한 세상이다. 선하고 의로운 자는 더 찾아보기 힘들어지고, 억눌리고 상처받은 자, 외로움과 소외감을 느끼는 자는 나날이 늘어가는 세상이 되고 있다.

그렇다면 이 '런 세상에서 믿는 자는 어떻게 살아가야 하는 것인가?

사탄의 세력에 망연자실하여 자포자기하고 멈춰 있어야 하는가?

절대로 그래서는 안 된다.

신앙에 있어서 '멈춤'은 유지가 아니라 퇴보다. 물론, 주님께서 거듭난 자의 구원을 완성하실 때까지 우리를 안전하게 견인하시기 때문에 구원에서 탈락되는 것은 절대 아니지만, 우리로 하여금 계속 세상과 하나님을 겸하여 섬기는 죄를 범하라고 우리를 구원하신 것이 아님을 기억해야 한다.

성도라면 악으로 물든 모든 것과 싸워야 한다.

> [야고보서 4:4-5] 간음한 여인들아 세상과 벗된 것이 하나님과 원수 됨을 알지 못하느냐 그런즉 누구든지 세상과 벗이 되고자 하는 자는 스스로 하나님과 원수 되는 것이니라 너희는 하나님이 우리 속에 거하게 하신 성령이 시기하기까지 사모한다 하신 말씀을 헛된 줄로 생각하느냐.

무엇을 해야 하는가?

거듭난 자는 말씀을 확신하며, 오직 주를 믿는 믿음 안에 굳게 서야 한다.

> [베드로전서 5:8-9] 근신하라 깨어라 너희 대적 마귀가 우는 사자 같이 두루 다니며 삼킬 자를 찾나니 너희는 믿음을 굳건하게 하여 그를 대적하라 이는 세상에 있는 너희 형제들도 동일한 고난을 당하는 줄을 앎이라.

우리의 대장 되시는 예수 그리스도 안에 승리가 있다. 그 승리를 확신하며 죄악 된 세상과 담대히 싸워야 한다. 겁내지 말고 믿음의 선한 싸움을 지속해야 한다. 승리의 비결은 오직 믿음이다.

승리의 본이자 이미 승리를 이루신 예수님을 믿고 이 세상을 살 때 진정한 승리를 이룰 수 있다. 실패가 예견된 사탄의 영역과 세속적인 가치관에 우리의 시간과 열정을 쏟을 필요가 없다. 승리의 본이 된 예수님을 따르지 않는다면, 이 세상에서의 싸움은 계속 패배의 결과를 낳을 것이고, 종국적으로는 내가 하나님을 대적하는 자리에 서게 될 수도 있음을 명심해야 한다.

우리에게는 그리스도의 남은 고난을 채우며 최후 승리를 얻을 그날까지 남아 있는 싸움, 싸워 이겨야 하는 싸움이 있다. 그렇기에 끝까지 긴장을 늦추지 말고, 말씀과 기도로 깨어서 믿음을 굳건하게 지켜야 한다. 그 굳건한 믿음을 통하여 주님의 말씀은 우리 삶에 실재가 된다.

우리의 믿음 때문에 승리가 이루어지는 것이 아니라 주를 믿는 믿음으로 말미암아 주신 약속의 말씀이 승리로 실현되는 것이다. 그 승리가 우리 삶 곳곳에 일어나는 것을 기쁘게 누리며, 예수님의 기쁨과 칭찬이 되는 주의 군사로서 최후 승리까지 전진하며 나아가야 한다.

악한 세상은 내가 받은 은혜만큼 세상과 타협하게 하고, 내가 앞으로 받을 은혜 그 이상으로 맹공격할 것이다. 이것은 당연하다.

은혜를 받아 왔고, 앞으로도 더 큰 은혜를 받을 자들은 분명히 예수님처럼 세상을 이기고 승리할 것이기에, 사탄은 기필코 그 승리를 막아낼 것이다.

때로는 온갖 감언이설로 유혹하거나, 너무나 친밀하고 친절한 회유로 내 편인 척 접근하기도 할 것이다. 때로는 사방을 욱여쌈으로 에워싸며 그 어디에도 탈출구가 없도록 틈 없이 조이기도 할 것이다.

그러나 사탄의 유혹과 방해에 무너지거나 멈춰 있어서는 안 된다. 구원의 위험 요소가 될 수 있는 여지를 만들어서는 절대 안 된다.

말씀과 기도로 깨어 분별해야 하고, 반드시 물리칠 수 있다고, 승리할 수 있다고 확신해야 한다. 전쟁터 같은 마음에서부터 믿음으로 싸우고자 하는 결단을 하고, 예수님의 좋은 병사로서 세상과 반드시 싸워내야 한다.

누군가는 우연이라고 치부할 수 있는 상황이라도 그것이 '승리의 이끌림'임을 믿어야 한다.

실패를 예견케 하는 사탄의 영역에 습관적으로 잠식되지 말아야 한다.

모든 순간을 승리로 이끄시는 주님께만 집중하고, 약속의 말씀을 믿음으로 굳건히 붙잡으며, 우리에게 승리를 주신 주님께 먼저 감사함으로 나아가야 한다.

■ 아빠의 묵상

[요한일서 5:4] 무릇 하나님께로부터 난 자마다 세상을 이기느니라 세상을 이기는 승리는 이것이니 우리의 믿음이니라.

세상을 이기는 승리의 비결은 우리의 믿음이라 하신다. 그리고 거듭난 자에게 허락된 승리는 세상을 이기는 것이라 하신다. 세상을 이기는 승리는 과거형이 아니고 현재형이다. 즉, 지금도 우리 예수님께서 승리하고 계신다는 것이다. 이것을 내 삶에서 실제화시켜 온전히 내 삶으로 나타내야 한다고 말씀하신다. 그리고 예수님께서 승리하신 것처럼 세상과 싸워 이겨야 한다고 말씀하신다.

나를 들여다본다. 나의 믿음의 정도를 들여다본다.

과연 나는 싸우면 승리할 수 있을까?

싸움의 상대는 몇천 년 묵은 사탄인데, 그를 상대해서 내 믿음이 온전히 이겨낼 수 있을까?

예수님은 이런 의문을 갖는 나에게 확실하게 말씀하신다.

이긴다!

내가 승리해 봐서 안다.

나를 믿어 봐!!

성경에는 많은 기적의 사건이 나온다. 그중에서 내게 믿음이라는 단어를 제일 먼저 떠올리게 하는 사건은 '혈루병을 앓던 여인'의 기적이다. 당시 사회에서 혈루병은 나병과 같은 부정한 취급을 받았다. 그 여인은 12년 동안 혈루병을 앓으면서 본인이 할 수 있는 것을 다 해보고 온갖 무시와 소외를 당하면서 남모르는 아픔과 고통을 간직한 채 살았을 것이다. 그래서 예수님을 본 그녀는 단지 옷자락이라도 만지면 나을 것이라는 믿음을 갖고 예수님의 옷자락을 만진다.

여기서 생각해 본다. '믿음은 예수님을 향한 간절함이 아닐까'라고… 성경에서 고침을 받은 사람들은 모두 간절했을 것이다. 각종 병과 장애와 사회적 편견 때문에 스스로를 밝힐 수 없는 처지에 놓은 약자들… 그랬기에 그들에게 더 간절하고 간절했을 예수님.

내게도 믿음은 간절함이 아닐까 싶다.

이 간절함이 오로지 예수님을 향할 때 그것은 세상을 이기는 믿음이 되지 않을까?

오늘도 예수님은 내게 말씀하신다.

이긴다!!

내가 승리해 봐서 안다.

나를 간절하게 믿어 봐!!!

■ 재녀의 묵상

하나님은 말씀을 통해 세상을 이기는 승리를 얻으라 말씀하신다. 하나님의 일을 감당해야 할 그리스도인들은 하나님의 명령을 기억하고 말씀대로 행하려고 노력해야 한다. 그럴 때, 우리 하나님은 예비하신 승리와 축복을 허락하신다. 세상의 많은 불순종의 표본을 바라보고 타산지석 삼아 빨리 돌이켜 하나님의 명령을 기억해야 한다.

충만하신 하나님께서 내 안에 임재하신다면 불가능은 없다. 하나님의 능력을 믿으며 약속의 말씀을 붙잡고, 기업의 소망을 바라봐야 한다. 우리의 범사는 하나님의 일이다. 하나님의 일을 시작함에 있어서 하나님의 뜻이 무엇인지 분별하며 코람데오의 태도로 오늘을 승리하며 살아가야 한다.

하나님은 우리를 하나님의 영광스러운 소명을 받은 자로 부르셨고, 그 사명을 감당토록 성령님과 지혜와 지식, 능력을 허락하셨다.

그러나 우리는 때로 삶에 지쳐 그 축복의 은혜를 망각하며, 세상과 사명의 교차점에서 '방황'하기도 한다. 능력을 주신 하나님의 주권을 잊고, 능력을 주신 궁극적인 목적성을 잃어 사명보다 문제에 초점을 맞추고, 그 능력을 세상의 필요를 채우기 위한 수단으로 사용할 때가 많다.

그러나 하나님은 성경을 통해 그것은 멸망의 길임을 명확히 말씀하신다. 하나님께서 허락하신 그 모든 것은 오직 하나님을 위해서만 사용해야 한다.

나에게 재능을 주신 하나님, 그 재능의 주권자이신 하나님을 인정하고, 하나님을 향해 그 재능을 사용할 때 강권함을 뛰어넘어 더한 능력을 부어 주신다 약속하신 주님… 그 주님을 한순간도 잊지 않도록 성령 충만함에 거해야 한다.

그 믿음이 능력이 될 때 우리 주님은 세상을 이기는 승리를 허락하신다. 그 승리는 하나님을 믿는 자로서, 나를 죽이고, 하나님의 방법으로 문제를 해결할 때, 더한 능력으로 모든 것을 세심히 변화시켜 주시는 하나님의 역사하심으로 가능해진다.

주님… 하나님의 영광을 위해 '행'할 때, 저의 아주 작은 실천도 더한 능력으로 크게 역사하시는 주님의 승리를 경험합니다. 작은 나의 삶에서 하나님의 영광을 위해 살 수 있도록 은혜 베풀어 주심에 깊이 감사드립니다. 우리의 영광 되시는 주님의 이름으로 기도드립니다. 아멘!

그리스도 안에서 새로운 삶을 살라

[로마서 6:4] 그러므로 우리가 그의 죽으심과 합하여 세례를 받음으로
그와 함께 장사되었나니 이는 아버지의 영광으로 말미암아
그리스도를 죽은 자 가운데서 살리심과 같이 우리로
또한 새 생명 가운데서 행하게 하려 함이라.

예수님의 생명을 누리는 자가 되어야 한다.
예수님의 능력을 전하는 자가 되어야 한다.

예수님께서 새로운 삶을 허락하셨기에
육체의 남은 때를 그리스도의 남은 고난으로 채우며 살 각오로,
주어진 삶을 담대히 살아내야 한다.

그리스도인의 '인생 이모작'이란?

은퇴 이후 제2의 인생을 설계하며 '은퇴 후가 더 빛나는 삶'을 꿈꾸는 50, 60대의 신중년층이 늘고 있다. 몇 년 전부터 '신중년층 인생 이모작'은 사회 트렌드로 자리 잡혔고, 각 기관마다 '인생 이모작 지원 센터'가 생기면서 관련 강좌와 프로그램이 많은 인기를 끌고 있다. 그만큼 은퇴 이후에 새로운 인생을 맞이하거나 성공적인 노후 생활을 꿈꾸는 사람들이 많아졌다는 것이다. 건강한 노후를 위한 제2의 인생, 인생 이모작을 통해 은퇴 후가 더 빛나는 인생을 살고자 하는 삶이 세상 사람들이 생각하는 새로운 인생이다.

그러나 그리스도인들에게는 세상과 다른 새로운 인생이 있다. 예수님을 믿기 전과 후가 다른, 새로운 이모작 인생이 있다. 예수님을 믿음으로 변화된 새로운 삶이 바로 그리스도인들의 새로운 인생인 것이다. 거듭난 자들은 그리스도 안에 거하며 이전에는 경험하지 못했던 새로운 성화의 과정을 거치고 그 과정 가운데 거룩을 추구하며 생명력 넘치는 거듭난 인생을 살게 된다.

> [로마서 6:4-5] 그러므로 우리가 그의 죽으심과 합하여 세례를 받음으로 그와 함께 장사되었나니 이는 아버지의 영광으로 말미암아 그리스도를 죽은 자 가운데서 살리심과 같이 우리로 또한 새 생명 가운데서 행하게 하려 함이라 만일 우리가 그의 죽으심과 같은 모양으로 연합한 자가 되었으면 또한 그의 부활과 같은 모양으로 연합한 자도 되리라.

오직 그리스도 안에서 살아야 한다

그리스도 안에서 새로운 삶을 살기 위해서는 먼저 그리스도 안에 거해야 한다. 로마서 6장 4-5절 말씀은 성령으로 거듭난 성도의 정체성에 대해 정의 내리고 있다.

거듭난 성도는 그리스도와 연합해 세례를 받은 자로서 죄에 대해서는 죽은 자다. 우리가 죄에 대해 죽은 자가 될 수 있는 것은 예수 그리스도의 십자가 대속의 은혜 때문이고, 죄와 사망을 이기시고 부활하신 예수님과 연합함으로 우리 역시도 새 생명을 얻게 된 것이다. 과거에 본질상 진노의 자녀로 육체의 정욕과 욕심을 따라 살았던 자들이 그리스도 안에서 성령을 좇아 빛의 자녀가 되고 주를 믿는 믿음으로 권능의 삶을 살아가게 되었다.

> [갈라디아서 2:20] 내가 그리스도와 함께 십자가에 못 박혔나니 그런즉 이제는 내가 사는 것이 아니요 오직 내 안에 그리스도께서 사시는 것이라 이제 내가 육체 가운데 사는 것은 나를 사랑하사 나를 위하여 자기 자신을 버리신 하나님의 아들을 믿는 믿음 안에서 사는 것이라.

그리스도와 연합한 자는 옛 사람이 죽는 것에 그치지 않고 반드시 부활에 동참하는 단계까지 나아가야 한다. 그리스도께서 장사한지 사흘 만에 다시 살아나셨듯이 거듭난 성도 역시 새 생명으로 부활하는 것이다.

'새 생명'은 그리스도 안에 감추어져 있던 생명을 의미한다. 이 세상 그 어디에도 그리스도와 함께 죽지 않고 새로운 생명을 얻는 경우는 없다.

태어나서 살다가 죽는 것!

이것이 모든 인간에게 공통적으로 적용되는 인생의 굴레다. 누구나 태어나서 살아가고, 살다가 죽기 마련이다. 그러나 '죽는 것'이 끝이 아닌 사람들이 있다. 하나님께서 선택하시고 부르신 자들에게는 죽지 않고 영원히 살 수 있는 부활이 있다. 부르심의 은혜를 입은 자들은 예수 안에 있는 새 생명을 받게 된다.

> [요한일서 5:12] 아들이 있는 자에게는 생명이 있고 하나님의 아들이 없는 자에게는 생명이 없느니라.

아들이 있는 자에게는 생명이 있고, 아들이 없는 자에게는 생명이 없다!

이것이 바로 우리가 예수님을 믿고 예수님 안에 거해야 하는 이유다. 예수님 안에 있다면 소망과 자유를 허락하시는 예수님의 생명이 내 안에 충만하게 넘치게 된다. 또 그리스도의 생명을 소유한 자들은 예수님이 부활하셨듯이 생명의 부활로 나아갈 수 있다.

> [요한복음 11:25-26] 예수께서 이르시되 나는 부활이요 생명이니 나를 믿는 자는 죽어도 살겠고 무릇 살아서 나를 믿는 자는 영원히 죽지 아니하리니 이것을 네가 믿느냐.

부활이고 생명이신 예수님을 믿는 자들은 영원히 죽지 않는다. 이 영적 진리를 깨달은 거듭난 자들은 이 땅에서 먹고사는 일상적인 삶을 뛰어넘는 소망의 삶을 살아야 한다.

주어진 인생을 한 번뿐인 인생이라 여기며 탕진하고, 자기 마음대로 누리며, 소위 막사는 인생으로 허비해서는 안 된다.

어쩌면 거듭난 자들에게 이 땅에서의 인생은 천국과 영생을 준비하는 과정이라고 해도 과언이 아니기에 이 땅에서도 주를 믿는 믿음으로 '잘' 살아야 한다.

> [로마서 6:6-9] 우리가 알거니와 우리의 옛 사람이 예수와 함께 십자가에 못 박힌 것은 죄의 몸이 죽어 다시는 우리가 죄에게 종노릇 하지 아니하려 함이니 이는 죽은 자가 죄에서 벗어나 의롭다 하심을 얻었음이라 만일 우리가 그리스도와 함께 죽었으면 또한 그와 함께 살 줄을 믿노니 이는 그리스도께서 죽은 자 가운데서 살아나셨으매 다시 죽지 아니하시고 사망이 다시 그를 주장하지 못할 줄을 앎이로라.

예수 그리스도와 함께 십자가에 못 박힌 우리는 죄에게 더 이상 종노릇하지 않아야 한다. 즉, 죄가 주장하는 대로 우리의 몸과 마음을 사리사욕과 탐심의 도구로 사용해서는 안 된다. 거듭난 자들이 그리스도와 함께 죽고 다시 살아났음을 진리로 받아들였음에도 여전히 죄악 가운데 거한다면 이것은 큰 모순이 될 것이다.

"다시 죽지 아니하시고 사망이 다시 그를 주장하지 못할 줄 앎이로다."

이 말씀은 우리의 옛 사람이 그리스도와 함께 이미 죽었기에 앞으로는 그리스도의 생명이 주장하는 삶을 살아야 함을 의미한다. 예수 그리스도는 부활하심으로 사망을 무력화시키셨다. 주님께서 부활하셨기에 성도들을 사망으로 이끄는 사탄의 힘 역시 무력화되었다. 그러니 우는 사자처럼 으르렁대며 우리를 공격하는 사탄은 실상 허깨비에 불과할 뿐이다.

그럼에도 무기력한 상황에 빠질 때마다 사탄의 세력이 부활한 우리를 무력화하기 위해 필사적으로 공격하는 것임을 분별할 수 있어야 한다. 그리스도의 부활이 죄와 사망을 무력화시켰듯이, 사탄 또한 우리 안에 있는 예수의 생명을 무력화하려고 총공세를 펼친다는 것을 기억해야 한다.

그렇기에 의욕을 상실한 채 무기력하고 낙심한 나의 상태를 절대 그대로 두어서는 안 된다. 그 상태를 가장 좋아하는 것이 바로 사탄이기 때문이다. 사탄은 우리의 생명을 항상 위협하고 있음을 깨달아야 한다.

▎하나님의 뜻대로 행하는 삶을 살라

예수 그리스도의 생명을 소유했다면 새로운 삶을 살아야 한다. 그 삶은 하나님의 뜻을 이루기 위해 이 땅에 오신 예수 그리스도와 같이 사는 삶이다. 예수께서 하나님의 뜻대로 행하셨기에 예수님의 생명을 소유한 우리도 하나님의 뜻대로 행하는 삶을 살아야 한다.

그러나 사탄은 우리가 하나님의 뜻대로 살지 못하도록 수시로 공격하고 생명과 거리가 먼 사망의 길을 걷도록 유혹한다. 그 삶은 무기력한 삶, 자기중심적인 삶, 배타적인 삶이다. 말씀보다 세상의 가치와 유익을 따르는 삶이다. 이런 삶은 주님께서 당신의 생명을 주시면서까지 우리에게 바라시는 삶이 아니다.

주님은 방황하는 우리에게 새로운 삶을 주시기 위해 한없는 긍휼로 위로하시고, 담대하게 기대하라며 말씀으로 믿음의 확신을 심어주신다. 주님이 원하시는 새로운 삶은 거룩하고 생명력이 넘치는 삶이다.

이 삶을 주시는 주님을 믿고 따르겠다는 결단이 우리에게 필요하다. 하나님 앞에서 거룩해져야 한다. 하나님 앞에서 내게 허락하신 예수님의 생명이 회복되길 간절히 간구해야 한다. 하나님 앞에서 하나님의 뜻대로 살기를, 하나님께서 내게 바라시는 삶을 살겠다고 결단해야 한다.

[데살로니가전서 4:3] 하나님의 뜻은 이것이니 너희의 거룩함이라 곧 음란을 버리고.

하나님의 뜻은 거듭난 자들이 거룩하게 살며 거룩한 백성답게 천국을 소망하며 살아가는 것이다. 그렇게 살아가는 자들은 '음란', 즉 우상을 버리고, 하나님보다 절대 앞서지 않는다. 이 땅에서 천국을 소망하며 살아가기에 '나에게 그리스도의 생명'이 있음을 체감하고 누리며 살아갈 수 있다.

분명히 기억할 것은 무엇을 행함에 있어 먼저 하나님 앞에서 거룩을 회복하는 것!

그것이 거듭난 자들을 향한 하나님의 뜻임을 먼저 기억해야 한다.

그럼에도 불구하고 그리스도인들은 여전히 자신을 향한 하나님의 뜻이 도대체 무엇인지 늘 궁금해하고 어려워한다. 분명한 것은 성경은 '하나님의 뜻은 이것이니 너희의 거룩함이라'는 명확한 답을 제시하고 있다는 것이다.

그렇다면 왜 그리스도인들은 위와 같은 질문을 재차 반복적으로 하는 것일까?

세상과 타협하지 않고 거룩하게 사는 삶 자체가 어렵고, 좁은 고난의 길인 것을 알기 때문이다. 어떻게든 원론적인 질문을 통해 하나님의 뜻을 운

운하는 척하며, 그 길을 피하고 싶은 숨은 의도가 있기 때문이다.

그러나 우리는 그 질문에 앞서 예수님을 떠올려야 한다. 죄가 없으신 예수님조차 하나님의 뜻을 이루기 위해 이 땅에 성육신하여 오시고, 모진 고초와 고난을 받으시고, 십자가에서 처참하게 죽으셨다. 하나님과 동등한 그리스도께서 친히 세상의 죄인들을 위해 죽기까지 하시며, 그들에게 당신의 생명을 주시고, 그들을 거룩한 자로 삼기 위해 십자가의 고난을 마다하지 않으셨다는 사실을 꼭 기억해야 한다.

> [요한복음 6:38-40] 내가 하늘에서 내려온 것은 내 뜻을 행하려 함이 아니요 나를 보내신 이의 뜻을 행하려 함이니라 나를 보내신 이의 뜻은 내게 주신 자 중에 내가 하나도 잃어버리지 아니하고 마지막 날에 다시 살리는 이것이니라 내 아버지의 뜻은 아들을 보고 믿는 자마다 영생을 얻는 이것이니 마지막 날에 내가 이를 다시 살리리라 하시니라.

예수 그리스도께서는 하나님의 뜻을 따라 자신을 십자가에 단번에 드리심으로 말미암아 우리 모든 죄인이 거룩함을 입을 수 있도록 해주셨다.

> [히브리서 10:9-10] 그 후에 말씀하시기를 보시옵소서 내가 하나님의 뜻을 행하러 왔나이다 하셨으니 그 첫째 것을 폐하심은 둘째 것을 세우려 하심이라 이 뜻을 따라 예수 그리스도의 몸을 단번에 드리심으로 말미암아 우리가 거룩함을 얻었노라.

예수 그리스도께서 죄인들이 당할 형벌을 대신 짊어지고 죽으셨기에 우리는 멸망과 저주의 형벌로부터 벗어날 수 있게 된 것이다. 예수님께서 십자가에 죽으신 '대속'은 영원하며 완벽하고 완전하다. 예수님은 단 한 번의 죽으심으로 모든 인류의 죄악을 완전히 해결해 주셨다.

그렇기에 생명과 상관없는 죄와 사망, 저주와 멸망이 우리의 것이 아님을 깨달아야 한다. 우리에게는 예수님의 생명으로 말미암은 새로운 삶과 부활만이 있음을 기억해야 한다. 우리가 거듭났다는 것, 새로운 피조물이 되어 다시 산다는 것은 곧 부활의 생명으로 사는 것이다.

▌부활의 생명으로 다시 사는 새로운 삶

> [로마서 6:10-11] 그가 죽으심은 죄에 대하여 단번에 죽으심이요 그가 살아 계심은 하나님께 대하여 살아 계심이니 이와 같이 너희도 너희 자신을 죄에 대하여는 죽은 자요 그리스도 예수 안에서 하나님께 대하여는 살아 있는 자로 여길지어다.

'모순'은 창 모(矛), 방패 순(盾)을 써서, 앞뒤가 서로 맞지 않는 말이나 행동을 의미한다. 그리스도 안에서 새로운 피조물로 거듭나 영생을 소유한 자가 부활의 생명으로 살지 못한다면 이보다 더한 모순은 없을 것이다.

새로운 피조물로 거듭난 자들은 방탕한 생활을 끊어내야 한다. 육체의 정욕대로 살면 안 된다. 음란과 정욕, 술취함과 방탕, 우상 숭배는 예수님을 믿기 전 이방인처럼 살던 때의 삶으로 그쳐야 한다.

산 자와 죽은 자를 심판하실 하나님을 두려워해야 한다. 이 땅에서의 나그네 삶은 그리 길지 않다. 우리에게 허락하신 이 땅에서의 삶은 너무나 짧기에 소중한 시간을 무의미하게 흘려 보내서는 안 된다. 내 인생 내 마음대로 즐기며 허랑방탕 유유자적 그렇게 인생을 허비해서는 안 된다.

육체의 남은 때를 '그리스도의 남은 고난'으로 채우며 살아가야 한다. 전혀 자격 없던 자가 부활의 은혜를 받았다는 것이 은혜다. 그 은혜에 감사하며 살기에도 부족한 인생이다.

> [베드로전서 4:2] 그 후로는 다시 사람의 정욕을 따르지 않고 하나님의 뜻을 따라 육체의 남은 때를 살게 하려 함이라.

우리가 우리에게 허락하신 새로운 삶에서 고난이 없는 꽃길만을 바라고, 그리스도의 고난에는 동참하길 거부한다면, 그로 인해서 부활로 인한 새로운 삶을 우리 삶에 실제화시키지 못한다면 예수님은 우리를 무어라 부르실까?

예수님은 "누구든지 하나님의 뜻대로 행하는 자가 내 형제요 자매"(막 3:33)라고 분명히 말씀하셨다.

우리의 정체성을 분명히 해야 한다. 우리는 더 이상 사탄의 주구(走狗)가 아니고, 죄의 종도 아니다. 거듭난 자는 거룩한 하나님 나라의 백성이요, 주의 군사다. 거듭난 자는 칭의함을 받아 거룩한 성화의 과정을 밟아가는 예수님의 제자들이다. 그렇기에 살면서 죄를 지을 가능성이 있다 해도 절대 죄짓는 일을 당연히 여기며 죄를 지어서는 안 된다.

성령의 인도하심과 주님의 발자취를 따라 죄의 권세와 부단히 싸워야 한다. 그것이 반복적으로 일어날지라도 반복적으로 싸우고 결국 승리를 이루어야 한다. 선을 행하다 받는 고난은 하나님의 뜻임을 기억하고 순종하며 따라야 한다.

[베드로전서 3:17] 선을 행함으로 고난 받는 것이 하나님의 뜻일진대 악을 행함으로 고난 받는 것보다 나으니라.

우리에게는 허비할 시간이 없다.

핑계 대고, 모르는 척하고, 적당히 하고, 남 탓만 하면서 허랑방탕 유유자적 인생을 무의미하게 보낼 수는 없다. 우리에게 거듭남을 허락하신 주님의 뜻은 그런 삶과는 거리가 멀다. 예수님의 생명을 덧입는 자들에게 어울리는 삶이 아니다.

무기력해지고, 낙심하며, 외로워하고, 마음이 힘들어 주저앉는 것은 사탄이 유혹하는 허깨비의 감정일 뿐이다.

같은 상황, 같은 문제 앞에서 어떤 마음으로 대하는지에 따라 그에 대한 영적 반응이 다르다는 것을 믿는 자라면 누구나 경험하지 않았는가?

사탄이 주는 허깨비의 감정에 내 마음을 쏟을 것인가?

능력 있는 새 생명의 주님께 내 마음을 집중할 것인가?

우리는 예수님의 생명을 누리는 자가 되어야 한다. 예수님의 능력을 전하는 자가 되어야 한다. 예수님께서 새 생명을 허락하셨기에 육체의 남은 때를 그리스도의 남은 고난으로 채우며 살 각오로 새로운 삶을 담대히 살아내야 한다.

■ 아빠의 묵상

오직 그리스도 안에서 하나님의 뜻대로 행하고 부활의 생명으로 다시 사는 새로운 삶!

거듭난 자는 칭의함을 받아 거룩한 성화의 과정을 밟아가는 예수님의 제자들이다.

> [갈라디아서 2:20] 내가 그리스도와 함께 십자가에 못 박혔나니 그런즉 이제는 내가 사는 것이 아니요 오직 내 안에 그리스도께서 사시는 것이라 이제 내가 육체 가운데 사는 것은 나를 사랑하사 나를 위하여 자기 자신을 버리신 하나님의 아들을 믿는 믿음 안에서 사는 것이라.

이 구절은 내 기억상 중등부 시절 점심을 먹기 위해 아침부터 외웠던 구절이다. 찬양으로도 있었기에 지금도 가끔 이 찬양을 중얼거릴 때가 있다.

그런데 청년의 어느 땐가, 이 찬양이 하나님의 따뜻한 음성처럼 내게 훅 들어왔다.

> 너를 십자가에 못 박고 너를 위해 죽으신 예수님을 믿는 믿음 안에서 살아라. 네 안에 네가 사는 것이 아니고, 예수님께서 사신다.

그때는 울면서 대답했다.

> 예, 주님, 어서 오세요. 제가 예수님을 위해 살겠습니다.

그 청년 때의 고백이 지금은 어떻게 변질되었는가 돌아보게 된다.

지금의 나는 예수님을 위해 살고 있는가?
아님 가족들을 위해 살고 있나?
그것도 아니면 나만을 위해서 살고 있나?

거듭남의 삶은 그리스도인이라 칭함을 받은 내가 거룩한 성화의 과정과 하나님의 견인하심을 통해 제자가 되는 삶이라 하셨는데, 나의 거듭남의 삶은 어째 갈 길이 더 멀어 보인다. 아직도 기우뚱 어디로 넘어질지 모르는 삶을 살아가고 있다. 새로운 삶이란 '짠' 하면 변하는 변신 로봇과 같은 삶은 절대 아닌 것 같다.

거듭남의 삶이란 어제보다 오늘 아주 조금이라도 예수님을 더 생각하고, '예수님이라면 어찌 하셨을까?'라는 물음도 더 자주 가져 보며, 아주 조금씩이나마 예수님을 닮아가려고 애쓰고, 죄에는 단호하고, 예수님의 긍휼을 구하며, 예수님의 뜻을 분별하는 삶의 연속인 것 같다. 그러면서 살아 계신 우리 예수님을 전하는 삶을 사는 것이 거듭난 자에게 합당한 삶일 것이다.

주변을 돌아보면 많은 '거듭남의 증거'가 있다. 멀리 갈 것도 없이 아내의 삶도, 딸아이의 삶도 거듭남의 증거가 분명하다. 그리고 신앙적으로 꿈틀거리는 아들의 삶도 그 증거가 되어가고 있다.

'먼저 된 자가 나중 되고 나중 된 자가 먼저 된다'라는 말씀처럼 이들은 내가 신앙적으로 게으름을 부리거나 신앙적 실천이 미약할 때마다 따라다니며 지적하고 뭐라 뭐라 혼을 내기도 한다. 그래서 오히려 감사하다. 이들은 모두 다 나의 가장 큰 기도 제목들이었기에 그 기도를 들어주신 하나님께 감사하다. 앞으로도 이들이 나보다 더 깊은 신앙인으로 자라나길, 아니 나를 비롯하여 우리 가족 모두가 주님의 장성한 분량까지 신앙이 성숙하길 오늘도 또 기도해야겠다.

■ 자녀의 묵상

[베드로전서 3:17] 선을 행함으로 고난 받는 것이 하나님의 뜻일진대 악을 행함으로 고난 받는 것보다 나으니라.

살면서 겪는 어려움은 때로는 삶의 위기처럼 느껴질 때가 있다. 힘들다, 힘들 수밖에 없다.

그러나 계속 힘들어하면 안 된다. 하나님께서 그것을 원하지 않으시기 때문이다. 하나님은 우리가 그 상황 가운데에도 말씀을 읽고 말씀으로 일어나 하나님의 크신 뜻과 계획을 깨닫길 원하신다. 그것이 하나님이 우리에게 고난을 허락하신 이유다. 하나님의 뜻은 참으로 크고 풍성하다.

> [로마서 11:33] 깊도다 하나님의 지혜와 지식의 풍성함이여, 그의 판단은 헤아리지 못할 것이며 그의 길은 찾지 못할 것이로다.

우리는 이미 하나님의 길 위에 서 있다. 하나님께서 동행하길 원하시는 그 길을 걸어가기 위해서 우리에게 요구되는 것은 믿음의 순종인 '아멘' 뿐이다. 그 길을 걸어갈 때, 때론 부족한 인간이기에 겪는 수많은 문제와 어려움이 있겠지만, 하나님은 그 문제 또한 극복할 수 있도록 도와주신다.

주님, 하나님께서 허락하신 나의 삶 가운데 주님께서 뜻하신 사역의 영역이 있음을 믿습니다. 비록 아직은 하나님 계획하심만큼 명확히는 모르나, 기도 가운데 말씀으로 보여주시며 계획하신 '단계'에 따라 이루실 줄 믿습니다.

크고 작은 문제들로 '여전히' 흔들리며 위태로운 믿음을 보이기도 했지만, 결국 저는 주님만을 선택합니다.

'여전히' 동일하신 주님은 울부짖으며 당신께 나온 저에게 나직이 말씀해 주십니다.

> 괜찮다… 내가 이룰게.
> '너의 부족함'을 허락함은 너를 아프게 하기 위함이 아니라, 너희의 부족함으로 내가 대신 일하기 위함이다.

주님, 때로 어려움이 누적될 때, 소망의 빛을 잃어갈 때, 그럼에도 불구하고 결국 주님을 '선택'하게 하시니 감사합니다. 나의 부족함이 기도가 되게 하시고, 나의 상처가 간증이 되게 하시고, 우리의 고난이 축복이 되어 주님의 역사하심을 증거할 수 있기를…

그 길 가운데 주님을 고백하고 찬양하길 기도합니다.

에필로그

L
O
V
E

　<말씀 굽는 타자기>라는 사명을 받고, 그 사명을 온전히 주의 뜻으로 받아들이기까지, 먼저는 제 자신을 깨고 부수는 과정이 필요했습니다. 큰 은혜를 받음과 동시에 많은 영적 공격을 이겨내야 했기에 힘든 시간이었습니다.

　주님은 그 과정에서 차마 인정하기 싫은 저의 완악한 실존을 직면케 하셨습니다. 작은 방해에도 휘청대는, 그토록이나 나약한 존재임을 스스로 깨닫게 하셨습니다. 주님의 도우심이 없었다면, 저는 저 자신을 온전히 부인할 수 없었을 것입니다. 어쩌면 말씀을 멋스럽게 포장하는 데만 급급한, 가식적인 글쟁이로 전락했을 수도 있었겠지요. 그것을 깨달을 수 있도록, 주님은 철저히 주님만을 의지할 수밖에 없는 고난의 상황들을 허락하셨습니다.

　녹록지 않은 삶이었지만, 주의 은혜로 지금까지 살아왔음을 고백할 수 있는 감사한 인생이었습니다. 고난 가운데 있을지라도, 아직 이루어지지 않은 수많은 약속의 말씀이 우리 가정에서 실제화될 것을 믿어온 삶이었습니다.

그러나 바라고 기다렸던 믿음과 달리, 소망과 현실의 간극은 커져 갔습니다. 그 간극 사이에서 순간 헤매었고, 뻣뻣하게 악착같이 내 힘으로 견디다가 이내 부러졌습니다. 그 한계까지 갔을 때, 비로소 주님을 힘겹게 떠올리며 보이지 않는 무거운 어둠 속에서 필사적으로 손을 뻗어 주의 옷자락을 잡았습니다.

> [시편 39:7] 주여 이제 내가 무엇을 바라리요 나의 소망은 주께 있나이다.

> 주님, 주를 위해 살 수 있도록, 다시금 허락하신 말씀을 구할 수 있도록, 주 안에서 진정한 안식과 평안을 누릴 수 있도록 저를 정결케 이끄소서…

꺼져 가는 나에게 주님은 주님을 향한 고백을 허락하셨습니다. 제발 살려달라는 그 희미한 고백을, 그 누구도 들을 수 없는 그 고백을 주님만은 들으시고 내게 나직이 따뜻하게 말씀하셨습니다.

> 그 마음이면 됐다. 잘 싸웠고, 잘 이겨냈다… 내 딸아… 나의 승리가 네게 임할 것이다.

견디기 힘든 고난과 치열한 영적 전쟁을 통해 하나님은 욥의 시험과도 같이 저에게 당신의 생명을 걸고 도와주시겠다고 약속해 주셨습니다. 받은 사명이 있기에, 받을 은혜가 크기에 고난을 통한 성장은 아프지만 축복이라고 말씀하셨습니다. 이보다 더한 가시밭길일지라도 주 안에만 거한다면 문제는 더 이상 문제가 될 수 없음을 깨달았습니다. 감히 바울의 고백을 내 삶의 고백으로 드릴 수 있게 된 것은 말씀이 허락하신 축복입니다.

> [빌립보서 4:12-13] 나는 비천에 처할 줄도 알고 풍부에 처할 줄도 알아 모든 일 곧 배부름과 배고픔과 풍부와 궁핍에도 처할 줄 아는 일체의 비결을 배웠노라 내게 능력 주시는 자 안에서 내가 모든 것을 할 수 있느니라.

결국, 우리가 처한 상황과 환경은 문제가 될 수 없을 뿐 아니라, 유의미한 인생을 살아가는 데 있어 어떤 비결도 제공하지 못합니다. 문제를 뛰어넘는 일체의 비결은 바로 주 안에 있습니다.

거듭난 자!

진정 주 안에서 거듭난 자가 되어야 합니다.

사랑하는 독자 여러분, 우리에게 거듭남에 대한 말씀이 주어졌다는 사실 하나만으로도 우리는 큰 축복을 받은 자입니다. 푯대 되시는 예수 그리스도는 언제나 우리와 함께하시며, 살아 있는 생명력으로 우리의 삶에 활기와 기쁨과 소망을 예비해 두시고 세상이 알지 못하는 은혜를 허락하십니다. 그렇기에 우리는 오직 예수 안에서 부활의 소망으로 하나님의 뜻을 실천하며 살아가야 합니다.

『말씀 굽는 타자기』의 말씀과 묵상이 여러분들에게 있어 거듭난 자의 정체성을 회복하고 주님의 은혜를 누리는 귀한 통로가 되길 소망합니다. 거듭난 자에게 합당한 새로운 삶, 하나님의 뜻대로 살아가고자 하는 거룩하고 성결한 삶, 하나님의 의를 실천하고자 하는 의로운 삶을 통해 죄를 멀리하고 오직 주님께로만 가깝게 향하는, 주님과만 합하는 자가 되시길 소망합니다.

  인내로 순종하는 믿음의 길에 하나님의 놀라운 사랑과 그리스도의 은혜가 여러분의 삶에 가득하시길 기도합니다.

CLC 묵상 시리즈

1. 묵상
토마스 왓슨 지음 | 이기양 옮김 | 사륙판 양장 | 160면

2. 시편 묵상
김정훈 지음 | 크라운판 | 288면

3. 묵상, 하나님과의 교통: 혼란의 시대에 성경을 상고함
존 제퍼슨 데이비스 지음 | 정성욱, 정인경 옮김 | 신국판 | 264면

4. 호빗과 말씀 묵상(A Hobbit Devotional)
에드 스트라우스 지음 | 김혜경 옮김 | 사륙변형 | 344면

5. 주님은 나의 최고봉
오스왈드 챔버스 지음 | 나용화 옮김 | 신국판 양장 | 384면

6. 주님은 나의 최고봉 묵상해설
오스왈드 챔버스 지음 | 이중수·정지석 옮김 | 신국판 양장 | 1128면

7. 사순절 묵상과 힐링
장보철 지음 | 신국판 | 256면

8. 요한계시록 묵상: 이기는 자에게
다니엘 제이 왕 지음 | 크라운판 양장 | 408면

9. 묵상 학교
최봉규 지음 | 국판 | 148면

10. 놀고 있는 목사의 하루 묵상
안광선 지음 | 신국판 | 288면

11. 묵상의 계절
조연주 지음 | 사륙변형 | 208면

12. 마르틴 루터가 직접 쓴 묵상법
무명의 묵상가 지음 | 사륙변형 | 172면